上海票据交易所
SHANGHAI COMMERCIAL PAPER EXCHANGE CORPORATION LTD

中国票据市场发展报告

2019

上海票据交易所《中国票据市场发展报告》编写组

中国金融出版社

责任编辑：黄海清
责任校对：李俊英
责任印制：张也男

图书在版编目（CIP）数据

中国票据市场发展报告．2019／上海票据交易所《中国票据市场发展报告》编写组编．—北京：中国金融出版社，2020.4

ISBN 978-7-5220-0587-4

Ⅰ.①中… Ⅱ.①上… Ⅲ.①票据市场—研究报告—中国—2019 Ⅳ.①F832.5

中国版本图书馆CIP数据核字（2020）第060451号

中国票据市场发展报告．2019
Zhongguo Piaoju Shichang Fazhan Baogao．2019

出版
发行 中国金融出版社

社址 北京市丰台区益泽路2号
市场开发部 （010）66024766，63805472，63439533（传真）
网上书店 http：//www.chinafph.com
（010）66024766，63372837（传真）
读者服务部 （010）66070833，62568380
邮编 100071
经销 新华书店
印刷 北京侨友印刷有限公司
尺寸 210毫米×285毫米
印张 18.25
字数 291千
版次 2020年4月第1版
印次 2020年4月第1次印刷
定价 128.00元
ISBN 978-7-5220-0587-4

本书编委会

主　　编：宋汉光

副主编：孔　燕

编　　委：徐晓岚　王永琪　陈卫东　曾一村　朱奕辰　徐慧琴
栗　莉　黄　斌　李明昌　侯　林　韩　松　张立洲
杨　栋　刘晓春　吴方华　桂馥君　黄兴越　汪　磊
涂俊俊　杜江帆　袁楚云　罗　静　汤莹玮　罗丹阳
倪宏侃　杨　凝　张艳宁　颜永嘉　曹衍楠　王成勇
李　麟

统　　稿：汤莹玮　吴小蒙　沈艳兵

PREFACE | 序

2019年是新中国成立70周年，是决胜全面建成小康社会第一个百年奋斗目标的关键之年。这一年，票据市场在服务实体经济、防范金融风险、深化金融改革方面承担了更多的任务；这一年，票据市场在服务中小微企业融资、促进货币政策有效传导方面发挥更加重要的作用；这一年，在中国人民银行（以下简称人民银行）的指导下，票据市场基础设施建设不断完善，为票据市场规范健康发展保驾护航；这一年，市场参与者适应新形势发展，创新力度不断增强，为实体经济服务的能力进一步提升。

一、票据市场总体稳步健康发展

一是票据承兑量、贴现量、交易量稳步增长。2019年，票据市场业务总量达131.45万亿元，同比增长19.04%。其中，票据承兑发生额20.38万亿元，同比增长11.55%；企业背书发生额46.47万亿元，同比增长16.86%；贴现发生额12.46万亿元，同比增长25.33%；转贴现和回购交易发生额50.94万亿元，同比增长22.01%。

二是票据市场服务民营和中小企业优势突出。2019年，票据融资成本持续降低，12月，票据贴现加权平均利率为3.24%，同比下降59个基点，比12月一年期LPR低91个基点，票据利率下降预计可帮助中小微企业节省融资成本近千亿元。票据再贴现政策的“精准滴灌”作用效果显著，2019年底票据再贴现余额为4 713.78亿元，同比增长43.26%，小微企业票据占比超过60%，民营企业票据占比超过80%，充分体现了票据在缓解民营和中小企业融资难、融资贵方面的独特优势。

二、票据市场基础设施建设不断完善

2019年以来，上海票据交易所（以下简称票交所）在人民银行的指导下，在系统建设、风险防控和产品创新等方面取得了积极进展。

从系统建设看，票交所持续完善核心系统，确保市场安全稳定高效运行。一是优化完善中国票据交易系统（以下简称交易系统），对交易、清算、托管相关模块进行功能优化，提升市场效率。二是完善再贴现业务系统，丰富系统功能，为货币政策操作提供更好的技术支持。三是升级电子商业汇票系统，提升系统处理效率和稳定性。四是完善直连接口项目建设，截至2019年末以直连接入的会员数占比达到52%，通过直连处理的转贴现业务交易量占比超过85%。

从风险防控看，票交所有序推进机制建设，为票据市场规范健康发展保驾护航。一是构建五大类17项风险监测指标体系，涵盖市场风险、信用风险、流动性风险、市场结构等，并根据票据市场发展中的新情况新问题，进一步丰富和细化对票据结清和承兑情况的监测，探索研究票据市场信用风险防范的具体路径。二是针对票据当事人信息记载失真的情况，及时向全市场发布通知，要求金融机构加强信息真实性审核并优化内部系统，同时在电子商业汇票系统主要业务环节增加了关键字段校验，有效防范风险。三是严格按照管理部门相关要求，稳妥处置相关问题银行的票据业务。

从产品创新看，票交所根据实体经济需求，推出创新产品，不断提升服务水平。一是推出“票付通”。基于供应链、B2B电商场景提供线上票据支付服务，帮助企业更加安全、便捷地使用并盘活票据资产。截至2019年底，共有7家银行和财务公司携手23家试点平台接入“票付通”业务。累计签约客户802家，办理票据支付业务

7 462笔，金额68.66亿元。二是推出“贴现通”。旨在破除贴现市场信息壁垒，在全国范围内实现待贴现票据和待投放资金的精准匹配，提升票据贴现服务民营企业、小微企业的效能。截至2019年底，共有2 720家贴现申请企业参与“贴现通”业务，达成贴现意向合计74.92亿元，平均贴现利率3.07%，较同期全市场电票平均贴现利率低23个基点，为贴现申请企业总计节约财务成本1 075.72万元。三是推出标准化票据。为加大对中小金融机构流动性支持，经人民银行同意，票交所于2019年8月开始创设标准化票据，成功创设4期产品，总金额约14亿元。四是探索建设供应链票据平台。为解决民营小微企业账款拖欠问题，票交所探索开展应收账款票据化工作，推动票据在供应链金融中的创新应用。五是丰富票据市场收益率曲线族群。票交所2018年发布了首条以国有商业银行和股份制商业银行为信用主体的银行承兑汇票贴现收益率曲线，获得了市场的充分肯定。2019年，票交所又发布了“城商承兑、国股贴现”的城商收益率曲线，进一步丰富收益率曲线族群，为市场参与者提供估值参考。六是做好会员接入服务。截至2019年底，交易系统共接入法人机构2 884家，会员2 913家，系统参与者101 622家；电票系统共接入法人机构2 664家，系统参与者96 800家。

三、市场参与者适应新形势发展提升票据服务实体经济的能力

一是市场参与者构建票据业务管理新机制。为积极应对市场变化，市场机构加快业务转型，积极调整管理架构：大部分金融机构转变风险管理理念，重新制定风控管理办法，票据业务风控体系不断完善；一些银行通过改造升级系统建设，实现票据交易全流程电子化，增加系统自动校验控制功能以实现刚性管控；一些银行深化内部条线管理，实现对票据业务的集中化管理，提升票据业务流程的标准化水平。

二是市场参与者创新力度不断增强，全面提升为实体经济服务的能力。一方面，市场机构积极参与票交所相关业务创新，配合票交所新业务顺利上线。另一方面，部分机构从实体经济的需求出发，在票据出票、背书、贴现等方面提供了多样化的服务：如部分银行推出在线无纸化秒贴服务，有效满足了企业快速融资的需

求；又如有银行推出“票据池”服务，为企业提供不同金额、期限的票据换开、融资等服务，最大限度盘活了企业的闲散票据，便利了票据在企业间支付。

当前，我国票据市场仍处于转型发展的关键时期，《中国票据市场发展报告》能够及时记录和总结票据市场发展新变化，是市场参与者及时获取市场信息的重要渠道，也为票据市场未来发展提供了重要的参考。票交所自成立以来，积极发挥票据市场基础设施贴近市场、数据集中的优势，会同市场参与者编写票据市场年度发展报告，相关成果得到了社会各界的广泛认可。

《中国票据市场发展报告（2019）》由票交所联合中国工商银行、中国农业银行、交通银行、中信银行、招商银行、上海浦东发展银行、中国民生银行、兴业银行、浙商银行、上海银行、江苏银行、徽商银行、江苏常熟农村商业银行、一汽财务有限公司、国泰君安证券股份有限公司等15家金融机构共同编写。报告从票据市场总体运行情况、票据市场基础设施建设、票据市场服务实体经济、票据市场风险防控、票据市场业务创新等方面展开，由票交所与市场参与者发挥各自优势，从整体到局部、从总体到个体、从宏观到微观，全方位、多角度展示了2019年票据市场发展的特点。

积众之智，赋能成长。感谢社会各界对报告写作的关心和支持，票交所将不遗余力与市场参与者一起，凝聚共识、形成合力，共同做好《中国票据市场发展报告》的编写工作。

上海票据交易所股份有限公司党委书记、董事长

CONTENTS | 目录

第一部分

CHAPTER 1

票据市场总体运行情况

票据市场运行情况分析

2019年，票据市场在经历去杠杆和脱虚向实后，各类业务取得明显增长。全年业务总量达131.45万亿元，同比增长19.04%。其中，签发承兑20.38万亿元，同比增长11.55%；企业背书46.47万亿元，同比增长16.86%；票据贴现12.46万亿元，同比增长25.33%；票据交易50.94万亿元，同比增长22.01%。截至年底，中国票据交易系统共接入法人机构2 884家，会员2 913家，系统参与者101 622家。

一、票据市场运行环境

（一）宏观经济环境

2019年，面对国内外风险挑战明显上升的复杂局面，我国经济运行总体平稳，经济发展质量稳步提升，全年经济增长6.1%。

工业生产持续发展，全国规模以上工业增加值同比增长5.7%，增速比上年同期回落0.5个百分点。服务业较快发展，全国服务业生产指数同比增长6.9%，增速比上年同期回落0.8个百分点。投资、消费、对外贸易均保持平稳增长，全国固定资产投资55.15万亿元，同比增长5.4%，增速比上年回落0.5个百分点；社会消费品零售总额41.16万亿元，同比增长8%，增速比上年回落1个百分点；进出口总额31.54万亿元，同比增长3.4%，进出口相抵，实现顺差2.92万亿元，同比扩大25.4%。

表1-1　2018年和2019年主要宏观经济指标

单位：%

指标	2018年	2019年
GDP增长	6.6	6.1
全国规模以上工业增加值同比增速	6.2	5.7
全国服务业生产指数同比增速	7.7	6.9
固定资产投资同比增速	5.9	5.4
社会消费品零售总额同比增速	9.0	8.0
进出口总额同比增速	9.7	3.4

数据来源：国家统计局网站。

（二）货币政策环境

2019年，人民银行继续实施稳健的货币政策，银行体系流动性合理充裕，货币供应量、社会融资规模合理增长，货币市场利率保持平稳。12月末，广义货币（M2）余额198.65万亿元，同比增长8.7%，增速比上年同期高0.6个百分点。金融机构贷款增长较快，12月末人民币贷款余额153.11万亿元，同比增长12.3%，增速比上年同期低1.2个百分点。社会融资规模存量为251.31万亿元，同比增长10.7%，增速比上年同期高0.4个百分点。

针对经济下行压力加大，货币政策突出逆周期调节，三次下调金融机构存款准备金率；创设央行票据互换工具，支持银行发行永续债补充资本，提高银行贷款投放能力；灵活运用中期借贷便利、常备借贷便利、公开市场操作等多种货币政策工具保持流动性松紧适度。同时，改革完善贷款市场报价利率（LPR）形成机制，疏通市场化利率传导渠道，打破贷款利率隐性下限，促进降低企业融资成本。

二、票据市场运行情况

2019年，票据市场各项业务仍呈现增势。特别在金融机构风险偏好下降、有效信贷需求不足的情况下，票据支持实体经济发展、解决民营中小微企业融资难、融资贵问题的功能得到进一步强化，在货币政策传导上发挥了积极作用。

（一）票据规模继续扩大，服务实体经济能力进一步增强

一是票据签发承兑量在社会融资规模中占比提升。2019年，全市场累计签发承兑票据20.38万亿元，同比增长11.55%；年末承兑余额12.73万亿元，比年初增长15.27%。其中，银行承兑汇票累计签发承兑17.36万亿元，同比增长10.41%；年末余额10.89万亿元，比年初增长14.27%。商业承兑汇票累计签发承兑3.02万亿元，同比增长18.61%；年末余额1.84万亿元，比年初增长21.56%。票据签发承兑量在社会融资规模中占比为5.07%，比上年提高0.2个百分点。

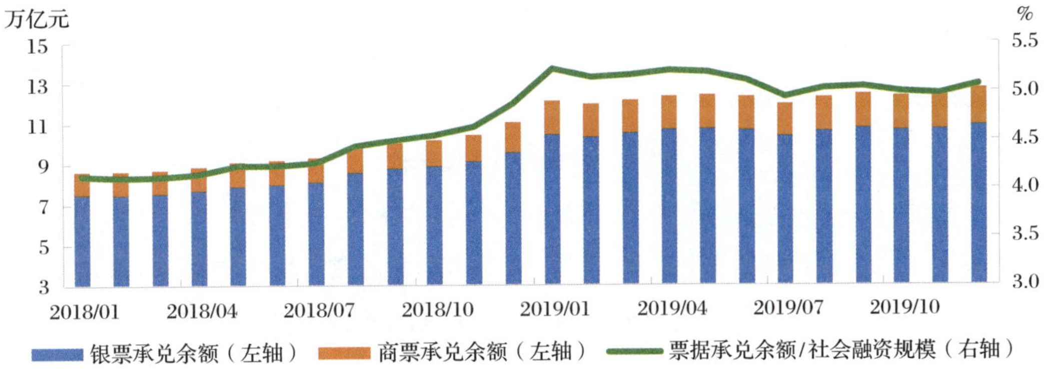

图1-1　票据承兑在社会融资规模中占比提升

二是票据贴现在企业贷款中占比提升。2019年，票据累计贴现12.46万亿元，同比增长25.33%；年末贴现余额8.18万亿元，比年初增长24.03%，贴现增量在企业贷款增量中占比达到16.77%，成为支撑企业贷款增长的重要力量。

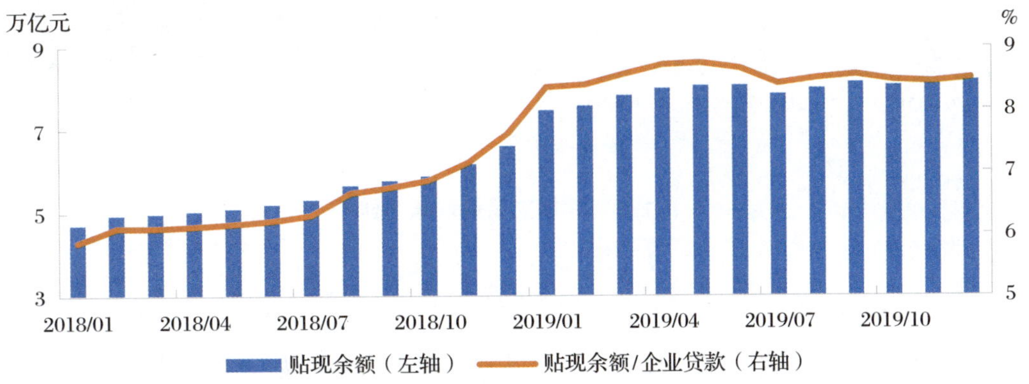

图1-2　贴现余额在企业贷款中占比提升

三是企业的票据背书量增长较快。2019年，企业背书金额为46.47万亿元，同比增长16.86%。随着票据便利性和安全性的提高，票据在企业中的接受度也进一步提升，2019年全国使用票据的企业达到245.11万家，同比增长24.89%。

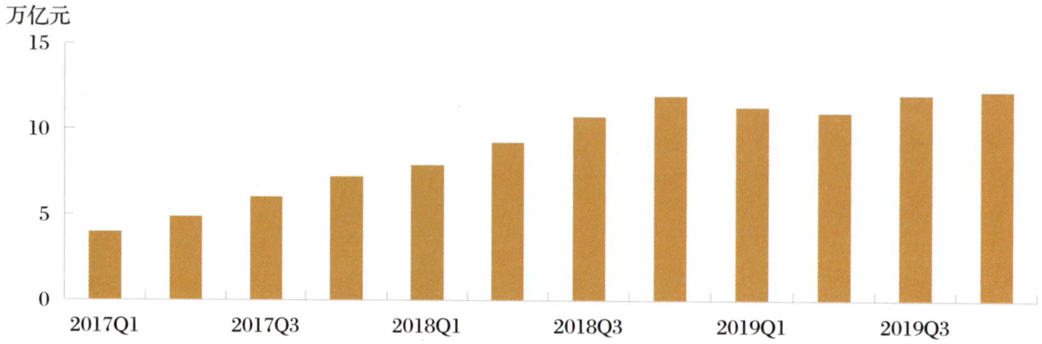

图1-3 票据背书量增长较快

四是票据交易量增长明显。2019年，票据市场交易量为50.94万亿元，同比增长22.01%。其中，转贴现38.82万亿元，同比增长12.11%；回购12.12万亿元，同比增长70.11%。

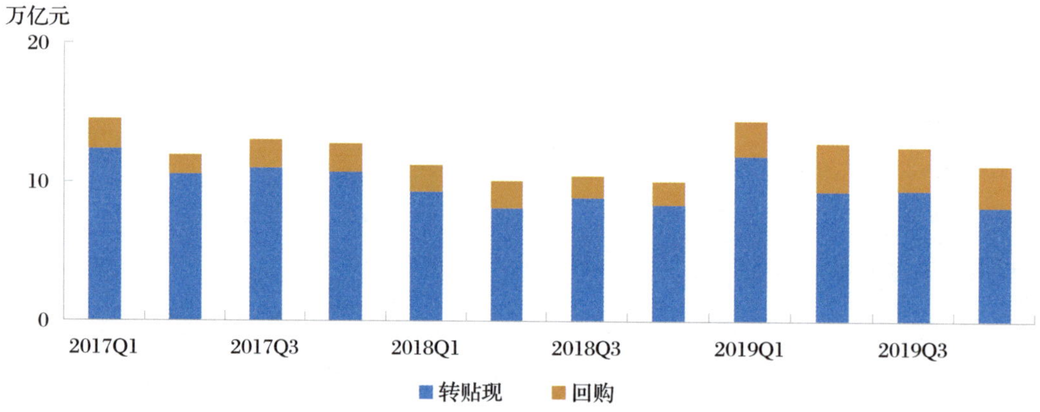

图1-4 票据交易量增长明显

（二）票据市场利率持续下行，有效降低实体经济融资成本

一是贴现利率不断走低。12月，票据贴现加权平均利率为3.24%，同比下降59个基点，比贷款基准利率低111个基点，比12月一年期LPR低91个基点。

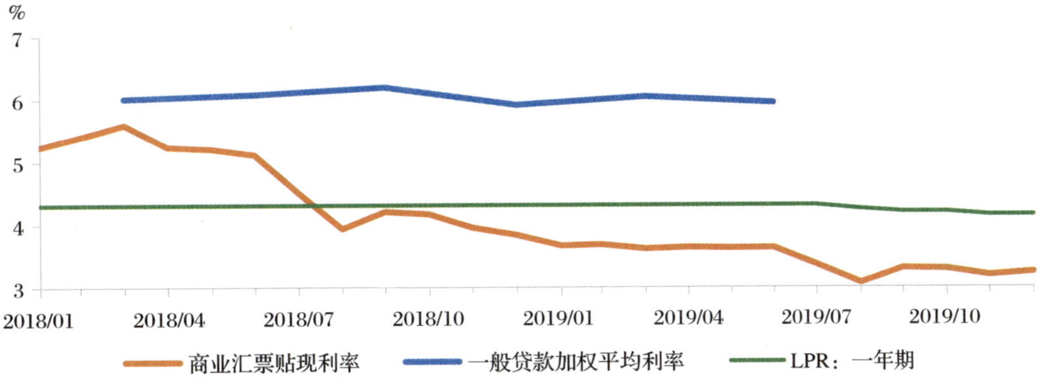

图1-5　票据贴现利率显著低于贷款利率和LPR

二是转贴现利率持续下降。12月，票据转贴现加权平均利率为3.11%，比上年同期下降61个基点。转贴现利率的走低又带动了贴现利率的走低，从而有效降低了实体经济融资成本。

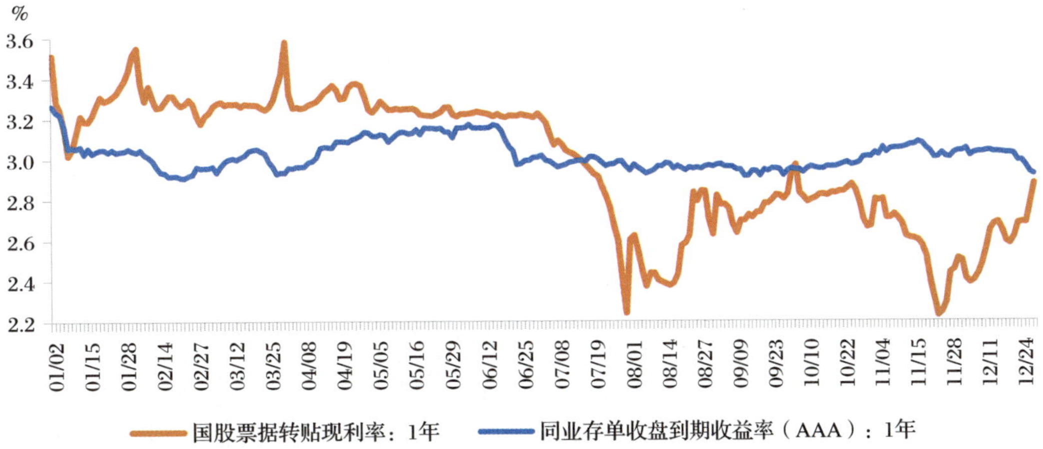

图1-6　2019年一年期票据利率和同业存单利率走势

三是票据回购利率与其他货币市场回购利率联动性增强。12月，票据回购加权平均利率为2.4%，比上年同期下降72个基点，与货币市场其他利率保持同向变动。其中隔夜票据回购利率与同业拆借、债券质押式回购利率的相关系数分别达到0.8637和0.8583。同时，票据回购利率与货币市场其他利率的利差进一步缩小，与同业拆借的利差从上年末的55个基点缩小至31个基点，与债券质押式回购的利差从上年末的44个基点缩小至30个基点。

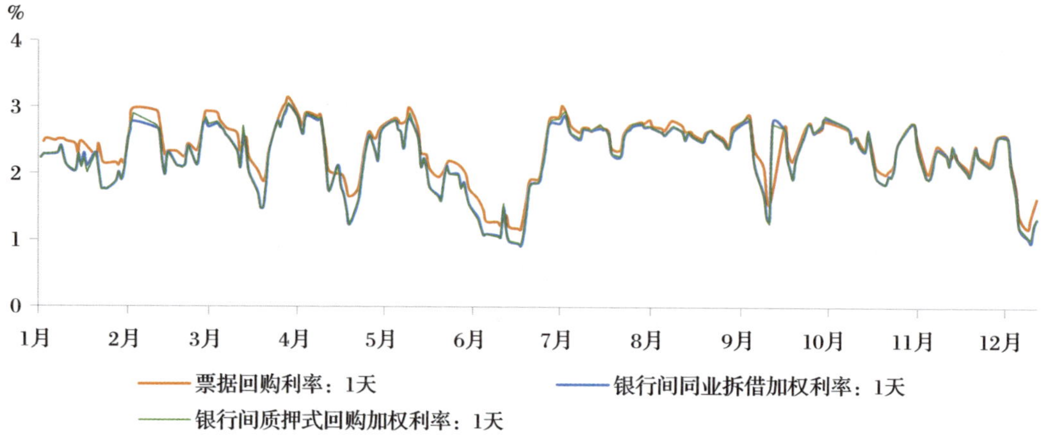

图1-7　票据回购利率与其他货币市场回购利率走势一致

四是利率波动性有所增强。2019年票据市场利率在持续走低的同时波动性增强，特别是在11月末，票据利率波幅达到102个基点，和同业存单利率出现倒挂，引起市场的广泛关注。

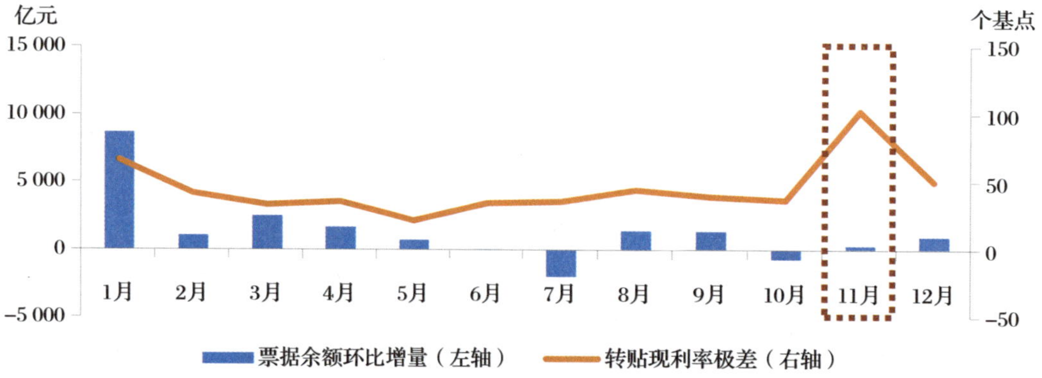

图1-8　票据利率波动较大

五是票据收益率曲线下移。12月末，一年期国股票据转贴现收益率为2.69%，比上年末下行87个基点，比一年期同信用等级同业存单到期收益率低28个基点。同期，一年期城商行承兑票据转贴现收益率为2.99%，比上年末下行96个基点；与国股票据转贴现收益率的利差为30个基点，比上年末收窄9个基点。

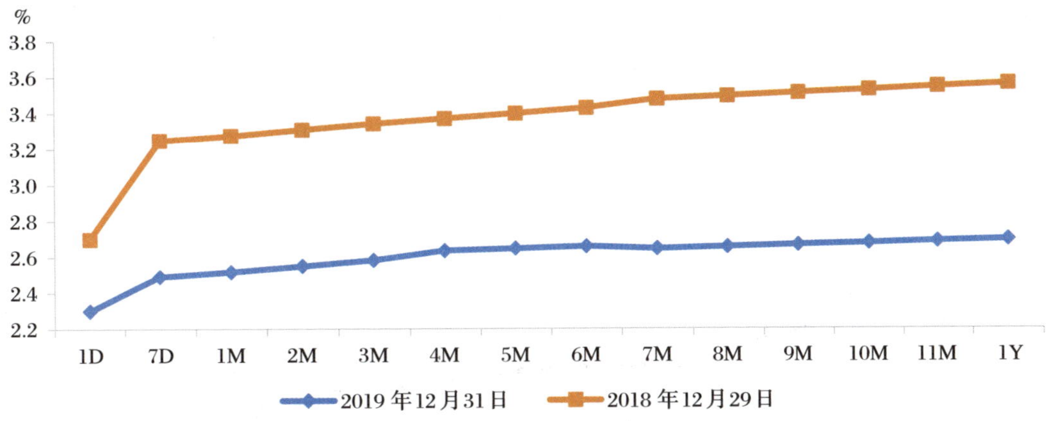

图1-9　国股票据转贴现收益率曲线整体下移

（三）票据市场结构分化特征明显

一是高信用等级票据的市场占比提高，银行信用分层显化。2019年，国有商业银行和股份制商业银行承兑的票据（以下简称国股票据）贴现量在全市场贴现量中占比达到57.35%，比上年提高2.8个百分点；转贴现占比达到60.95%，比上年提高2.7个百分点。同时，国股票据的贴现利率为3.13%，比其他类型银行承兑票据的贴现利率低48个基点，利差比上年扩大19个基点。

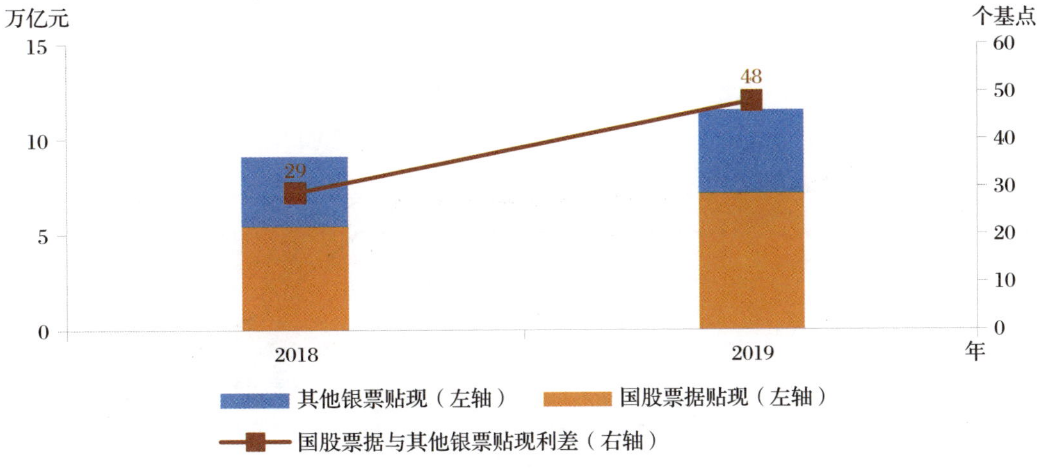

图1-10　国股票据在银票中占比提高

二是票据业务进一步向经济发达地区集中。票据作为企业生产经营常用的金融工具，其规模的大小能够反映出企业生产经营活动的活跃程度。2019年，华东和华中等经济发达地区的企业用票量增长较快，其票据签发及背书量合计为40.3万亿元，市场占比为60.77%，比上年增长1.3个百分点。而同期，华北、西北、东北等地区的企业票据签发背书量为15.84万亿元，市场占比23.88%，比上年下降1.7个百分点。

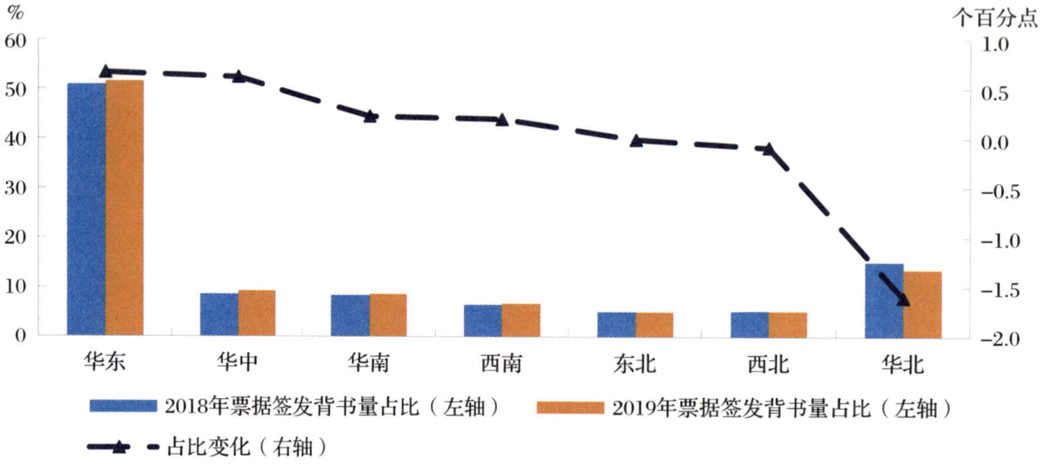

图1–11　各地区票据签发背书量占比及变动情况

三是高新产业成为票据业务增长亮点。2019年，传统用票行业如批发零售业和制造业的票据业务量仍处于市场前列，但受经济增速下降、中美贸易摩擦等因素影

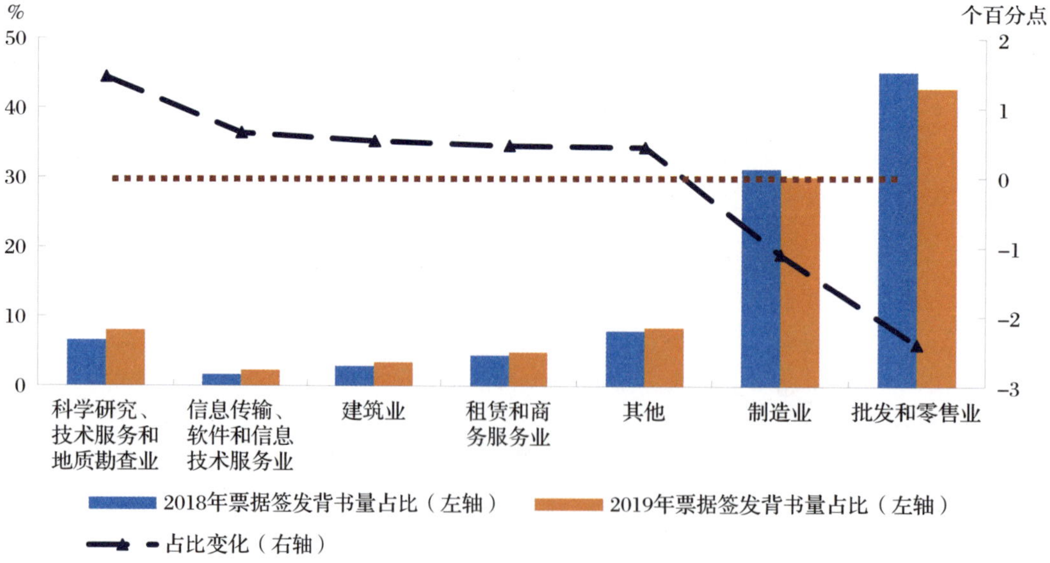

图1–12　各行业票据签发背书量占比及变动情况

响，这些行业的市场占比略有下降，分别比上年下降2.4个和1.1个百分点。科学研究、技术服务和地质勘查业以及信息传输、软件和信息技术服务业成为用票量增长最快的行业，两者票据签发背书量的市场占比之和比上年提高2个百分点。

四是票据成为解决民营中小微企业融资问题的重要工具。2019年末，出票人为中小微企业的票据承兑余额为8.89万亿元，占全部承兑余额的69.84%；贴现申请人为中小微企业的票据贴现余额为6.66万亿元，占全部贴现余额的81.39%。12月，中小微企业票据贴现平均利率为3.29%，同比下降57个基点，比贷款基准利率低106个基点，比12月一年期LPR低86个基点。

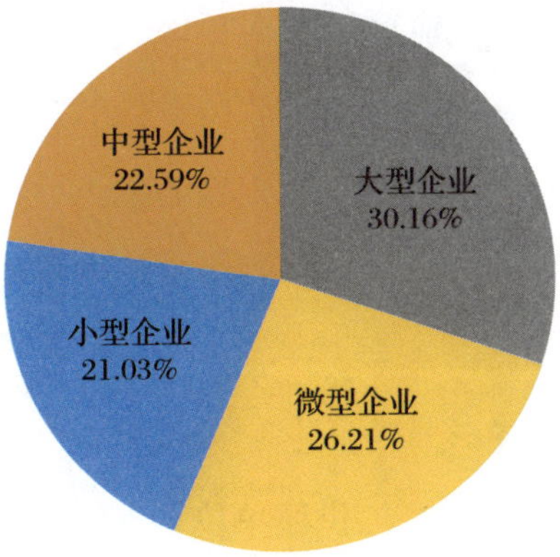

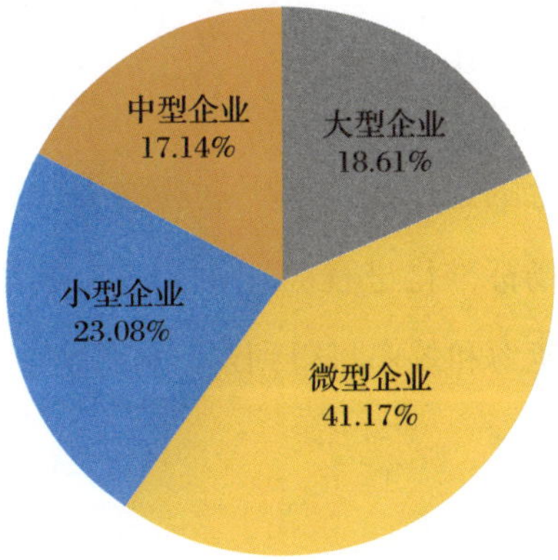

图1-13　2019年末各类型企业承兑余额占比（左）各类型企业贴现余额占比（右）

三、2020年票据市场展望

中央经济工作会议指出，2020年是全面建成小康社会和“十三五”规划收官之年，要坚持稳中求进工作总基调，坚持供给侧结构性改革和改革开放，坚决打赢三大攻坚战，全面做好“六稳”工作，确保经济实现量的合理增长和质的稳步提升。要继续实施积极的财政政策和稳健的货币政策，保持流动性合理充裕，货币信贷、社会融资规模增长同经济发展相适应，降低社会融资成本。

在宏观经济稳字当头和宏观政策逆周期调控的背景下，票据市场将继续回归支持实体经济本源，在支持实体经济发展、解决民营和中小微企业融资难、融资贵问题等方面发挥作用。一是内部经济保持韧性、外部贸易摩擦趋于缓和，企业贸易和开票需求有望恢复，将支撑票据业务继续增长；二是票据市场规则更趋规范和统一，票据市场定位更加明确，不规范票据行为的生存空间将继续被压缩，对票据市场的干扰也将继续下降。

票据的各项功能将更趋强化。随着票交所业务系统的不断完善和创新产品的持续推出，票据的支付功能和交易功能将持续强化。一方面，随着票据无纸化、便利化、小额化进程的加快，承兑人付款、持票人收款将更安全便捷、成本更低、效率更高。同时，无纸化信息技术的应用逐渐转变传统思维，正在有序推进的供应链票据平台和票据等分化，也将大幅提升票据的支付能力。另一方面，票据交易的证券化、标准化、大额化趋势明显，标准化票据、线上清算、票据担保品管理等项目将进一步提升票据交易的效率。而票据市场透明度的提升、全市场数据的统一、商票信息平台的运行，以及票据收益率曲线、估值、指数等信息产品的推出，也将促进票据市场标准化进程的加快，票据的功能定位将更趋明确，票据市场支持实体经济发展的能力和效率将得到进一步提升。

供稿单位：上海票据交易所
执 笔 人：罗丹阳　王　亮

票据支付和融资情况分析

一、整体情况

（一）业务数据

2019年，全国共发生商业汇票承兑2 317.90万张、金额20.38万亿元，其中承兑发生额较2018年上升11.55%；发生票据贴现699.63万张、金额12.46万亿元，其中贴现发生额较2018年上升25.33%；发生背书（电票）10 404.48万次，金额46.47万亿元，其中背书发生额较2018年上升16.86%。

表1-2　2019年商业汇票承兑、贴现、背书业务基本情况（发生额）

业务量		承兑		贴现		背书（电票）	
		张数（万张）	金额（万亿元）	张数（万张）	金额（万亿元）	次数（万次）	金额（万亿元）
商业汇票		2 317.90	20.38	699.63	12.46	10 404.48	46.47
其中：							
按介质	电子商业汇票	2 030.32	19.96	677.22	12.38	10 404.48	46.47
	纸质商业汇票	287.58	0.42	22.40	0.08	—	—
按种类	银行承兑汇票	2 102.27	17.36	675.63	11.52	10 124.38	44.49
	商业承兑汇票	215.63	3.02	24.00	0.94	280.10	1.99

（二）市场结构

从票据介质来看，企业办理电子商业汇票的承兑、背书、贴现业务量整体保持平稳，其中2月初受春节长假影响企业支付融资业务量有明显下滑。同时，月末因素影响明显，月末、季末均有显著冲高。

纸质商业汇票方面，根据企业开户行在中国票据交易系统登记的承兑和贴现量

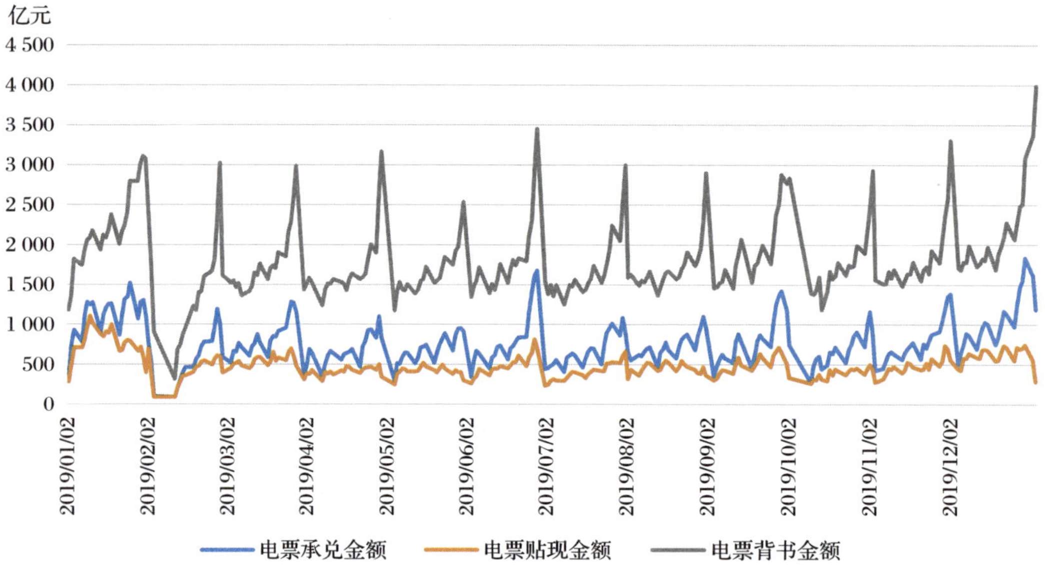

图1-14　2019年电子商业汇票承兑、背书、贴现每日发生额情况

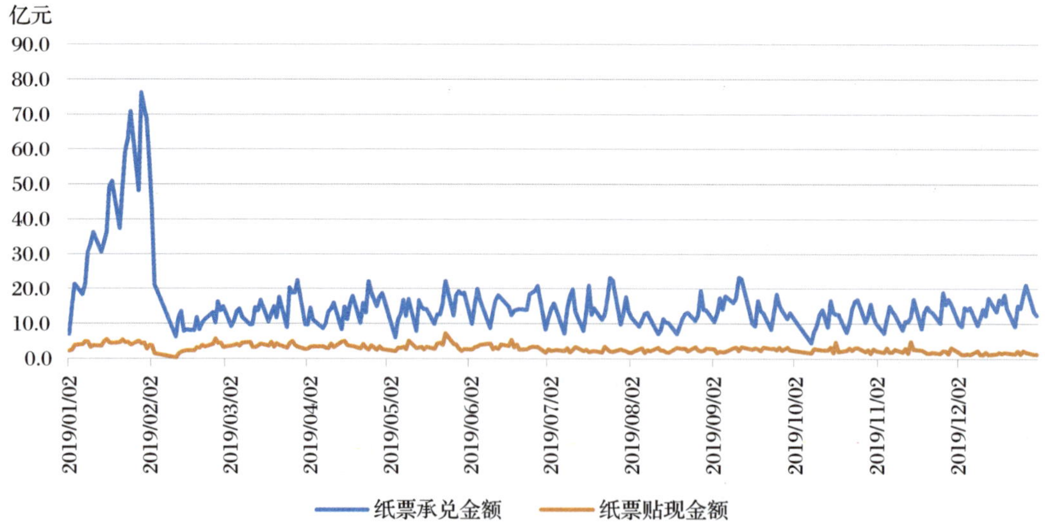

图1-15　2019年纸质商业汇票承兑、贴现每日发生额情况

来看，纸质商业汇票的承兑量除2019年春节前增长迅猛达到高峰外，其余时间均在10亿元上下波动；纸质商业汇票的贴现量整体持续走低。

整体市场结构稳定。电子商业汇票的贴现/承兑比，除2月中旬春节前后外，基本保持在0.6左右的比率；背书/承兑比显示了月末、节假日前快速冲高的特点，特别是在2月春节前、10月国庆前达到了年内的最高位和次高位，显示企业普遍在月末、春节等长假前有大量的贸易结算需求。纸质商业汇票贴现/承兑比较为稳定，但仅保持在0.2左右，与电子商业汇票贴现/承兑比为0.6左右的水平相比较低。

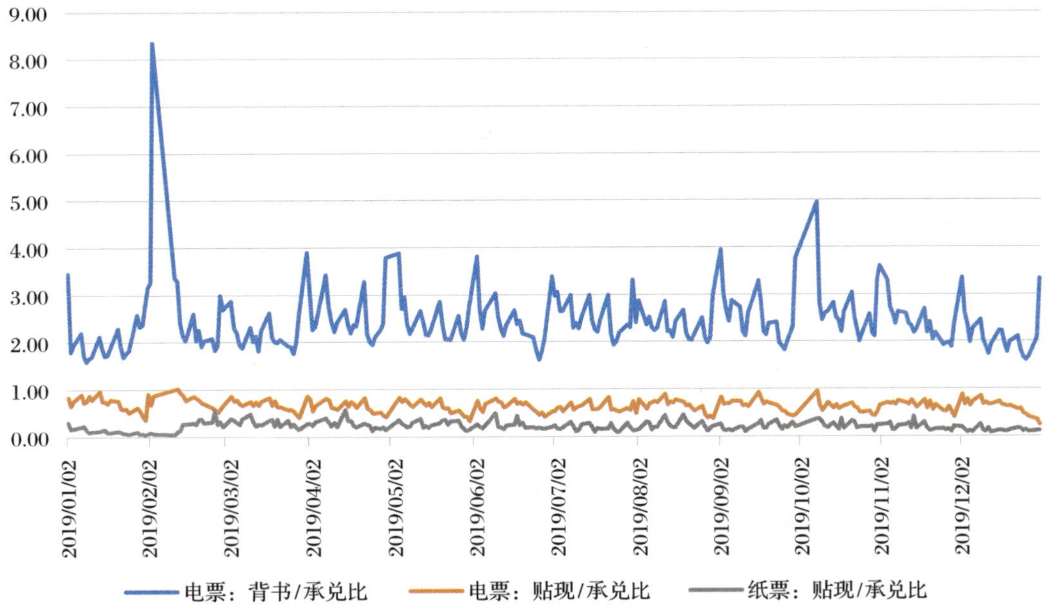

图1-16　2019年贴现/承兑比、背书/承兑比情况

从票据市场的企业参与度看，2019年1~12月，参与银票签发、商票承兑、票据背书和贴现业务的企业数量总体增加。

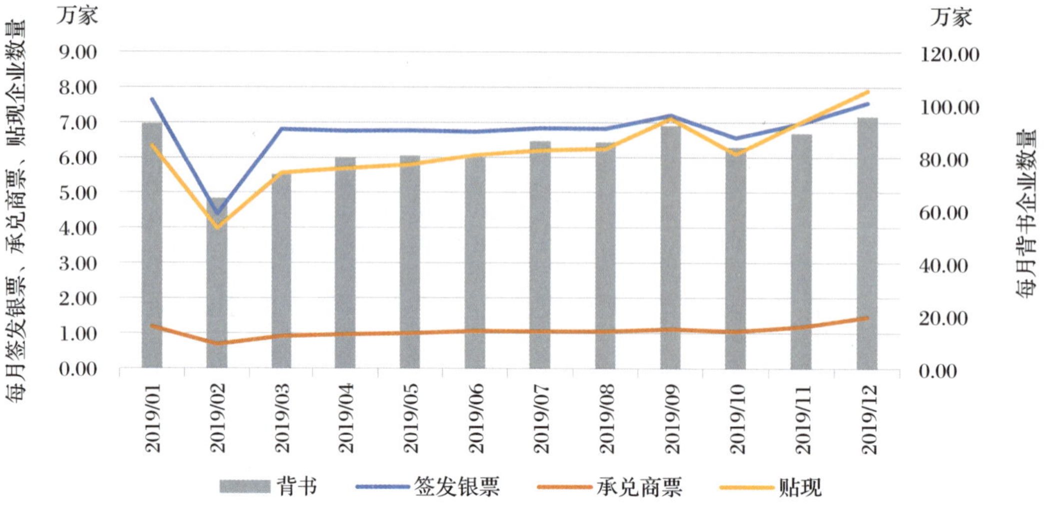

图1-17　2019年各月企业参与电子商业汇票业务情况

二、企业间背书转让业务情况

（一）背书活跃度整体保持平稳

从背书票据张数来看，2019年每月票据背书张数呈平稳上升趋势，平均为289.25万张。同时，单张票据背书次数整体较为平稳，保持在每月3次左右，在2019年下半年保持在每月3次以上。

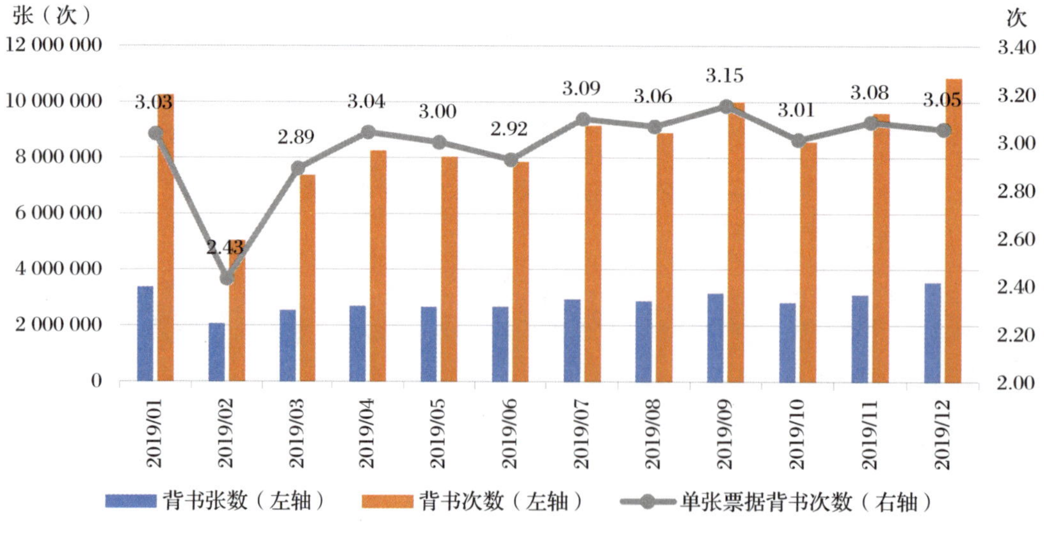

图1-18　2019年电子票据各月背书活跃度

（二）背书企业参与背书的频次稳步增加

从背书企业参与背书的频次分析，2019年平均每家背书企业参与背书的频次呈现稳步增加的态势，平均为每家企业每月背书10次。

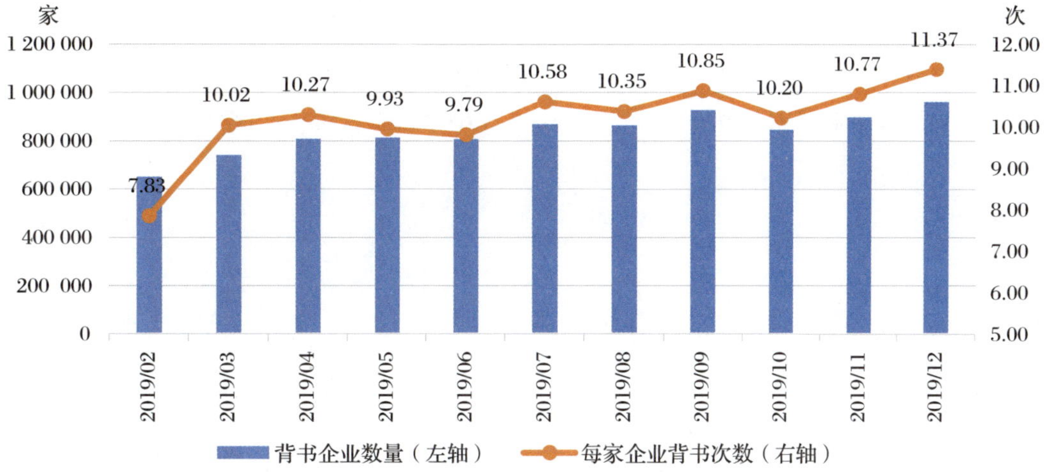

图1-19　2019年各月企业参与背书情况

（三）银票的流动性远高于商票

从银票和商票每月背书频次分析银商票在企业间的流动性，总体上银票的背书频次显著高于商票，约为商票背书频次的两倍，商票在企业间的流动性远低于银票。

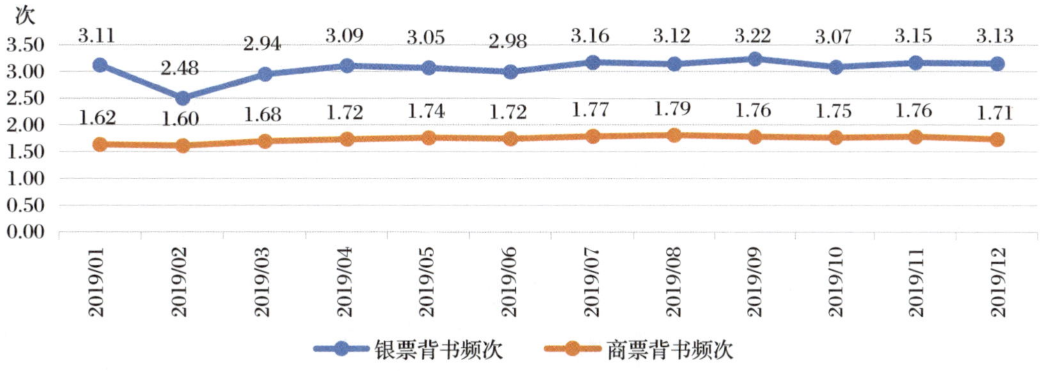

图1-20　2019年银票与商票背书频次趋势

（四）小面额票据的背书频次更高

从参与背书票据的票面金额结构看，小于10万元（含）、10万~50万元（含）、50万~100万元（含）、100万~500万元（含）、500万元以上票据面额的电子商业汇票中，小于10万元（含）的票据参与背书张数最多、单张票据背书频次最高，500万元以上的票据参与背书张数最少、单张票据背书频次最低，各票据面额区间的背书票据张数分别为904.57万张、619.75万张、179.97万张、156.40万张、35.52万张，单张票据平均背书频次分别为6.27次、5.34次、4.63次、3.23次、2.38次。

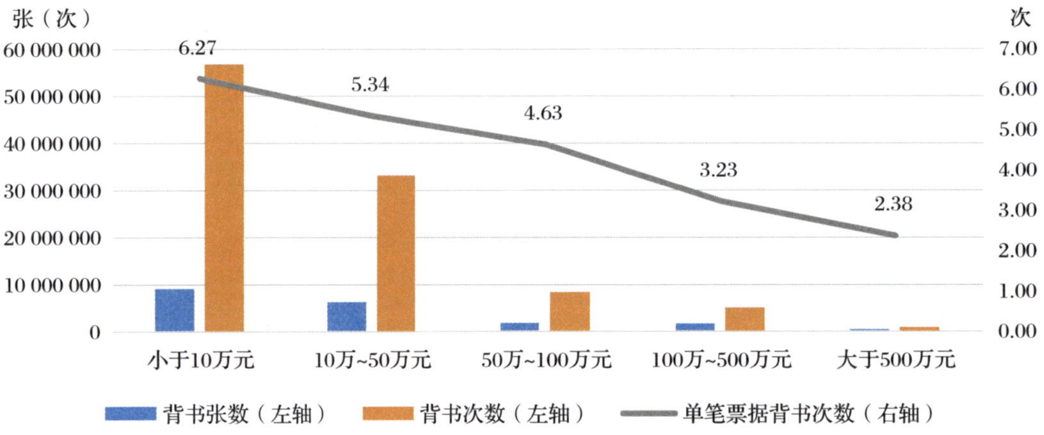

图1-21　2019年参与背书票面金额结构情况

三、票据贴现业务情况

（一）贴现利率逐步下降

2019年货币政策整体保持稳健的基调，人民银行通过降准、逆回购操作等多种货币政策工具，向市场投放流动性；通过定向降准、再贷款、再贴现等措施缓解民营和小微企业融资难、融资贵问题。票据贴现利率在2019年上半年保持平稳，2019年下半年大幅下降，企业融资成本显著降低。第三季度贴现利率逐渐探底，这与监管层面在各方面出台政策鼓励银行向中小企业贷款有关，银行通过积极贴现达到监管特定的考核要求，导致贴现利率显著降低。

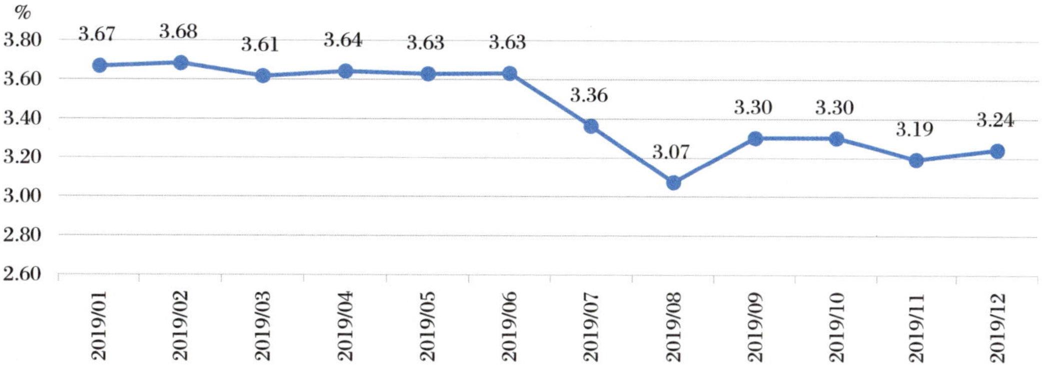

图1-22 2019年各月贴现加权平均利率

从票据介质和票据种类分析贴现利率，电票的贴现利率显著低于纸票，银票的贴现利率显著低于商票。

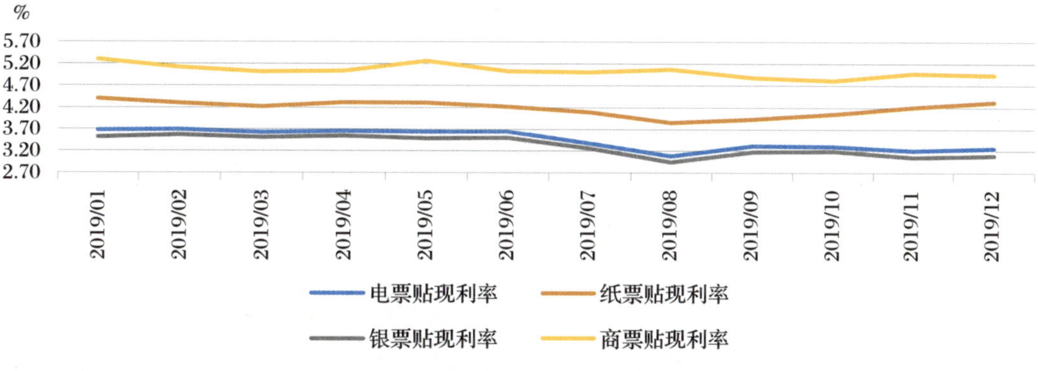

图1-23 2019年不同票据介质、票据种类各月贴现利率

（二）长三角、山东及广东地区仍是贴现业务主要发生地区

2019年，票据贴现业务主要发生在江苏、浙江、广东、上海、山东等省份。从票据张数看，江苏、浙江、广东、山东、上海居前五位，合计占比51.94%。从票据金额看，江苏、浙江、广东、上海、山东居前五位，合计占比49.67%。

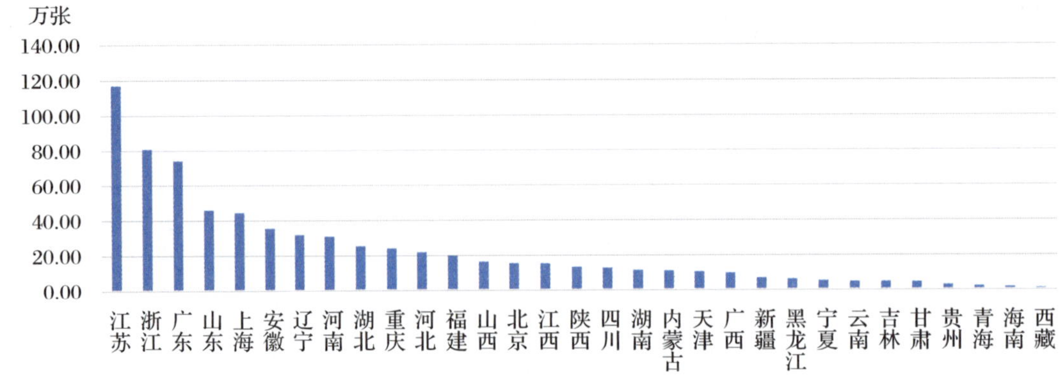

图1-24　2019年票据贴现张数地区分布

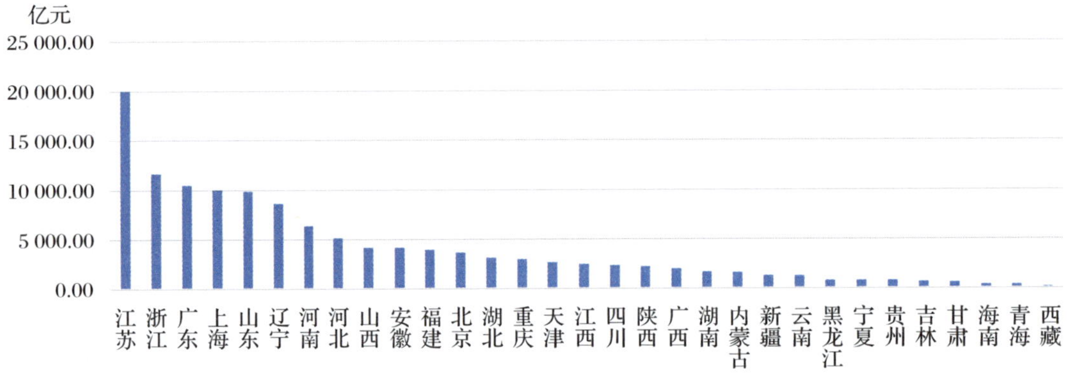

图1-25　2019年票据贴现发生额地区分布

（三）股份制商业银行贴现金额仍居第一，民营银行贴现活跃

2019年，各类型金融机构中主要的贴现业务办理机构为股份制商业银行、国有商业银行和城市商业银行。从票据金额看，股份制商业银行贴现金额最大，达到47 866.81亿元，其次是国有商业银行、城市商业银行。民营银行2019年贴现金额增长迅速，达到3 141.53亿元，位列第六，超越外资银行、农村信用社等。

从各类金融机构贴现票据平均票面金额来看，股份制商业银行、城市商业银行、非银金融机构等偏好贴现票面金额大的票据，平均为200万元以上，民营银行、村镇银行贴现票据面额较小，平均为50万元以上。

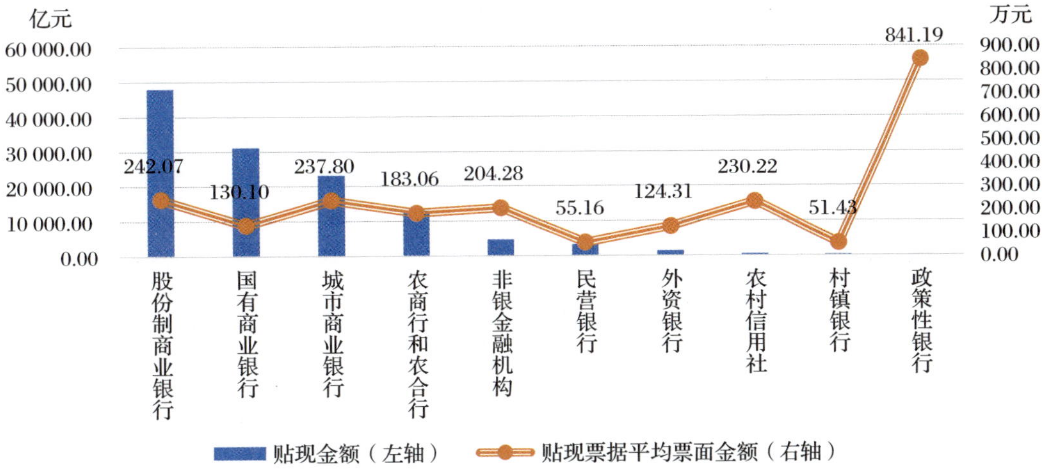

图1-26　2019年各类机构票据贴现金额及平均票面金额

四、市场未来展望

根据2019年12月召开的中央经济工作会议，2020年将继续实施稳健的货币政策，保持流动性合理充裕。在经济环境整体企稳，并逐步向上的情况下，企业的开票量存在一定的上涨空间，企业间贸易活跃也会带动背书量和贴现量的上涨。票据将更好地服务实体经济，企业和市场参与者使用票据的意愿也会提高。

供稿单位：上海票据交易所

执 笔 人：倪宏侃　杨　阳

票据交易情况分析

一、票据交易总体情况

（一）2019年票据交易总体运行平稳

2019年票据交易量为50.94万亿元，同比上升22.01%，其中，上半年同比上升

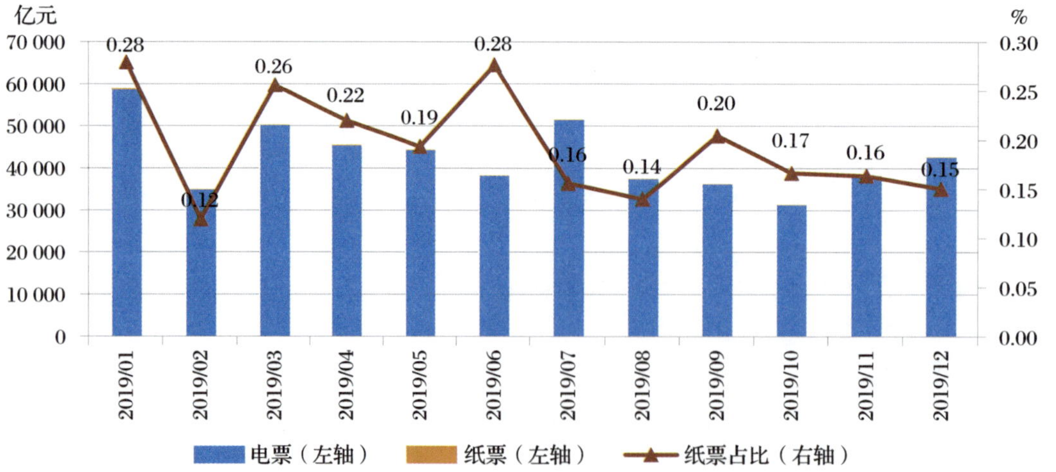

图1–27　2019年每月票据交易情况

28.74%，下半年同比上升15.9%。从票据介质来看，电票交易量为50.84万亿元，同比增长25.15%，占比99.8%；纸票交易量为0.1万亿元，同比下降91.04%，占比0.2%。纸电交易融合第二阶段于2018年10月正式投产上线之后，电票交易占据绝对主导地位，2019年各月纸票交易量占比均不超过0.3%。从每月交易量变化情况来看，各月交易量同比均有所增长，在部分月末时点波动明显，1月、3月和7月单月交易量均超过5万亿元。

从每月日均交易量来看，2019年前7个月，每月日均交易量均在2 000亿元以上。其中，1月最为活跃，日均交易量达2 677.55亿元。交易活跃度最低的为10月，日均交易量仅为1 649.25亿元。

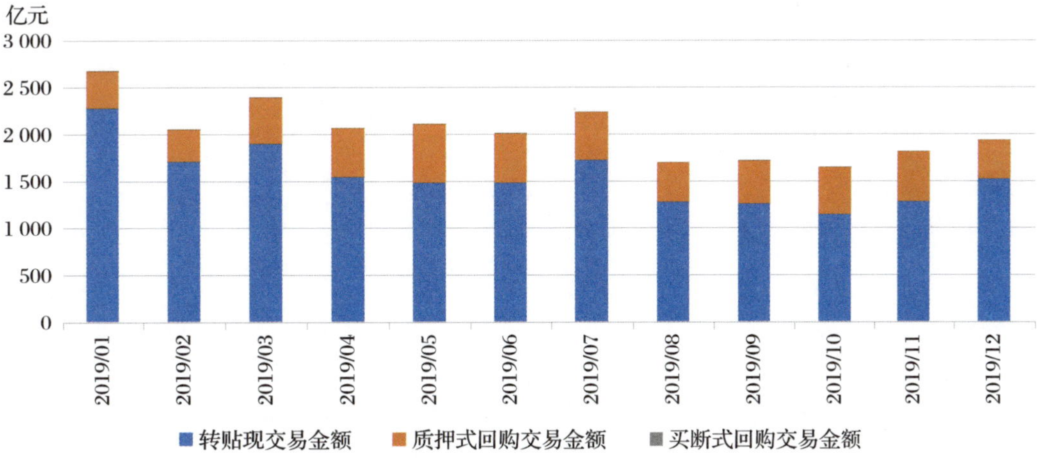

图1–28　2019年每月日均票据交易情况（按交易品种）

从单日交易量变化来看，2019年日均票据交易量为2 037.72亿元，单日交易量变化总体平稳，特殊时点波动明显，其中，以3月末、7月末尤为突出。3月28日单日交易量达4 102.26亿元，首次突破4 000亿元，为纸电交易融合以来中国票据交易系统（以下简称交易系统）单日交易量最高值；7月30日单日交易量为3 771.38亿元，位居第二。

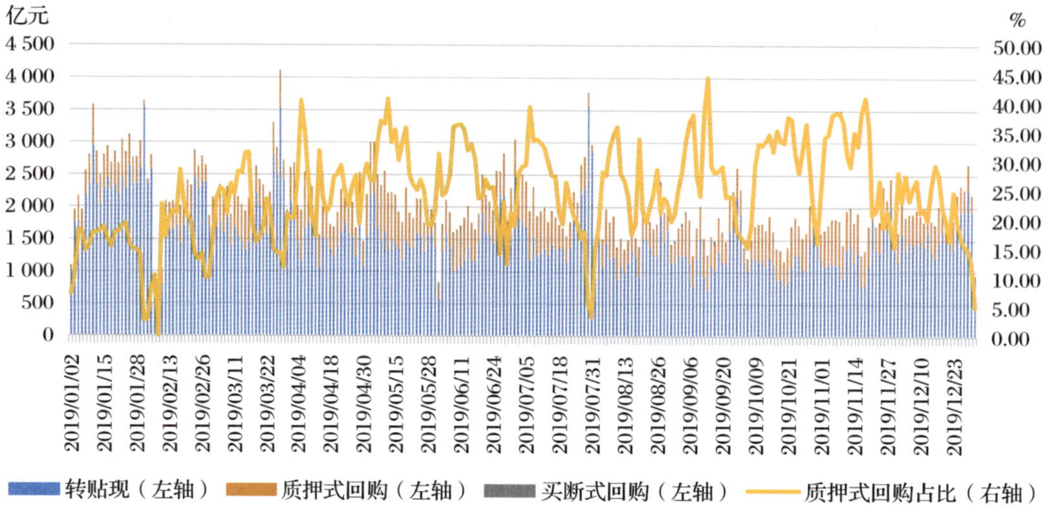

图1-29　2019年单日票据交易情况

从单日交易量分布来看，全年共有250个交易日，单日交易量在1 500亿~2 000亿元的有106个交易日；单日交易量在3 000亿元以上的有10个交易日，且主要集中在1月；单日交易量在1 000亿元以下的有4个交易日，分别为春节前夕、5月31日及年终决算时点。

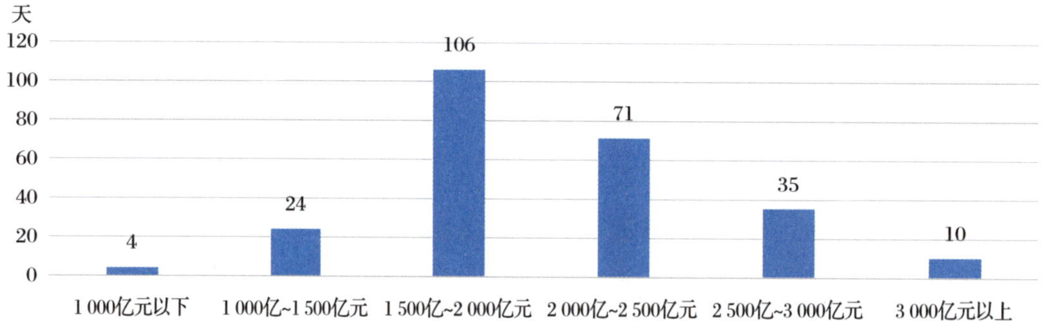

图1-30　2019年单日交易量分布直方图

（二）转贴现是最主要的交易品种，质押式回购和买断式回购在交易总量中占比增加

从票据交易品种来看，转贴现是最主要的交易品种。2019年转贴现交易量38.82万亿元，同比上升12.12%，占交易总量的76.21%；质押式回购交易量12.04万亿元，

同比上升69.31%，占交易总量的23.64%，占比同比上升6.6个百分点，其中，10月占比突破30%；买断式回购交易量789.58亿元，同比上升514.02%，占交易总量的0.15%。

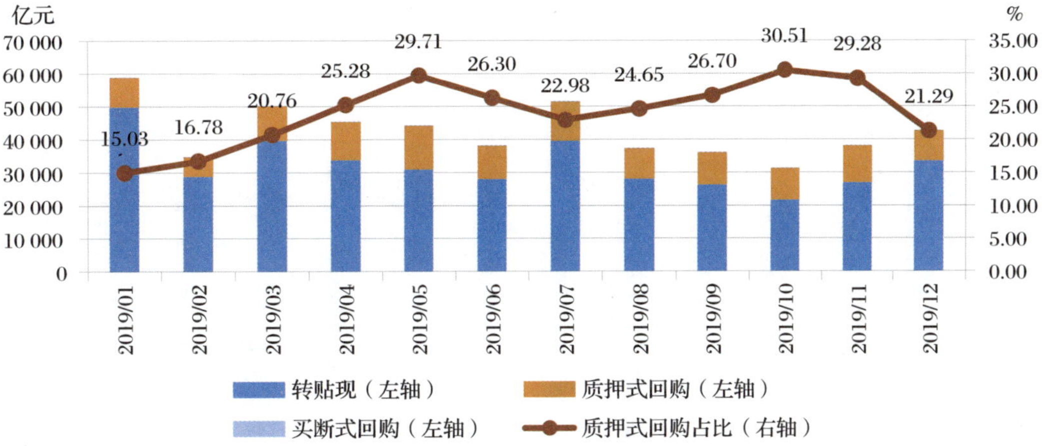

图1-31　2019年每月票据交易情况（按交易品种）

从票据内外部交易来看，2019年转贴现内部交易量为16.98万亿元，占转贴现交易总量的43.74%，整体呈逐渐上升趋势。

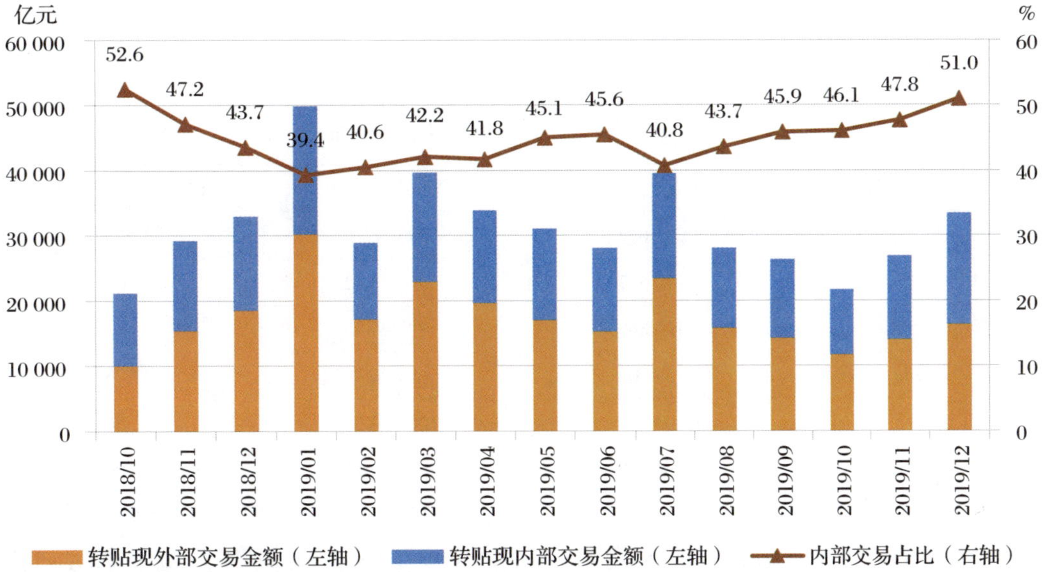

图1-32　转贴现内外部交易情况（纸电交易融合后）

从票据类别来看，2019年银票转贴现交易量为35.87万亿元，同比上升13.39%，占转贴现交易量的92.39%；商票转贴现交易量为2.95万亿元，同比下降1.36%，占转贴现交易量的7.61%，占比同比下降1.04个百分点。

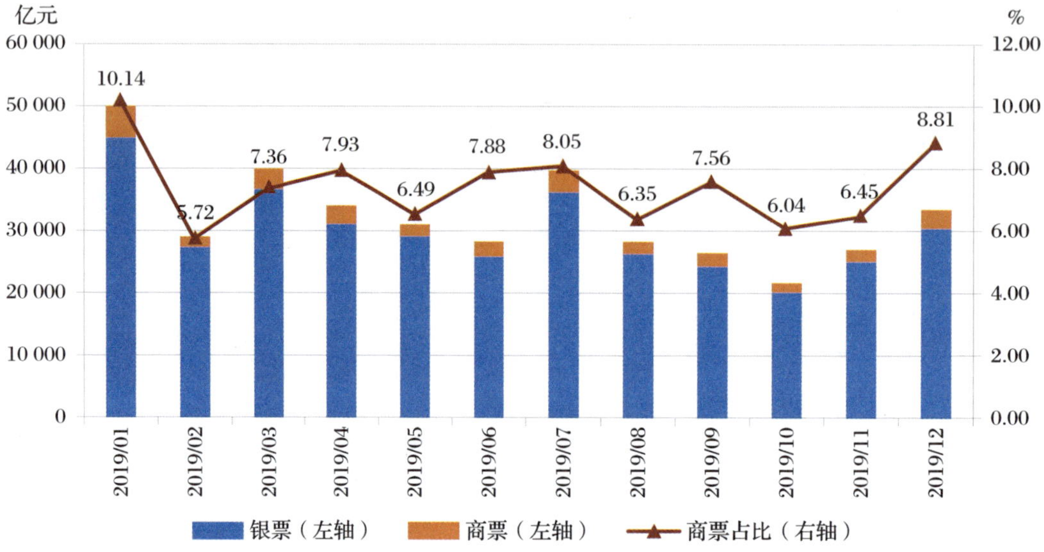

图1-33　2019年每月票据转贴现交易情况（按票据类别）

从票据交易期限结构来看，2019年转贴现交易期限品种主要集中在6M（3个月至6个月）和1Y（9个月至1年），6M和1Y转贴现交易量占比分别为25.71%和32.56%，两者合计占比接近六成。

表1-3　2019年转贴现交易情况（按期限品种）

期限品种	交易笔数（笔）	交易量（亿元）	交易量占比（%）
1M	33 634	42 446.12	10.93
3M	54 377	50 728.82	13.07
6M	125 848	99 794.46	25.71
9M	39 009	68 826.38	17.73
1Y	103 931	126 424.37	32.56
合计	356 799	388 220.15	100.00

2019年，质押式回购交易继续呈现明显的短期化特征，隔夜与7天期质押式回购交易量占比达74.02%。自3月起，隔夜与7天期质押式回购交易量占比显著上升，其

中，5月和7月均突破80%。

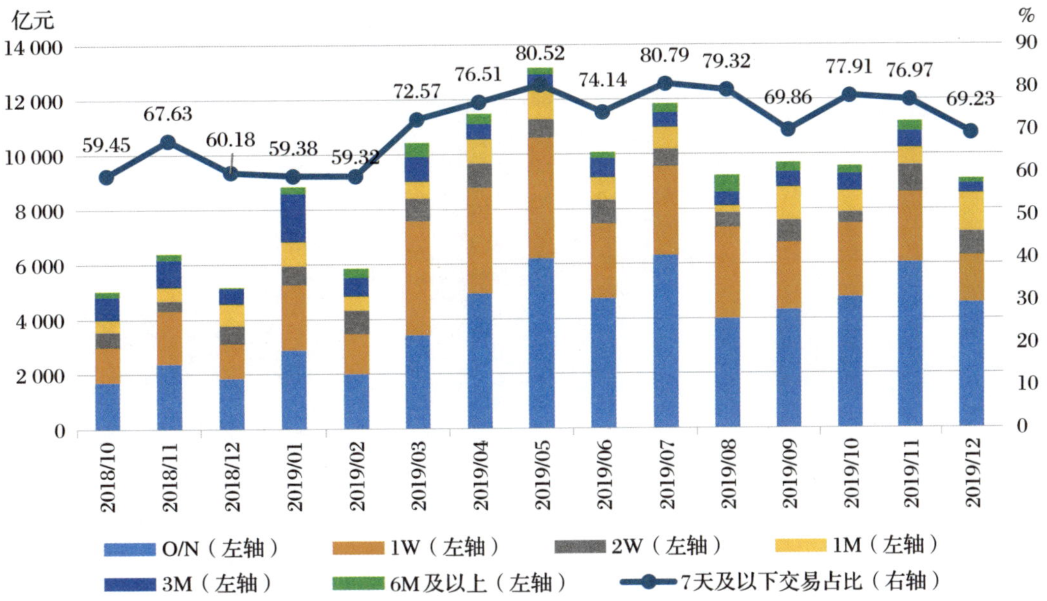

图1-34　纸电融合后票据质押式回购交易情况（分期限）

表1-4　2019年质押式回购交易情况（按期限品种）

期限品种	交易笔数（笔）	交易量（亿元）	交易量占比（%）
O/N	10 010	54 202.51	45.01
1W	7 734	34 931.36	29.01
2W	2 607	9 019.48	7.49
1M	2 910	9 871.82	8.20
3M	2 495	8 332.40	6.92
6M及以上	985	4 061.87	3.37
合计	26 741	120 419.44	100.00

（三）转贴现利率整体下行，1Y银票转贴现利率与SHIBOR（1Y）部分期间持续倒挂；短期质押式回购利率走势与银行间债券市场相似

2019年，转贴现利率总体呈下降趋势，由1月的3.56%下降至12月的2.97%，其中，8月转贴现平均利率为2.86%，2018年1月以来首次低于3%；转贴现利率与贴现利率利差保持稳定，平均为22个基点，除1月利差为11个基点外，其他月份利差均保

持在17~28个基点区间。

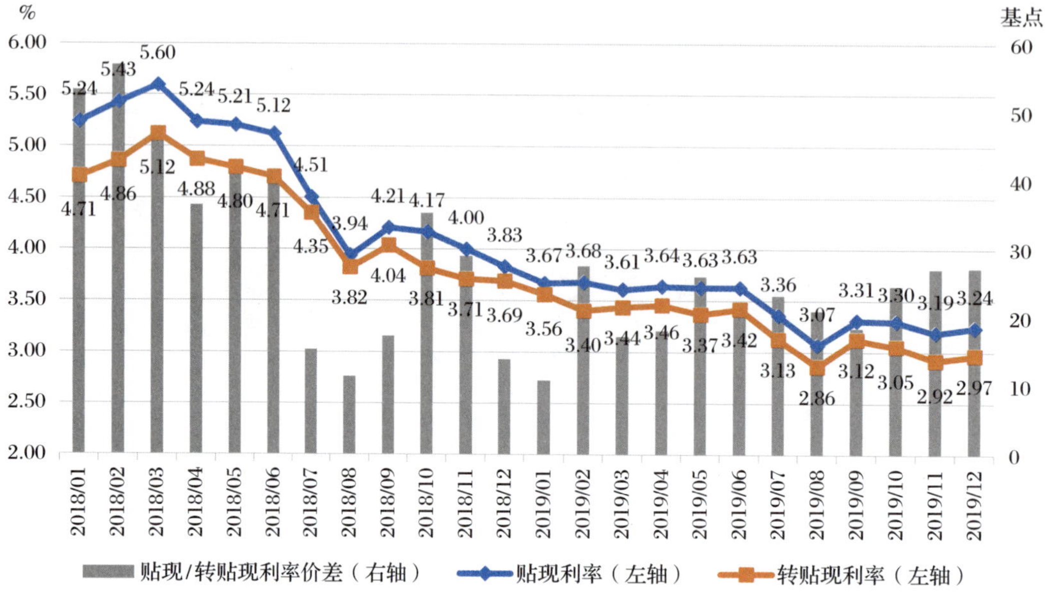

图1-35　2018年1月至2019年12月电票转贴现、贴现利率走势

分期限结构来看，1M银票转贴现交易利率波动幅度较大，除个别时点外，利率均维持在2.5%~3.5%，其中，1月第二周交易平均利率下降至2.57%，也是上半年1M

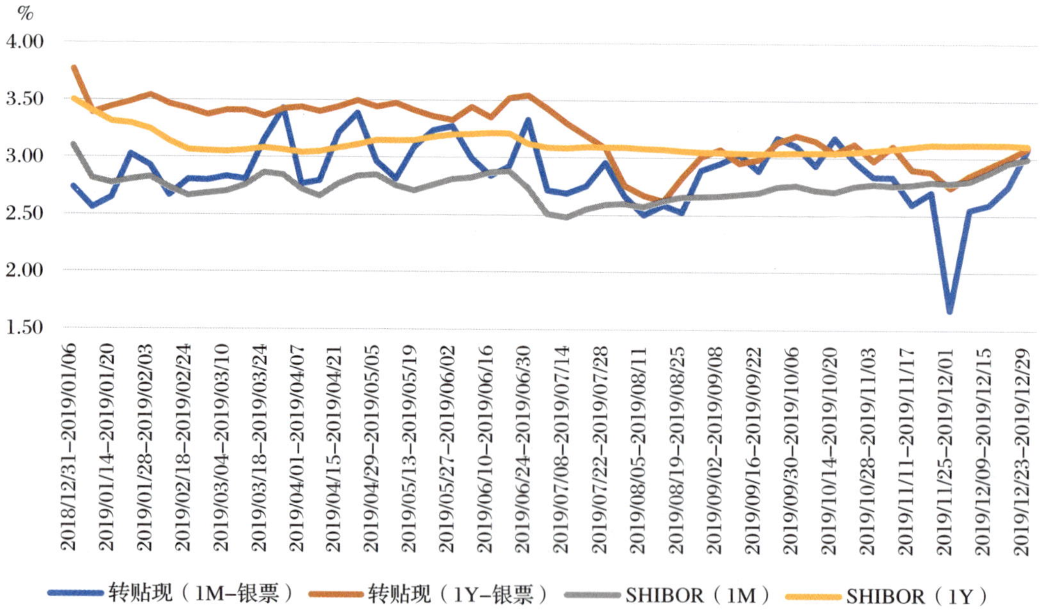

图1-36　2019年电票转贴现、SHIBOR利率比较

银票转贴现周交易平均利率最低值；3月最后一周交易平均利率为3.43%，为全年最高值，11月最后一周交易平均利率为1.68%，为全年最低值，与Shibor（1M）出现倒挂。相对而言，1Y银票转贴现利率波动略小，7月下旬至8月中旬，1Y银票转贴现利率基本维持在2.50%~3.30%，与Shibor（1Y）持续倒挂，8月下旬逐步回升。1Y与1M银票转贴现利率利差逐步缩小，部分时点出现利率倒挂情况。

2019年，隔夜和7天质押式回购利率与银行间同期质押式回购利率走势相似，上半年和下半年利率均先升后降，全年利率走势整体呈M形，3M质押式回购利率运行相对平稳。其中，6月隔夜质押式回购平均利率为1.83%，7天质押式回购平均利率为2.27%，均为全年最低值；全年最高值出现在8月，当月隔夜质押式回购平均利率为2.64%，7天质押式回购平均利率为2.73%。

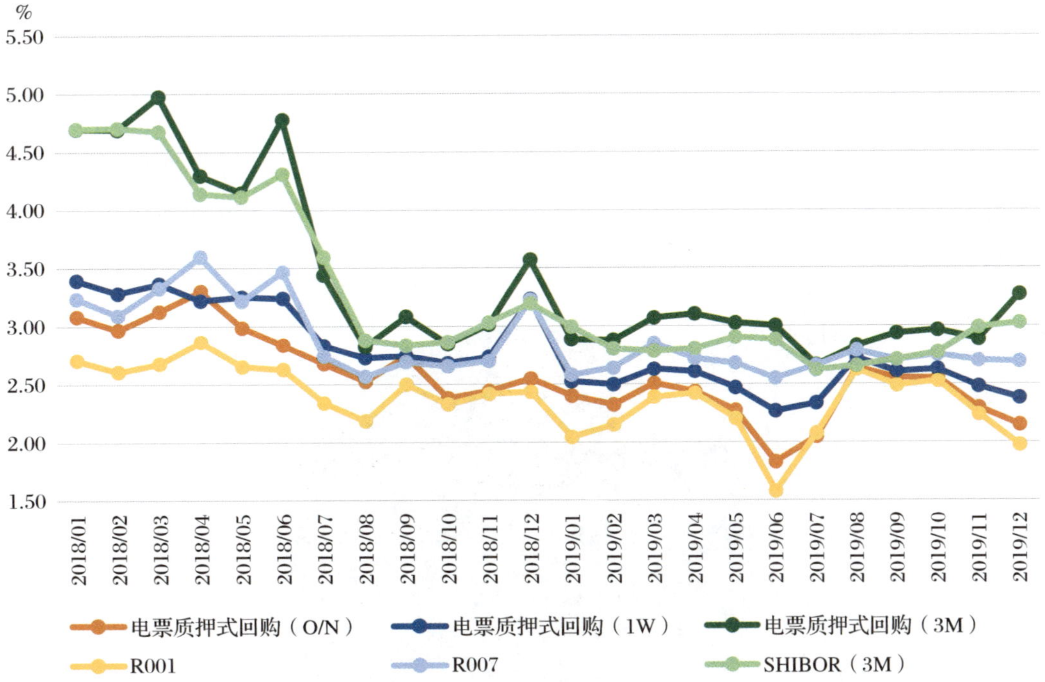

图1-37　2018年1月至2019年12月电票质押式回购交易利率（与债券市场比较）

（四）参与交易的会员和系统参与者数量稳步增加，非银行类会员及非法人产品交易量占比有所提升

截至2019年12月末，累计通过交易系统开展交易的会员数量为1 919家，系统参

与者数量为8 091家。每月参与交易的会员数量基本保持稳定，系统参与者数量稳中有升。

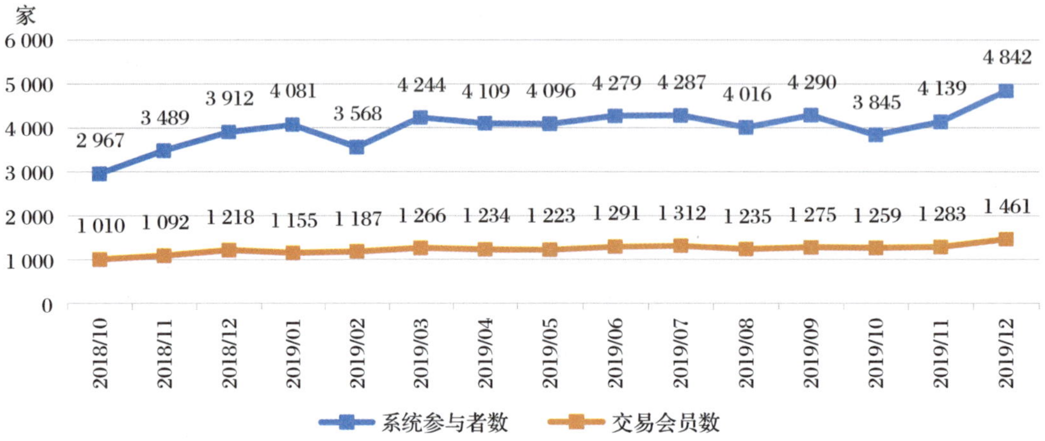

图1-38　2018年10月至2019年12月每月交易会员数与系统参与者数

从交易主体类型来看，2019年，股份制商业银行、城市商业银行和国有商业银行是最主要的市场参与主体，参与的交易占市场交易总量的八成以上（见图

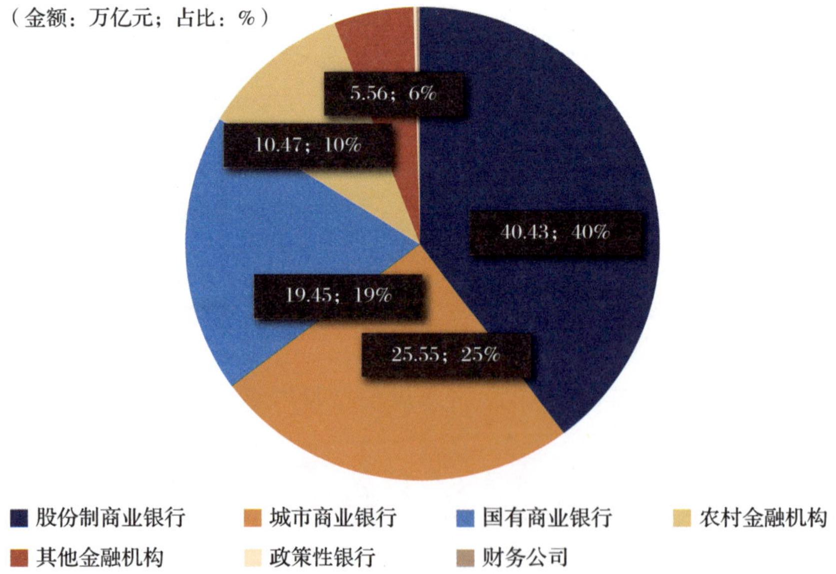

图1-39　2019年交易主体类型分布

1-39），其中，国有商业银行是市场上最为重要的质押式回购资金融出方（见图1-40）。从交易量占比变化情况来看，股份制商业银行和城市商业银行占比有所下降，国有商业银行、其他金融机构占比提升（见表1-5）；自8月起，非法人产品每月交易活跃度有所下降，8月至12月非法人产品单月交易量均低于2019年1月至7月（见图1-41）。

表1-5　2019年交易主体类型分布情况

单位：%

排名	机构类型	分布比例	
		2019年	2018年
1	股份制商业银行	39.68	44.84
2	城市商业银行	25.07	25.53
3	国有商业银行	19.09	18.29
4	农村金融机构	10.27	9.67
5	其他金融机构	5.46	1.46
6	政策性银行	0.22	0.08
7	财务公司	0.21	0.13

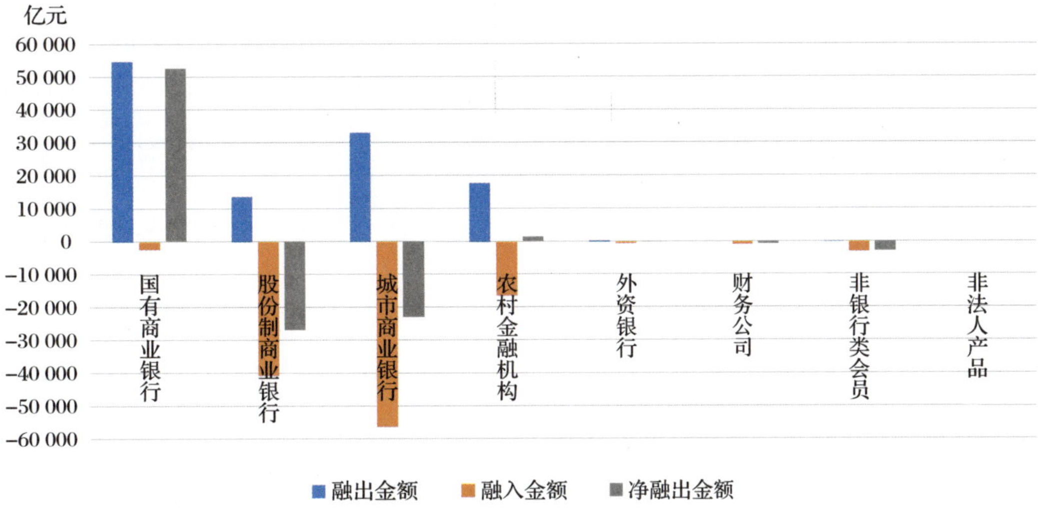

图1-40　2019年质押式回购各类型金融机构资金融通情况

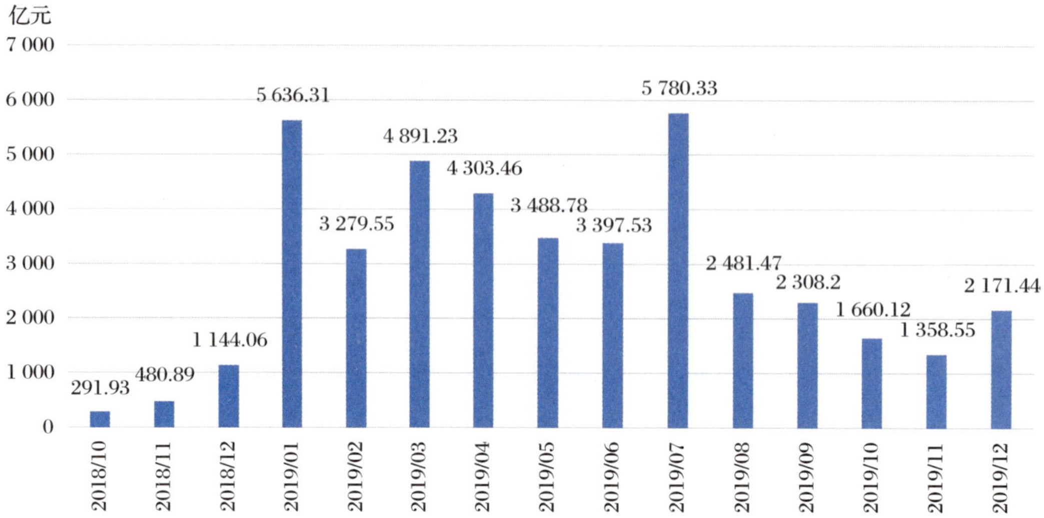

图1-41　纸电票据交易融合后非法人产品交易情况

二、票据交易运行特点

（一）票据交易量同比增长，月末波动明显，市场结构相对稳定

2019年，票据交易量稳步增长，同比上升22.01%；纸电交易融合后，电票交易占据绝对主导地位，纸票主要发挥支付结算工具的作用；银票与商票交易量占比结构保持稳定，仍主要以银票为主；转贴现仍然是最主要的交易品种，质押式回购交易占比进一步提升，融资功能进一步发挥，买断式回购交易得到进一步推广。受政策和信贷规模因素影响，交易量在月末等特殊时点波动明显，1月、3月和7月单月交易量均超过5万亿元。其中，1月票据承兑、贴现业务大幅增长，带动票据交易活跃度提升；3月和7月末均由于信贷规模因素导致交易量大幅增长。

（二）票据交易利率低位运行，整体呈下降趋势，特殊时点波动较大

2019年，人民银行实施稳健的货币政策，流动性保持合理充裕，全年4次下调存款准备金率。票据市场利率延续了2018年的趋势，继续低位运行，稳中有降。在部分特殊时点，交易利率出现了大幅波动。7月末，票据市场信贷规模持续宽松，商业银行通过转贴现买入票据方式充实信贷规模，导致短期内交易量大幅上升，转贴现

交易利率快速下降。7月31日，1Y转贴现交易加权利率下降至2.54%，1Y转贴现交易利率最低值为1.91%，全市场各期限转贴现交易利率最低值为0.8%，共有4笔交易，加权平均剩余期限均为14日以下。同时，票据交易利率与同期限同业存单利率及部分市场参与者的资金成本在下半年出现了持续的倒挂情况。

（三）票据市场信用风险受到广泛关注，信用分层明显

自2019年5月以来，受包商银行风险事件影响，票据市场信用风险凸显，市场参与者对中小金融机构同业授信相对收缩，信用分层加剧，中小金融机构信用风险和流动性引起广泛关注。这一事件对市场参与者的市场研判和风险管理能力提出了新的要求，也推动了票据市场授信规则和业务模式的调整。

（四）非银行类会员及非法人产品交易量占比提升，自8月起非法人产品交易活跃度较低

截至2019年12月末，通过交易系统开展过交易的非银行类会员（不包括财务公司）共10家，较2018年12月末增加5家。其中，证券公司8家，基金子公司1家，资产管理公司1家。2019年，非银行类会员交易量10 161.26亿元，占市场交易总量的1.00%（交易量按双边口径统计）。

截至2019年12月末，通过交易系统开展交易的资管类会员数量共23家，较2018年12月末增加13家，非法人产品160家，较2018年12月末增加116家。2019年，非法人产品交易量40 756.97亿元，占市场交易总量的4.00%（交易量按双边口径统计）。

由于信贷规模持续宽松，票据市场参与者开展票据资管业务需求有所降低，部分产品项下的票据陆续回表充实信贷规模，8月至12月，非法人产品交易活跃度下降，各月交易量均低于2019年其他月份。

供稿单位：上海票据交易所

执 笔 人：杨　凝　王培虎　唐潇晴

票据市场利率走势分析

一、票据利率走势总体情况

2019年，票据利率总体呈下行趋势。全年票据贴现加权平均利率为3.44%，较上年下降117个基点；转贴现加权平均利率为3.31%，较上年下降110个基点；质押式回购加权平均利率为2.51%，较上年下降71个基点。

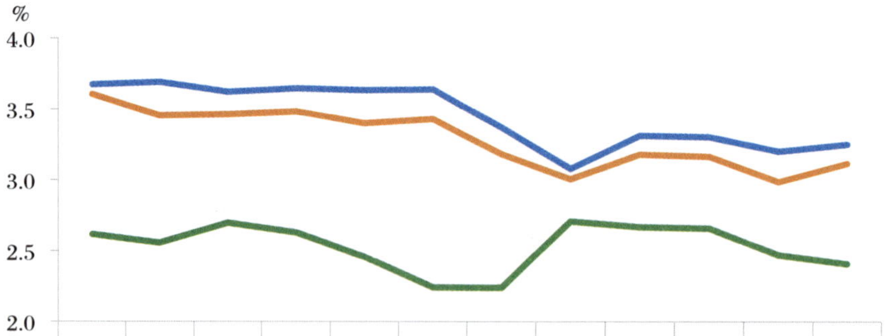

	1月	2月	3月	4月	5月	6月	7月	8月	9月	10月	11月	12月
贴现利率	3.67	3.68	3.61	3.64	3.63	3.63	3.36	3.07	3.31	3.30	3.19	3.24
转贴现利率	3.60	3.45	3.46	3.48	3.39	3.42	3.18	3.00	3.17	3.16	2.98	3.11
质押式回购利率	2.61	2.55	2.69	2.62	2.45	2.23	2.23	2.70	2.66	2.65	2.46	2.40

图1-42　2019年各月票据利率走势

从走势看，上半年票据利率缓慢下降，下半年下行较快，特别是7月末和11月末，受票据到期量较为集中、银行信贷资产配置需求较大等因素影响，票据利率下降较快。

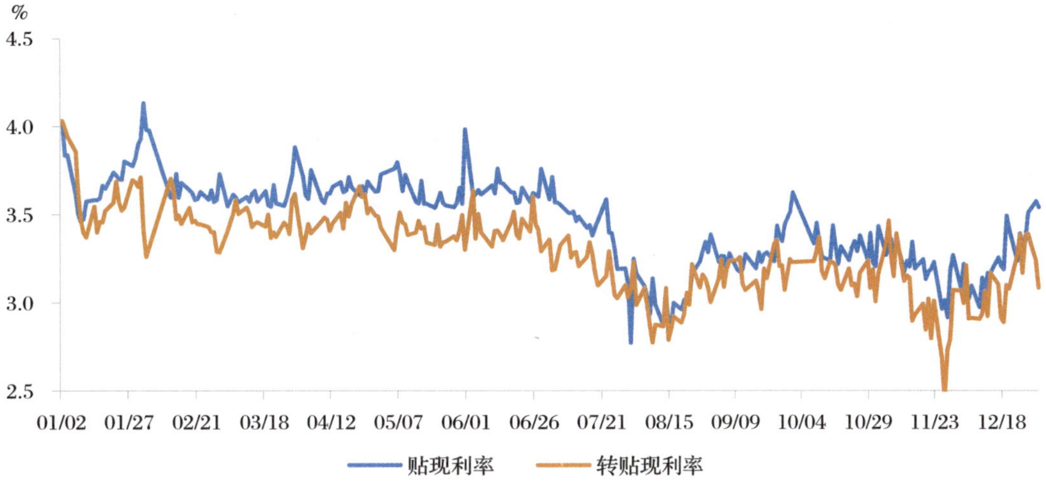

图1-43　2019年日度票据利率走势

二、票据利率走势特点分析

（一）票据贴现利率低于一年期LPR

2019年12月，票据贴现加权平均利率为3.24%，同比下降59个基点，比12月一年

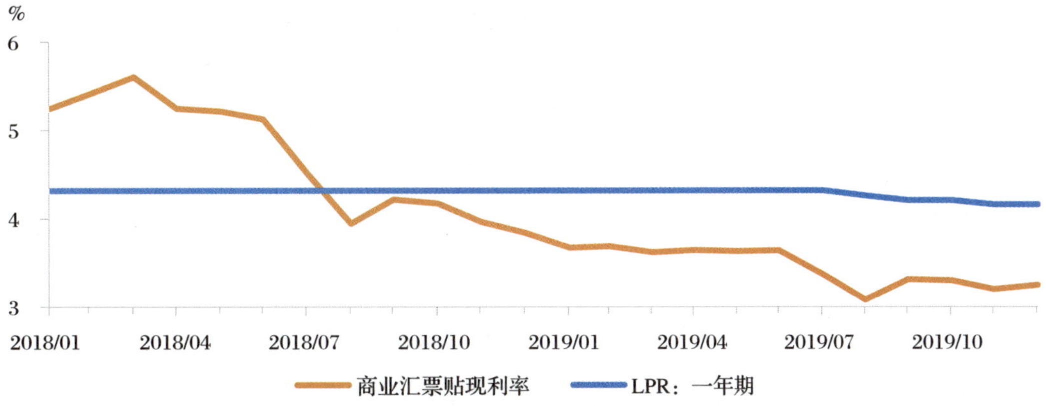

图1-44　票据贴现利率低于一年期LPR

期LPR低91个基点，利差比上年同期扩大43个基点，票据贴现利率不仅低于一年期LPR，且其下行幅度也大于LPR，票据降低实体经济融资成本的作用明显。

（二）票据转贴现利率与同业存单利率出现倒挂

从票据收益率曲线看，上半年一年期国股票据转贴现利率走势较为平稳，下半年下行较快，并从7月开始与一年期AAA同业存单利率出现倒挂，2019年12月31日，一年期国股票据转贴现利率为2.62%，比一年期AAA同业存单交易利率低28个基点。

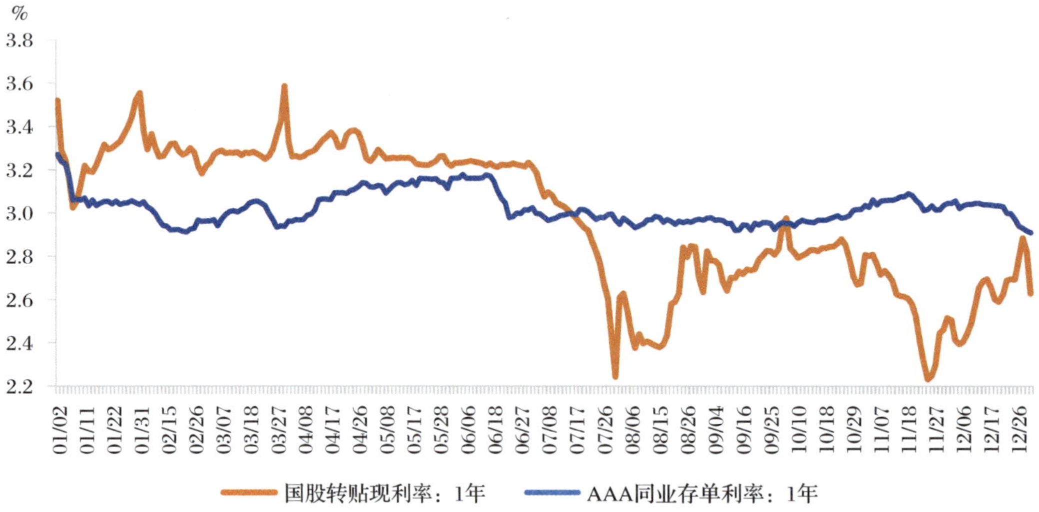

数据来源：票交所、中国货币网。

图1-45 2019年一年期票据利率和同业存单利率走势对比

（三）票据回购利率与货币市场其他利率的利差进一步缩小

12月，票据回购加权平均利率为2.4%，比上年同期下降72个基点，与同业拆借的利差从上年末的55个基点缩小至31个基点，与债券质押式回购的利差从上年末的44个基点缩小至30个基点。同时，票据回购利率与其他货币市场回购利率保持同向变动，其中隔夜票据回购利率与同业拆借、债券质押式回购利率的相关系数分别达到0.8637和0.8583。

图1-46 票据回购利率与其他货币市场回购利率走势一致

（四）银票与商票的利差逐渐扩大

2019年，银票和商票贴现加权平均利率分别为3.32%和5.05%，利差从上年的135个基点扩大至173个基点。银票和商票转贴现加权平均利率分别为3.21%和4.44%，利差从上年的95个基点扩大至123个基点。

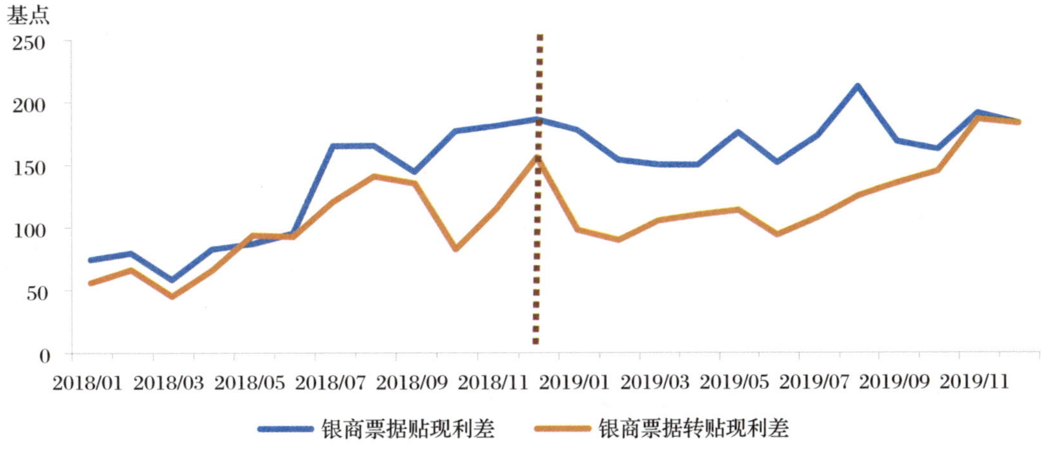

图1-47 银商票据的利差扩大

（五）国股票据与城商行票据的利差有所扩大

2019年下半年，国股银行和城市商业银行承兑票据的贴现加权平均利率分别为2.89%和3.39%，两者之间的利差从上半年的23个基点扩大至50个基点；其转贴现加权平均利率分别为2.88%和3.17%，两者之间的利差从上半年的21个基点扩大至29个基点。包商银行事件打破了刚性兑付，促进了金融市场信用分层。

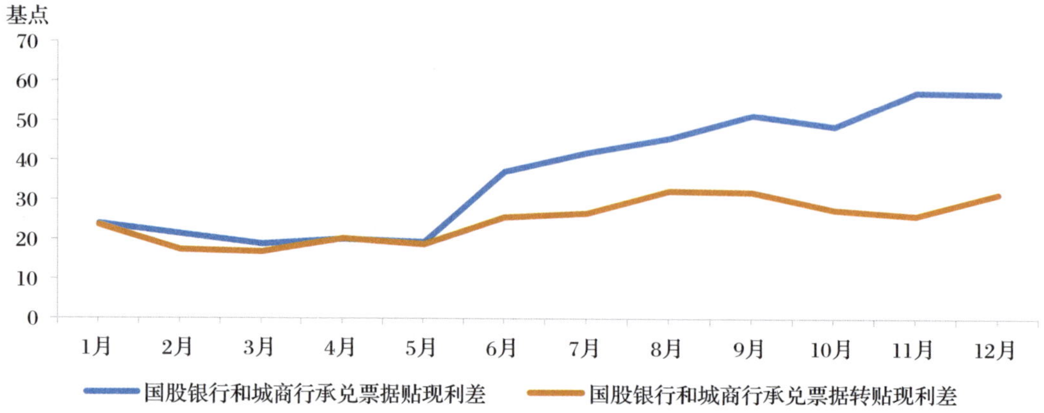

图1-48　2019年国股票据和城商行票据的利差扩大

（六）期限较长票据转贴现利率的降幅较大，平坦化特征明显

2019年各期限品种的票据利率均有所下降，但9M与1Y期限品种下行幅度最大，且与短期品种利差逐渐收窄。12月31日，1M、3M、6M、9M、1Y国股票据转贴现利率分别为2.51%、2.57%、2.62%、2.61%和2.62%，分别较上年末下行75个、75个、75个、81个和81个基点，其中，1个月和1年期的利差为11个基点，比上年末收窄6个基点，票据利率期限结构更趋平坦化。

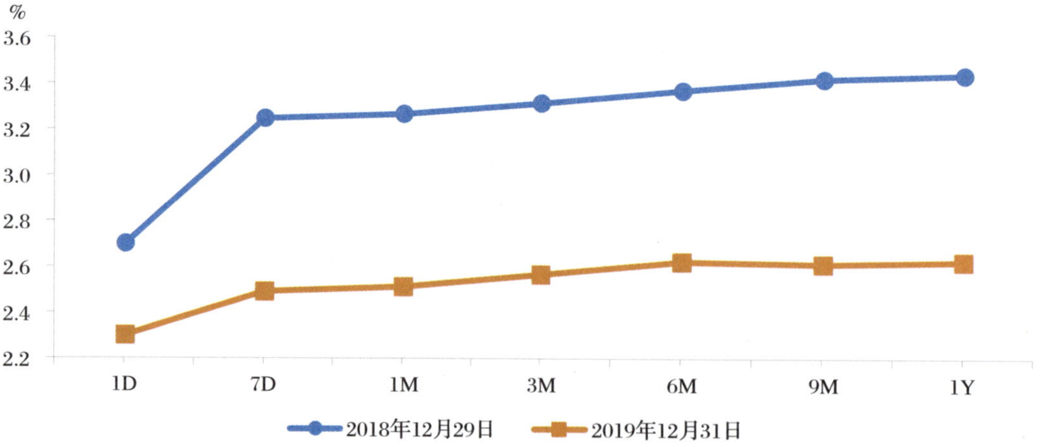

图1-49　票据利率期限结构趋于平坦化

三、票据利率下降的原因分析

影响票据利率走势的因素主要包括经济基本面、政策引导、资金供求关系、票据供求关系以及监管政策和市场情绪等。

其一，从经济基本面看，票据利率与宏观经济增速总体呈现正相关关系。在经济上升期，GDP增速上升，企业扩张产能，资金需求旺盛，票据利率随之上涨；而在经济下行期间，GDP增速趋缓，企业资金需求下降，票据利率随之走低。2019年，宏观经济下行压力加大，全年经济增速为6.1%，工业生产者出厂价格比上年下降0.3%，中国制造业采购经理人指数（PMI）均值为49.7%，位于临界点之下，资金需求走低导致票据利率下行。

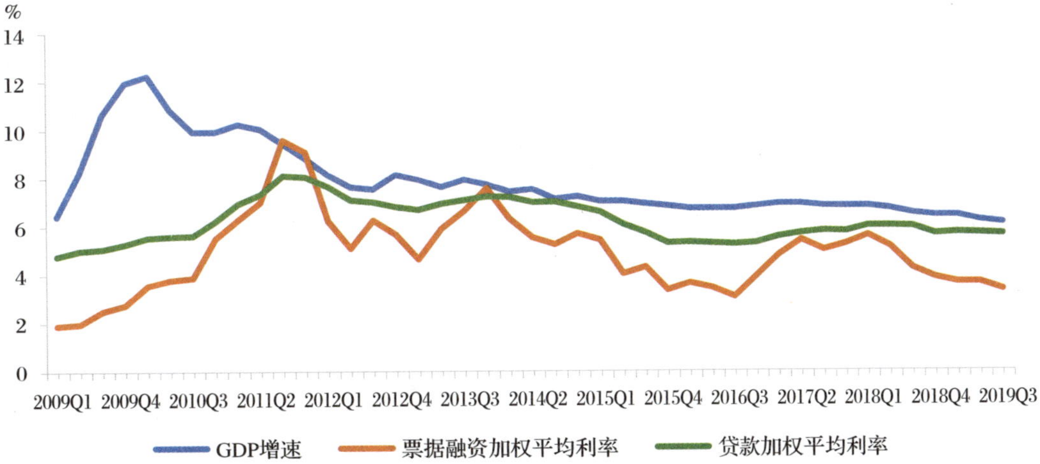

数据来源：国家统计局、中国人民银行。

图1-50　票据利率与GDP增速和贷款利率

其二，从政策引导因素来看，2019年，货币政策突出逆周期调节，人民银行三次下调金融机构存款准备金率，灵活运用多种货币政策工具增加流动性，引导货币市场利率下行，也带动票据融资利率回落。2019年12月，票据转贴现加权平均利率为3.11%，较年初下行61个基点；质押式回购加权平均利率为2.4%，较年初下行72个基点。

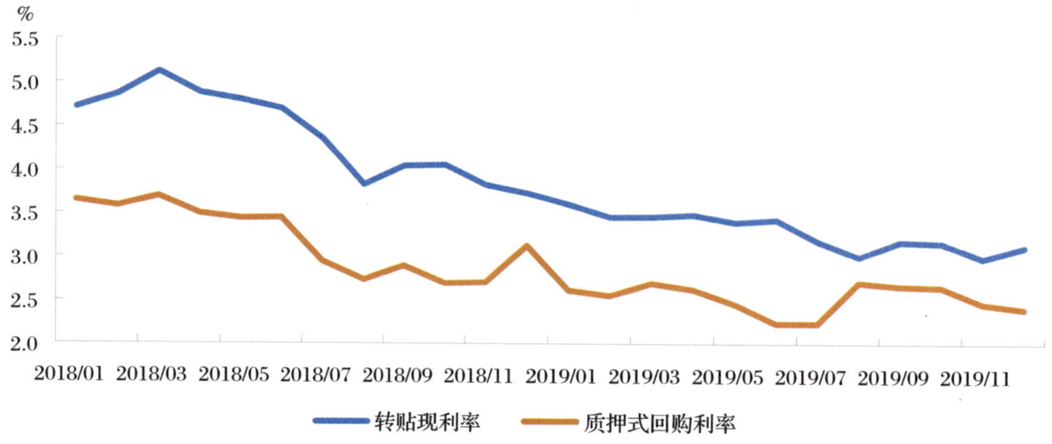

图1-51　票据转贴现利率和质押式回购利率走势

其三，从资金面看，资金价格和票据利率走势呈同向变化。当资金面充裕时，资金价格低，银行持票的资金成本降低、利润提高，买票意愿增强，从而带动票据价格下降；当资金面紧张时，银行持票成本提高，票据卖出增多，票据价格随之上涨。2019年，银行体系流动性较为充裕，资金价格总体呈下行趋势，12月DR007为2.65%，比上年末低39个基点。资金价格下降带动票据利率下行。

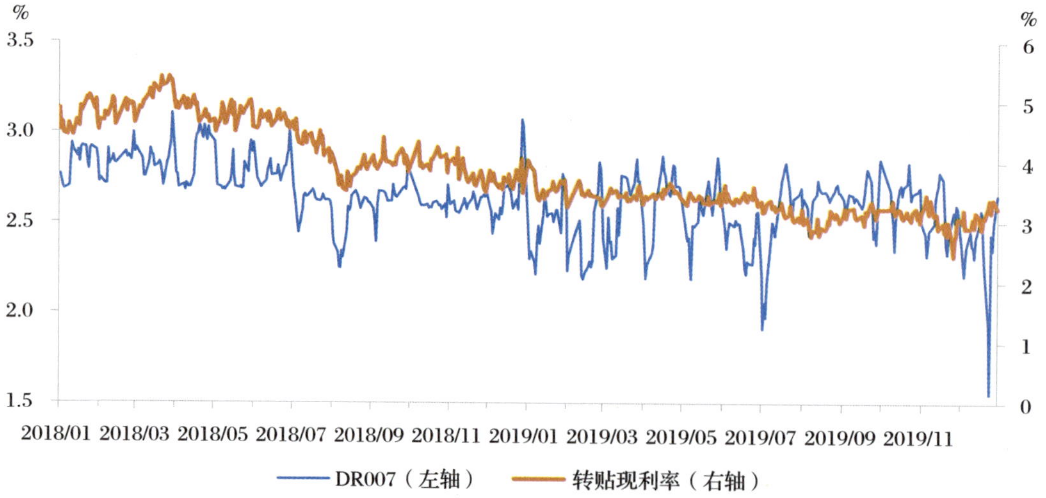

图1-52　票据转贴现利率与DR007

其四，从票据市场供需关系看，供求变化将直接引起票据利率的变动。当票据供不应求时，票据利率回落；当供过于求时，票据利率上行。随着票据电子化水平的飞跃式提升，企业使用票据更加安全、便利、成本低廉，票据供给不断增长。2019年末，票据承兑余额12.73万亿元，比年初增长15.27%。从需求端看，信贷规模宽松导致2019年票据需求增长更为显著。年末票据贴现余额为8.18万亿元，比年初增长24.03%。需求增长大于供给增长，从而导致票据市场利率的进一步下行。

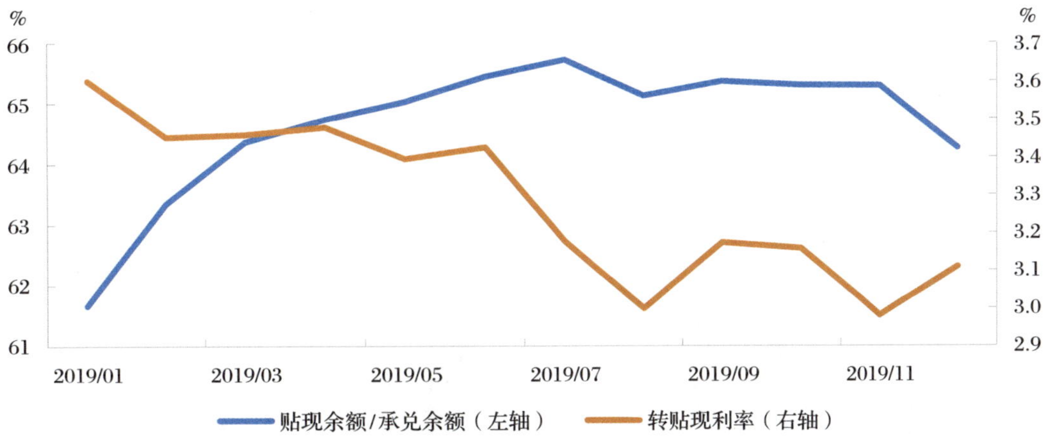

图1-53　票据转贴现利率与贴现承兑比

除上述因素以外，还有监管政策、市场情绪等因素也会影响票据利率走势，各个因素共同作用促进2019年票据利率下行。

四、7月和11月票据利率快速下降的原因分析

2019年7月和11月，票据利率下行较快，不仅低于AAA同业存单利率，还低于同期限无风险国债利率，引起市场广泛关注。其中，7月31日和11月25日一年期国股票据转贴现利率分别为2.24%和2.23%，分别比当日一年期AAA同业存单利率低63个基点和78个基点，分别比当日一年期国债利率低31个基点和36个基点。票据利率快速下降的主要原因包括：

（一）银行所持票据到期量较大，银行买票需求增加

2018年12月和2019年1月是票据承兑的高峰期，其中承兑期限在6个月以上的票据金额占比77.18%，其中又以6个月期限和12个月期限的最为集中。这些票据从7月开始陆续到期，7月和11月到期较为集中，这两个月已贴现票据到期量分别达到1.14万亿元和1万亿元。银行为补充到期的票据资产，买票需求增加，导致票据利率快速下行。

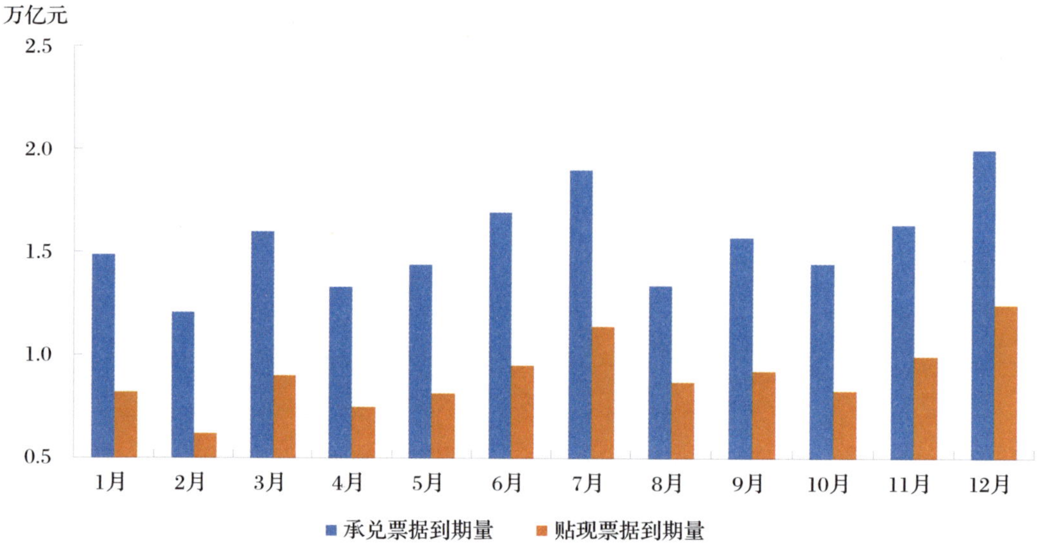

图1-54　2019年各月票据到期量

（二）信贷额度较为充裕，银行增持票据意愿增强

11月临近年末，部分信贷投放不足的金融机构通过配置票据资产增加信贷投放，导致转贴现利率大幅下行。特别是部分地区的农村信用社和农村商业银行买票需求旺盛。如11月下旬，农村信用社和农村商业银行通过转贴现买入国股票据的加权平均利率分别为1.92%和2.1%，分别比市场平均水平低49个基点和30个基点。

（三）人民银行引导利率下行

继11月5日MLF利率下降和11月18日7天期逆回购利率下调后，11月20日LPR随之

下降。其中，1年期LPR为4.15%，5年期以上LPR为4.80%，两者均较前一个月下降5个基点。

供稿单位：上海票据交易所

执 笔 人：罗丹阳　王　亮

票据清算结算情况分析

一、票据业务结算量

2019年，票交所累计办理票据业务DVP结算628.77万笔、金额57.43万亿元，结

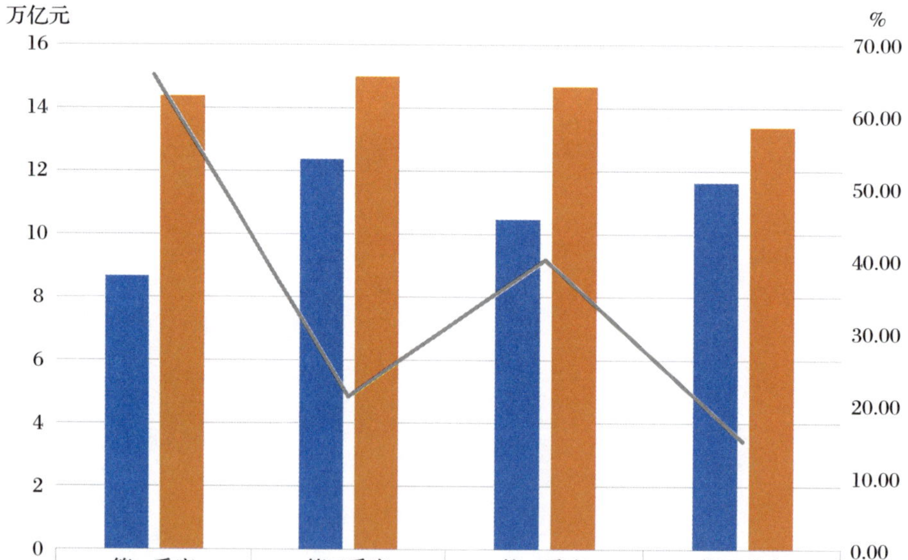

	第一季度	第二季度	第三季度	第四季度
金额：2018年（左轴）	8.67	12.37	10.47	11.64
金额：2019年（左轴）	14.38	14.99	14.68	13.39
同比增速（右轴）	65.84	21.19	40.20	14.99

图1–55　票据业务DVP结算情况

算金额较2018年增长33.09%。其中，第一季度137.52万笔、金额14.38万亿元，第二季度153.09万笔、金额14.99万亿元，第三季度166.99万笔、金额14.68万亿元，第四季度171.17万笔、金额13.39万亿元，各季度票据业务结算金额较2018年同期分别增长65.84%、21.19%、40.20%、14.99%[①]。

按票据介质区分，2019年纸票业务结算25.74万笔、金额0.20万亿元，分别占总量的4.09%和0.35%，结算金额同比下降89.47%；电票结算量603.03万笔、金额57.23万亿元，分别占总量的95.91%和99.65%，结算金额同比增长38.74%。电票业务结算量占据绝对优势。

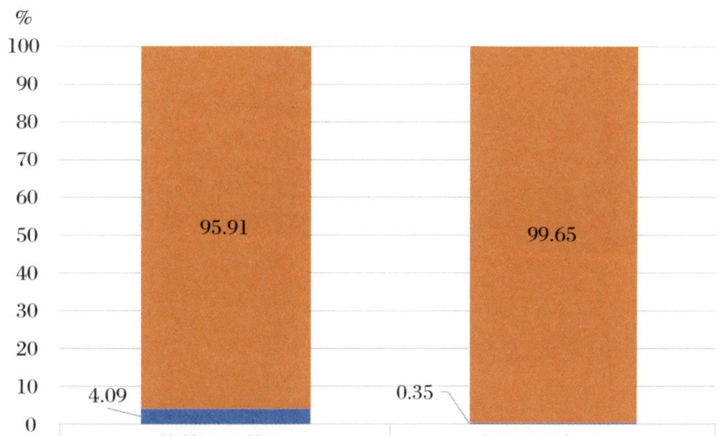

	笔数（万笔）	金额（万亿元）
电票	603.03	57.23
纸票	25.74	0.20

图1-56 票据业务DVP结算情况（按介质区分）

按业务种类区分，2019年交易类业务结算23.51万笔、金额46.63万亿元，分别占总量的3.74%和81.19%，结算金额同比增长61.52%；到期托收结算604.61万笔、金额10.71万亿元，分别占总量的96.16%和18.64%，结算金额同比下降24.74%；追索

①受2018年10月实施的纸电票据交易融合影响，2018年与2019年的票据业务结算笔数统计口径不一致，不具可比性。

结算0.65万笔、金额973.65亿元，分别占总量的0.10%和0.17%，结算金额同比增长105.56%。票据业务结算主要呈现交易业务金额大、托收业务笔数多的特点。

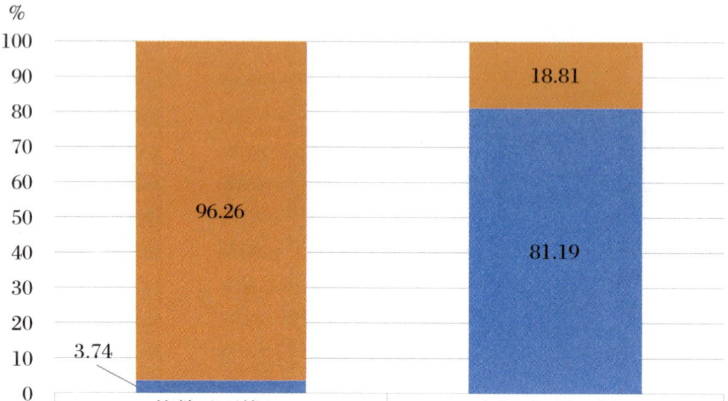

	笔数（万笔）	金额（万亿元）
托收、追索结算	605.26	10.81
交易结算	23.51	46.63

图1–57　票据业务DVP结算情况（按业务种类区分）

2019年，票交所系统通过大额支付系统共办理即时转账业务0.16亿笔、金额60.96万亿元，金额同比增长22.51%；发起汇兑业务往账17 748笔、金额3.09万亿元，金额同比增长1 616.67%；来账17 948笔、金额3.21万亿元，金额同比增长844.12%。

二、资金账户开户及结算量

（一）资金账户开户情况

截至2019年底，票交所资金账户累计开户数量达845户，较2018年增加275户，增长48.25%。在全部开户机构中，法人类会员467家，资管类会员34家。其中，财务公司221户，非法人产品378户，银行类金融机构196户，券商等非银类金融机构50户，占比分别为26.15%、44.73%、23.20%和5.92%，分别较2018年增加19户、193户、39户和24户。

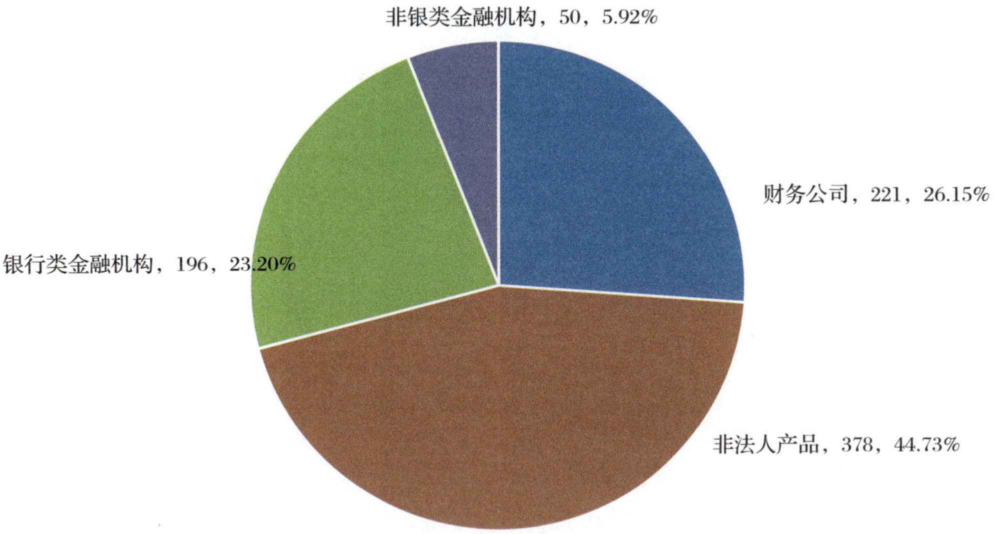

图1-58　资金账户开户类型

（二）资金账户结算量

2019年，金融机构通过资金账户完成票据业务结算40.03万笔、金额6.03万亿元；结算金额较2018年增长756.95%。

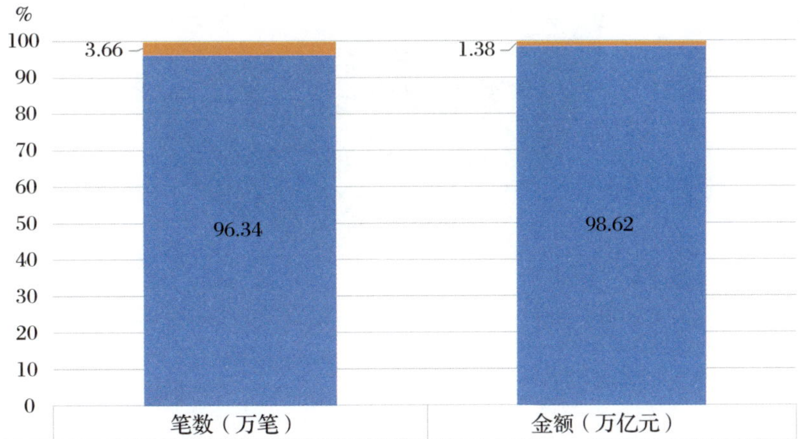

	笔数（万笔）	金额（万亿元）
纸票	1.47	0.08
电票	38.56	5.95

图1-59　资金账户业务结算票据介质结构情况

按票据介质区分，使用资金账户完成的纸票业务结算1.47万笔、金额0.08万亿元，分别占总量的3.66%和1.38%；电票业务结算38.56万笔、金额5.95万亿元，分别占总量的96.34%和98.62%。

按业务种类区分，使用资金账户完成的转贴现业务结算1.57万笔、金额4.12万亿元，结算金额同比增长1 153.54%，占资金账户结算金额总量的68.24%；质押式回购首期和到期业务结算合计3 083笔、金额1.05万亿元，结算金额同比增长233.81%，占资金账户结算金额总量的17.35%；买断式回购首期和到期业务结算合计367笔、金额0.06万亿元，结算金额同比增长465.84%，占资金账户结算金额总量的1.02%；托收业务结算37.86万笔、金额0.80万亿元，结算金额同比增长454.43%，占资金账户结算金额总量的13.30%；追索业务结算495笔、金额57.56亿元，结算金额同比增长984.06%，占资金账户结算金额总量的0.10%。

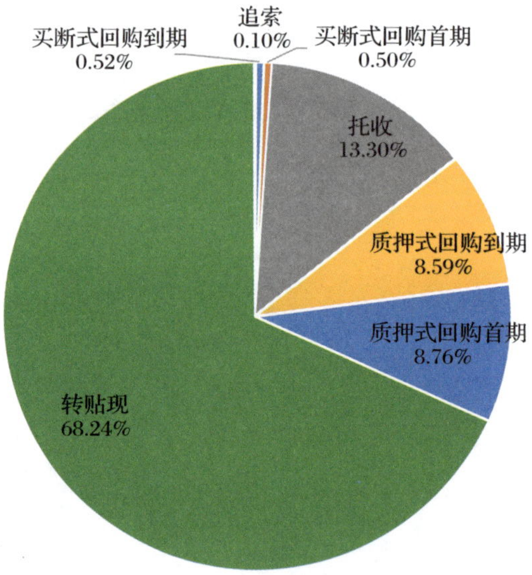

图1-60　资金账户业务结算业务种类结构情况

（三）财务公司ECDS线上清算结算量

票交所于2019年10月起组织了两个批次共计15家财务公司开通ECDS线上清算功能，通过票交所资金账户办理ECDS贴现、托收等票据业务的线上清算。截至2019年底，上线财务公司累计办理票据业务清算10 578笔、金额196.20亿元。其中，买断式贴现业务清算77笔、1.73亿元，托收业务清算10 411笔、金额193.93亿元，逾期托收业务清算90笔、金额0.53亿元。

供稿单位：上海票据交易所

执 笔 人：张艳宁　唐　磊

票据托管情况分析

一、票据托管情况

（一）托管总量持续增长，银票、电票占比进一步提高

2019年，共有14 155家（同比增加881家，增长6.64%）系统参与者累计完成票据登记702.11万张，同比增长46.66%；金额12.57万亿元，同比增长20.53%。托管票

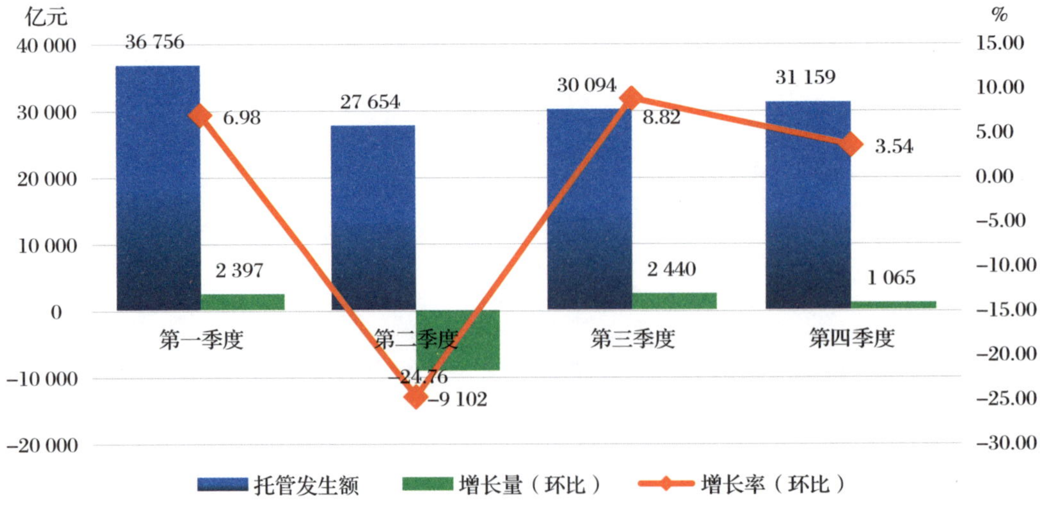

图1-61　2019年票据托管发生额（按季度）

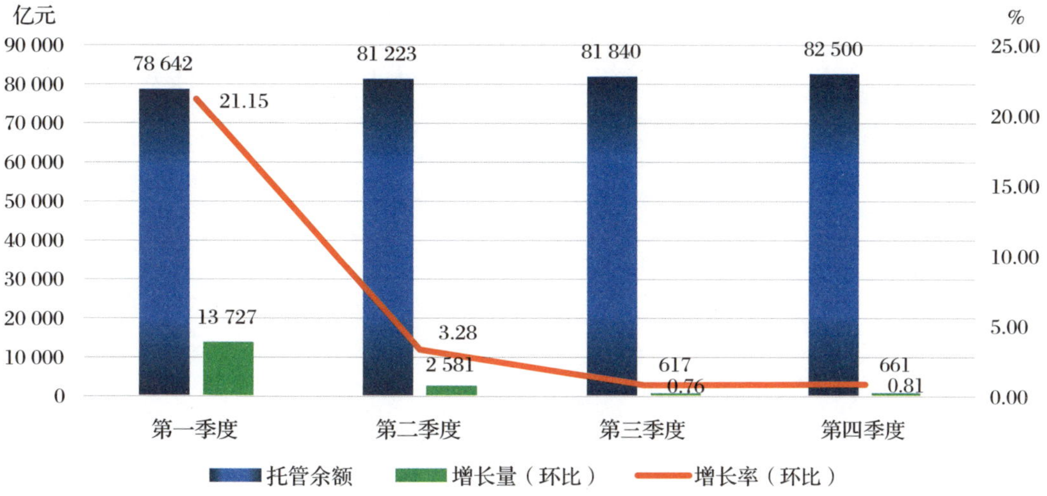

图1-62　2019年票据托管余额（按季度）

据到期结清605.51万张，同比增长61.59%；金额10.81万亿元，同比增长22.59%。

2019年末，共有10 737家（同比增加874家，增长8.86%）系统参与者托管票据314.26万张，较上年末增长44.38%，较第三季度末增长8.55%；托管余额8.25万亿元，较上年末增长27.09%，较第三季度末增长0.81%；平均票面金额为263万元，较上年末下降11.74%，较第三季度末下降7.13%。

从托管票据种类和介质看，2019年末，银行承兑汇票张数占比95.68%，金额占比91.67%，同比分别增加0.45个百分点和0.3个百分点；平均票面金额为252万元，同比下降11.89%。商业承兑汇票平均票面金额为506万元，同比下降6.12%。电子票据张数占比98.51%，金额占比99.71%，同比分别增加2.17个百分点和0.36个百分点；平均票面金额为266万元，同比下降13.36%。纸质票据平均票面金额为50万元，同比下降3.85%。

表1-6　2019年票据托管发生额（按种类和介质）

类别	张数（张）	张数占比（%）	金额（亿元）	金额占比（%）
银票	6 779 402	96.56	116 189.99	92.46
商票	241 700	3.44	9 473.14	7.54
电票	6 797 012	96.81	124 903.59	99.40
纸票	224 090	3.19	759.54	0.60

表1-7　2019年票据托管余额（按种类和介质）

类别	张数（张）	张数占比（%）	金额（亿元）	金额占比（%）
银票	3 006 920	95.68	75 630.57	91.67
商票	135 689	4.32	6 869.47	8.33
电票	3 095 747	98.51	82 264.05	99.71
纸票	46 862	1.49	235.99	0.29

（二）国有商业银行和股份制商业银行持有银票占比过半，股份制商业银行和城市商业银行持有商票金额占比近六成

2019年末，从持有者类型看，国有商业银行、股份制商业银行、农商行和农合行、城市商业银行托管量居前，张数与金额合计占比为90.26%和86.92%，同比分别增加1.94个百分点和1.40个百分点。其中，银行承兑汇票持有主体以国有商业银行和股份制商业银行为主，张数合计占比62.20%（同比减少0.05个百分点），金额合计占比54.44%（同比增加1.48个百分点）；商业承兑汇票持有主体以股份制商业银行和城市商业银行居多，张数合计占比54.42%（同比增加4.41个百分点），金额合计占比59.26%（同比减少8.19个百分点）。

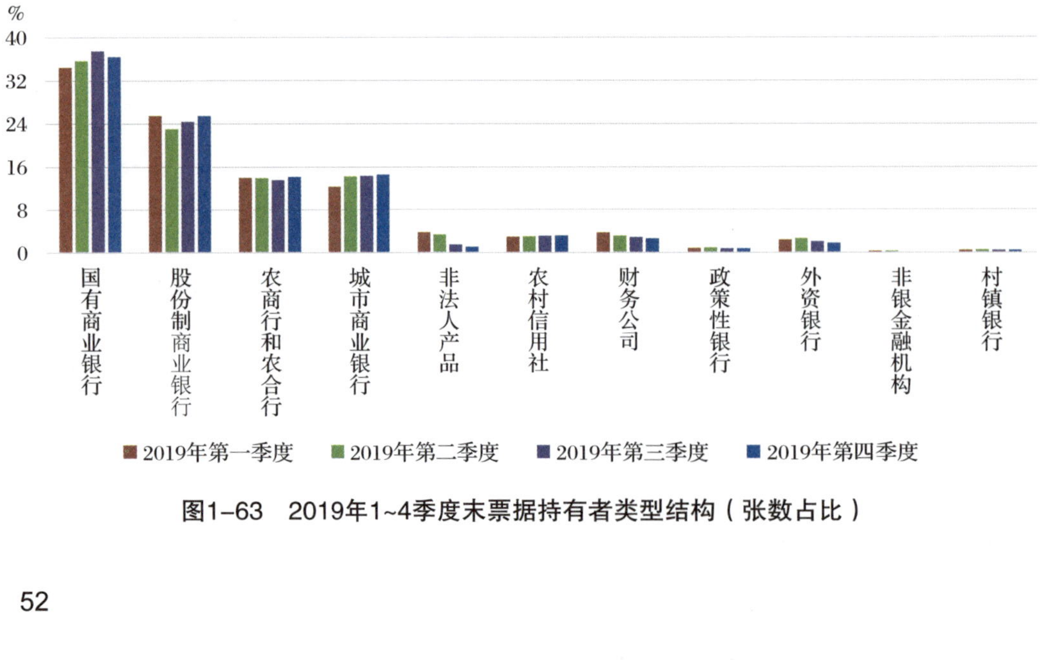

图1-63　2019年1~4季度末票据持有者类型结构（张数占比）

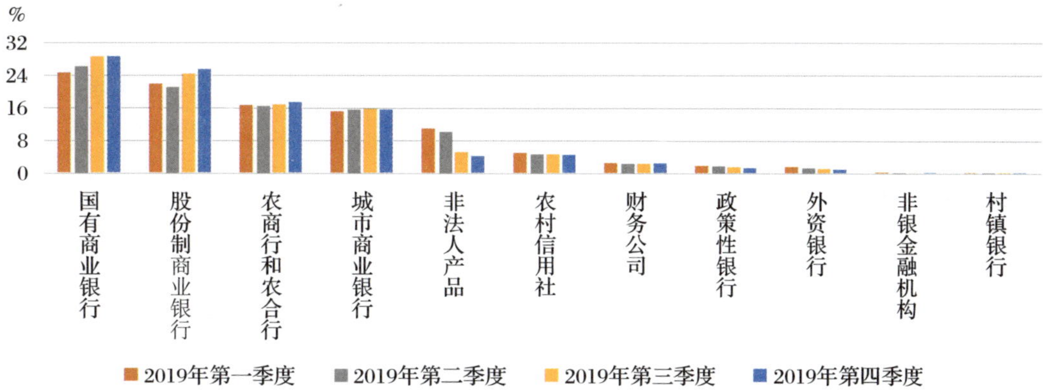

图1-64　2019年1~4季度末票据持有者类型结构（金额占比）

（三）持票机构进一步向东部省份集中

2019年末，托管票据持有机构所属省份进一步集中。从票据张数看，广东、江苏、浙江、上海和山东居前五位，合计占比48.03%，同比增加6.1个百分点；从票据金额看，上海、广东、江苏、北京和浙江居前五位，合计占比44.08%，同比增加4.3个百分点。

从票据类别看，上海、广东和江苏所辖机构持有银票和商票均居前三位。从平均票面金额看，浙江、重庆和安徽所辖机构持有票据平均面额在200万元以下，青海、甘肃、北京、天津和云南所辖机构持有票据平均面额在400万元以上。

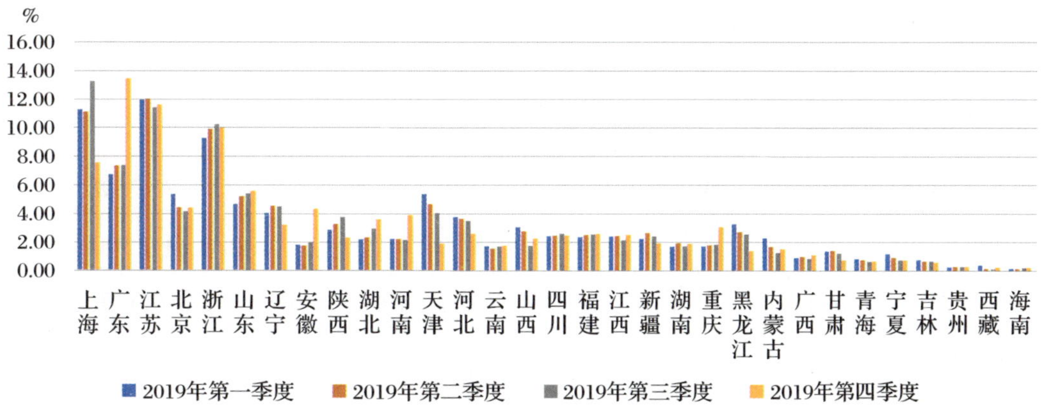

图1-65　2019年1~4季度末票据持有者省份结构（张数占比）

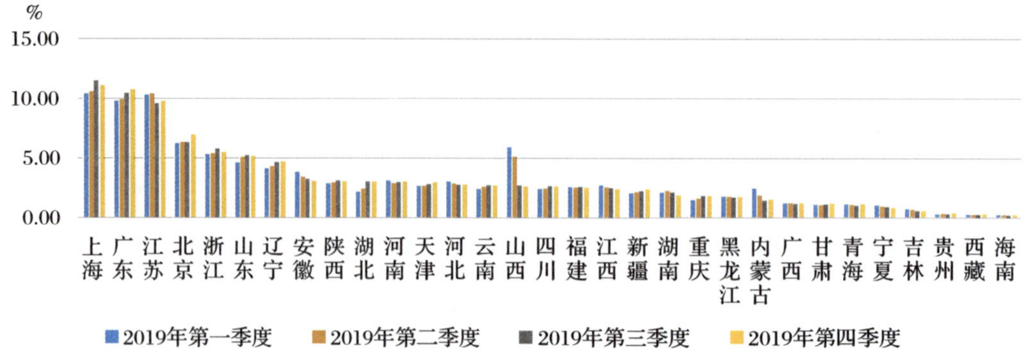

图1-66　2019年1~4季度末票据持有者省份结构（金额占比）

二、托管票据主要情况

（一）托管票据承兑、贴现机构向国有商业银行和股份制商业银行集中

从托管票据承兑机构类型看，股份制商业银行承兑张数占比与金额占比均居首位，其次为国有商业银行，两者张数合计占比为61.25%，同比减少0.9个百分点；金额合计占比为62.03%，同比增加2.6个百分点。

从托管票据贴现机构类型看，以股份制商业银行和国有商业银行为主，两者张数合计占比为62.48%，同比增加11.29个百分点；金额合计占比为63.28%，同比增加4.97个百分点。

（二）100万元以下托管票据占比上升，持续呈现小额化趋势

2019年托管票据中，票面金额在100万元（含）以下的张数占比为77.25%，金额占比为13.92%，同比分别增加2.42个百分点和1.01个百分点；票面金额在500万元以上的张数占比为6.12%，金额占比为55.77%，同比分别减少1.91个百分点和7.04个百分点。

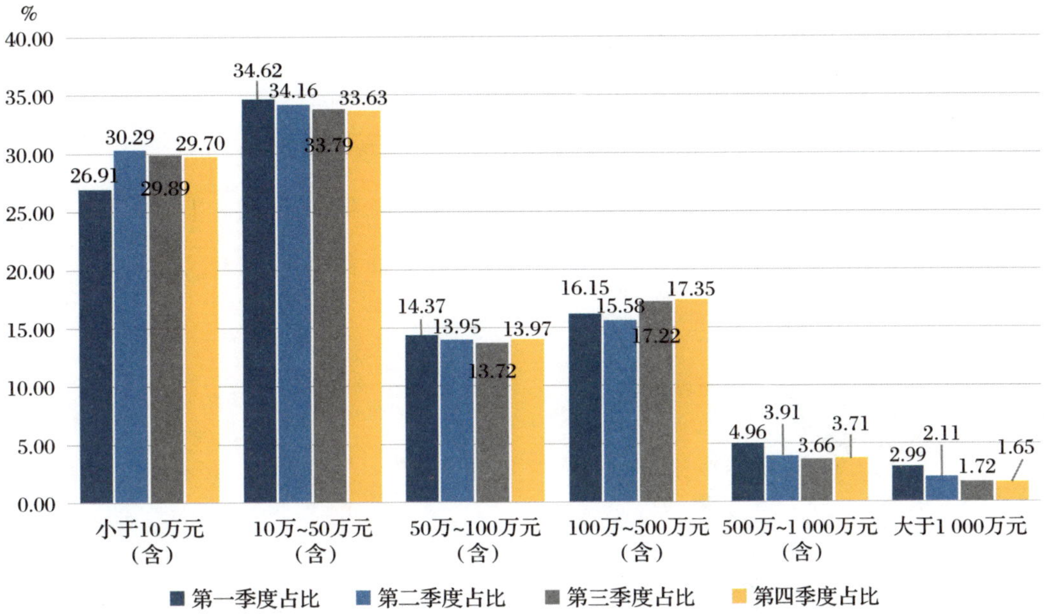

图1-67　2019年1~4季度权属登记票面金额结构（张数）

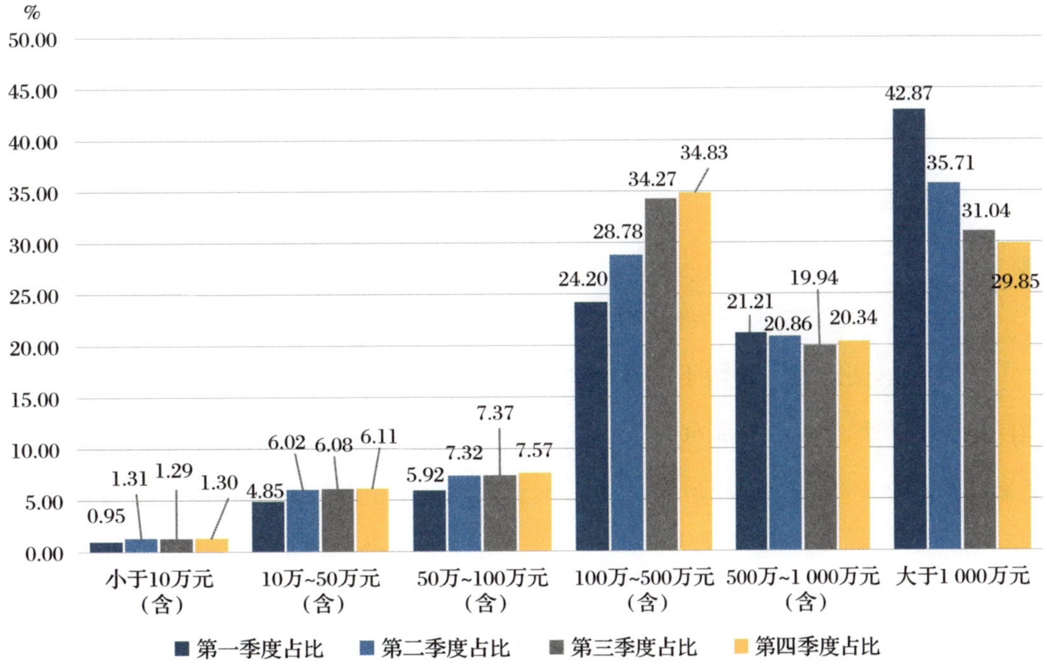

图1-68　2019年1~4季度权属登记票面金额结构（金额）

（三）托管票据剩余期限多在半年以内，大面额票据期限较长

2019年托管票据中，从签发期限看，集中在90天以上，张数和金额分别占比77.41%和88.26%，同比分别减少6.43个百分点和0.06个百分点。

2019年末，托管票据剩余期限多在180天以内，张数占比为83.71%，较上年末减少0.32个百分点；金额占比为67.01%，较上年末增加5.84个百分点，平均票面金额为210.15万元。剩余期限在180天以上的托管票据平均票面金额为531.62万元。

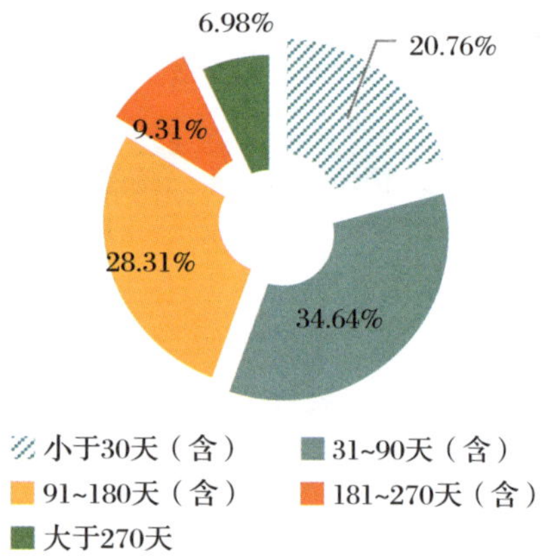

图1–69　托管票据剩余期限结构（张数）

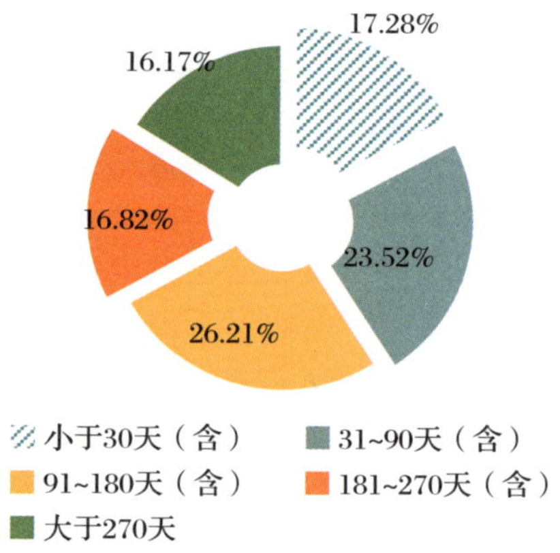

图1–70　托管票据剩余期限结构（金额）

三、票据托管运行特点

（一）受制于短期风险加剧和长效机制缺失，商票流通性下降

从贴现承兑比看，2019年商票贴现承兑比为31.13%，同比减少1.03个百分点，而同期银票贴现承兑比达到66.37%，同比增加8.33个百分点，银行办理商票贴现的意愿下降。从贴现利率看，2019年商票贴现加权平均利率为5.05%，银票贴现加权平均利率为3.32%，利差达到173个基点，同比增加38个基点，银商票信用利差扩大。从二级市场交易量看，2019年全市场商票交易量占比为5.80%，同比下降1.4个百分点，商票交易活跃度降低。

2019年商票流通性下降的主要原因在于，一方面，在经济下行周期，部分企业经营状况不佳，债务偿付能力不足，商票信用风险呈走高态势。另一方面，支持商

票市场发展的信用评级、信用增进、违约惩戒等长效机制仍然缺失。另外，2019年出现的几起不法分子冒用其他企业身份开户并签发伪假电子商票事件，也增加了市场主体的顾虑。

（二）国有商业银行持票比重高但交易流转少

2019年，托管票据中未发生过交易的票据张数占比达50.40%，金额占比28.48%，反映出有较多的托管票据未在二级市场流通。分机构类型看，2019年，全市场托管量占比超过1%的会员机构合计20家，其托管总量在全市场占比达71.72%。其中，托管票据中未发生过交易的票据占比超过50%的有5家，均为国有商业银行，且有3家未交易票据占比超过85%。国有商业银行贴现量大、持有票据占比高，但交易流转少的主要原因在于，一方面，国有商业银行具有较好的企业客户基础，推进发展贴现业务能够服务企业短期融资需求，满足信贷投放政策要求。另一方面，国有商业银行资金成本低、信贷规模较为充裕，经营策略以持有票据到期获取息差为主，通过交易获利的意愿不高。

供稿单位：上海票据交易所

执 笔 人：颜永嘉　张　赟

票据市场参与者情况分析

一、中国票据交易系统接入概况

截至2019年12月31日，交易系统共接入会员2 913家，系统参与者101 622家。

表1-8　交易系统会员及系统参与者分类统计

机构类型	会员数量（家）	占比（%）	系统参与者数量（家）	占比（%）
政策性银行	3	0.10	2 100	2.07
国有商业银行	6	0.21	56 340	55.44
股份制商业银行	12	0.41	10 597	10.43
城市商业银行	134	4.60	13 680	13.46
外资银行	49	1.68	588	0.58
农村商业银行	1 311	45.01	14 658	14.42
农村信用社	644	22.11	2 027	1.99
村镇银行	359	12.32	882	0.87
农村合作银行	26	0.89	50	0.05
民营银行	17	0.58	17	0.02

续表

机构类型	会员数量（家）	占比（%）	系统参与者数量（家）	占比（%）
非银类（财务公司）	228	7.83	258	0.25
非银类（证券公司）	34	1.17	34	0.03
非银类（基金公司）	3	0.10	3	0.00
非银类（信托公司）	1	0.03	1	0.00
非银类（资产管理公司）	10	0.34	10	0.01
资管类（证券公司）	39	1.34	179	0.18
资管类（基金公司）	5	0.17	5	0.00
资管类（资产管理公司）	31	1.06	188	0.18
资管类（标准化票据产品）	1	0.03	5	0.00
总计	2 913		101 622	

2019年度，交易系统共新增会员261家、系统参与者3 114家。

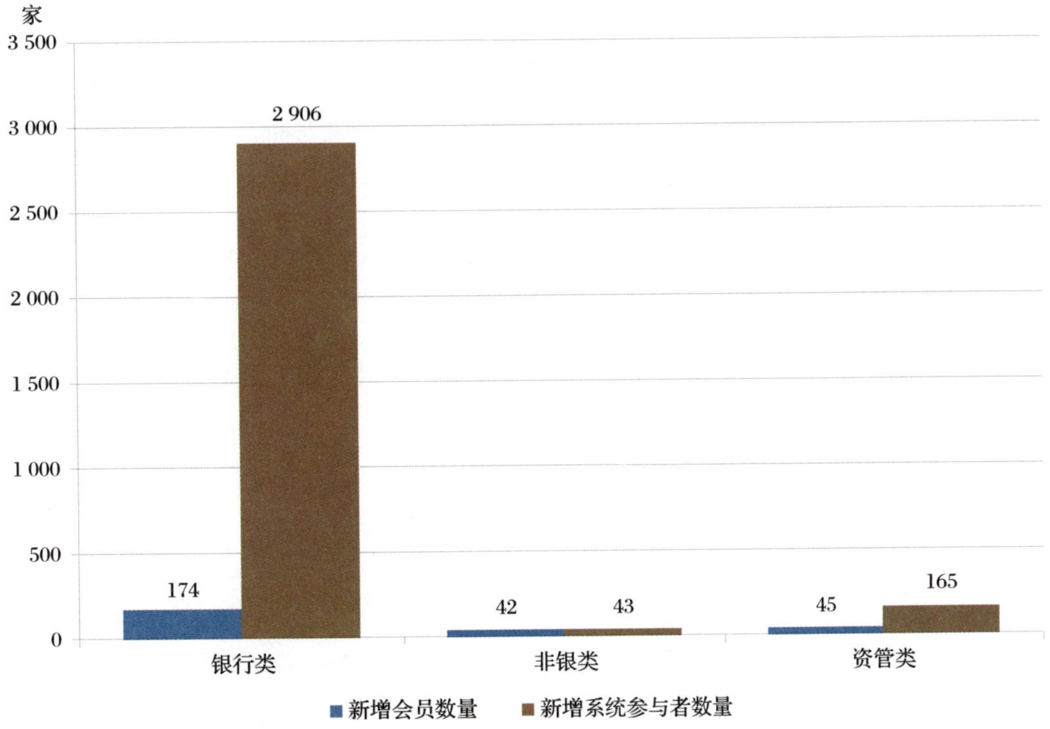

图1-71　2019年交易系统新增会员及系统参与者概况（按类型）

二、机构类型分析

1. 银行类金融机构共接入2 561家，系统参与者100 939家，分别占接入总数的87.92%和99.33%。较上一年新增会员174家、系统参与者2 906家，分别占2019年新增总量的66.67%和93.32%。

银行类金融机构中，农村金融机构①法人数量的占比较高，达91.37%，但国有商业银行、政策性银行、股份制商业银行以及城市商业银行等大型金融机构系统参与者数量占比较高，达81.95%。

银行类金融机构分类情况见图1-72。

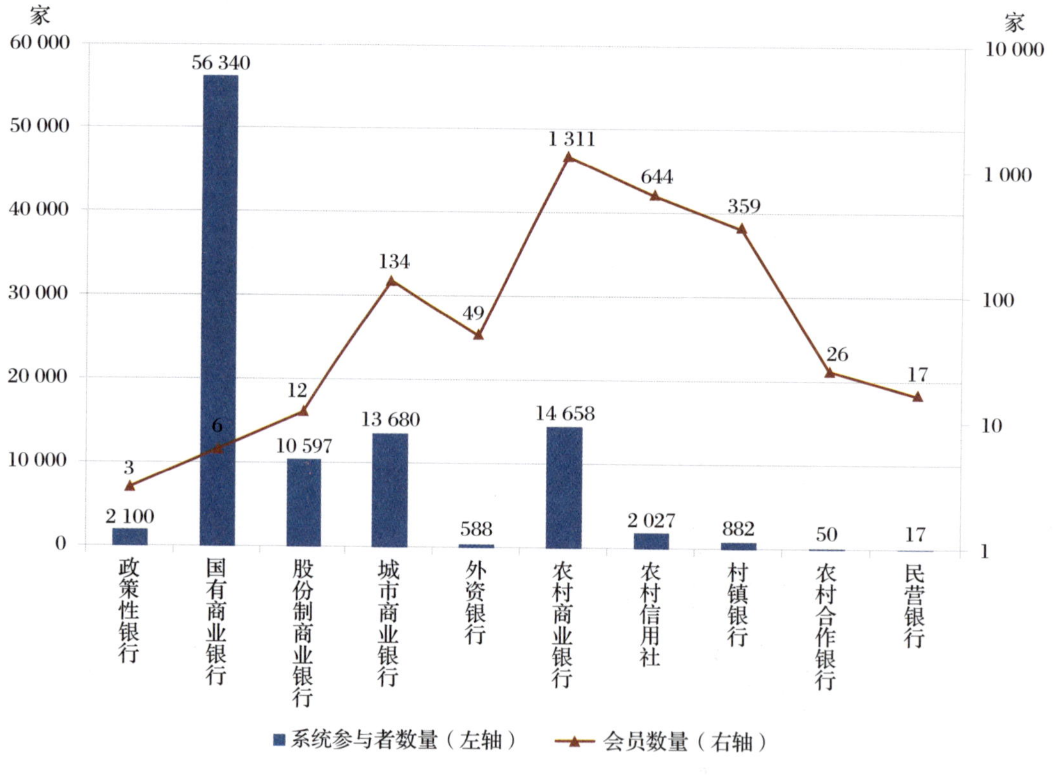

图1-72　银行类金融机构分类情况

2. 非银类金融机构共接入323家，其中有29家机构同时申请非银类会员和资管类会员，共接入非银类会员276家、资管类会员76家、系统参与者683家。

---

①农村金融机构是指农村商业银行、农村合作银行、农村信用社以及村镇银行。

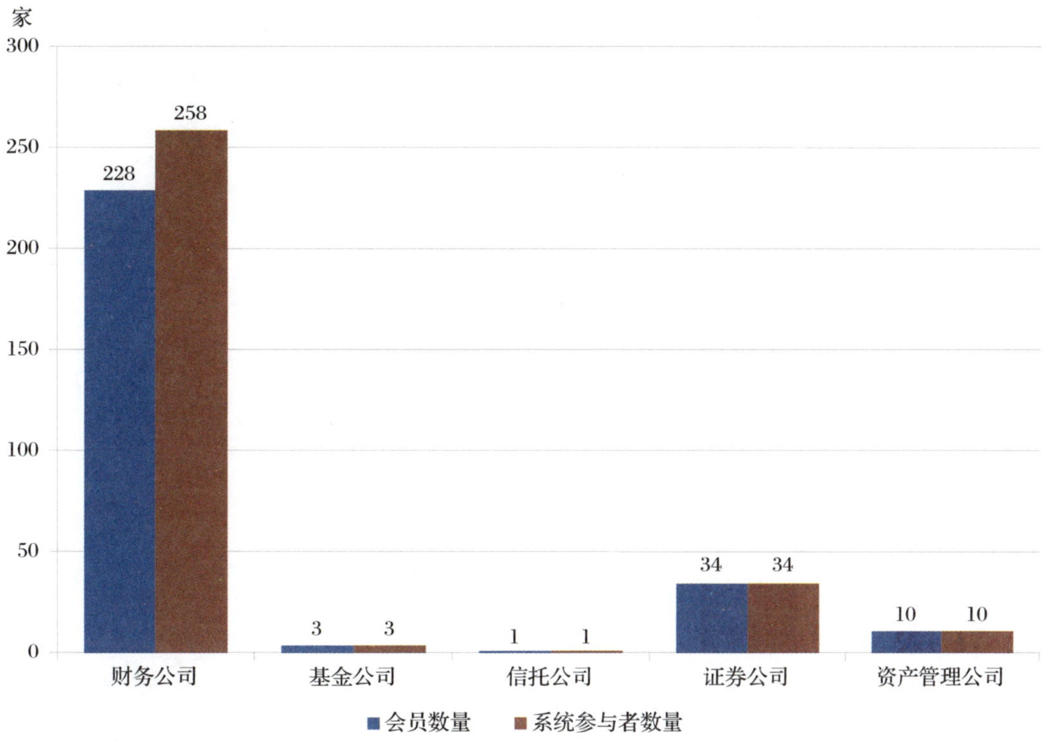

图1-73　非银类会员分类情况

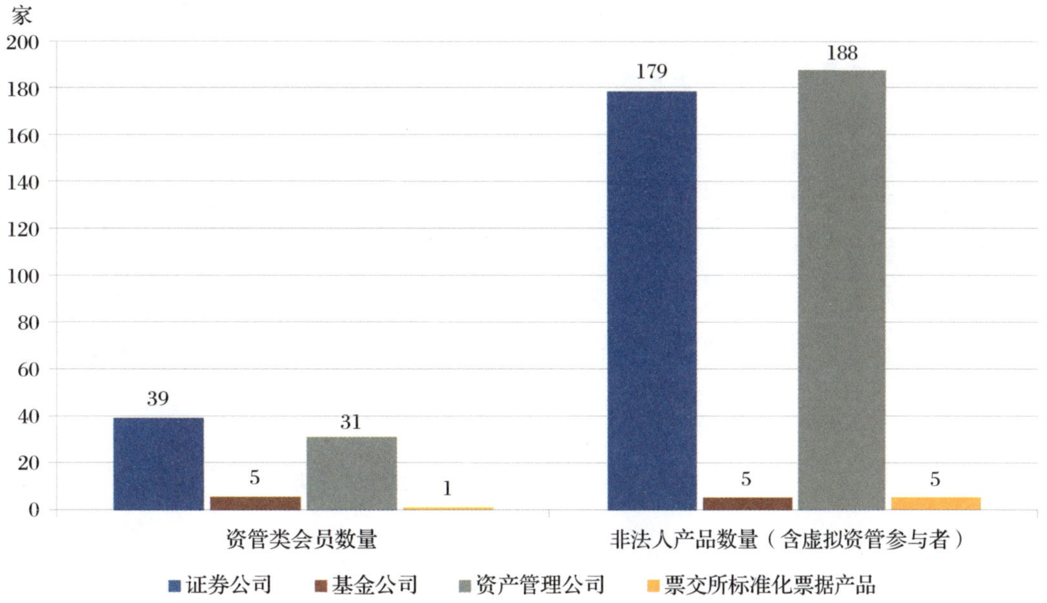

图1-74　资管类会员分类情况

2019年，交易系统新增非银类会员42家、系统参与者43家。其中财务公司及证券公司占比最高，分别占非银类会员新增总量的45.24%和38.10%。新增资管类会员45家、系统参与者166家，其中证券公司新增会员占比较高，占资管类会员新增总量的55.56%；资产管理公司新增系统参与者占比最高，达78.18%。

三、地域分析

各省份接入会员及系统参与者情况见图1–75。

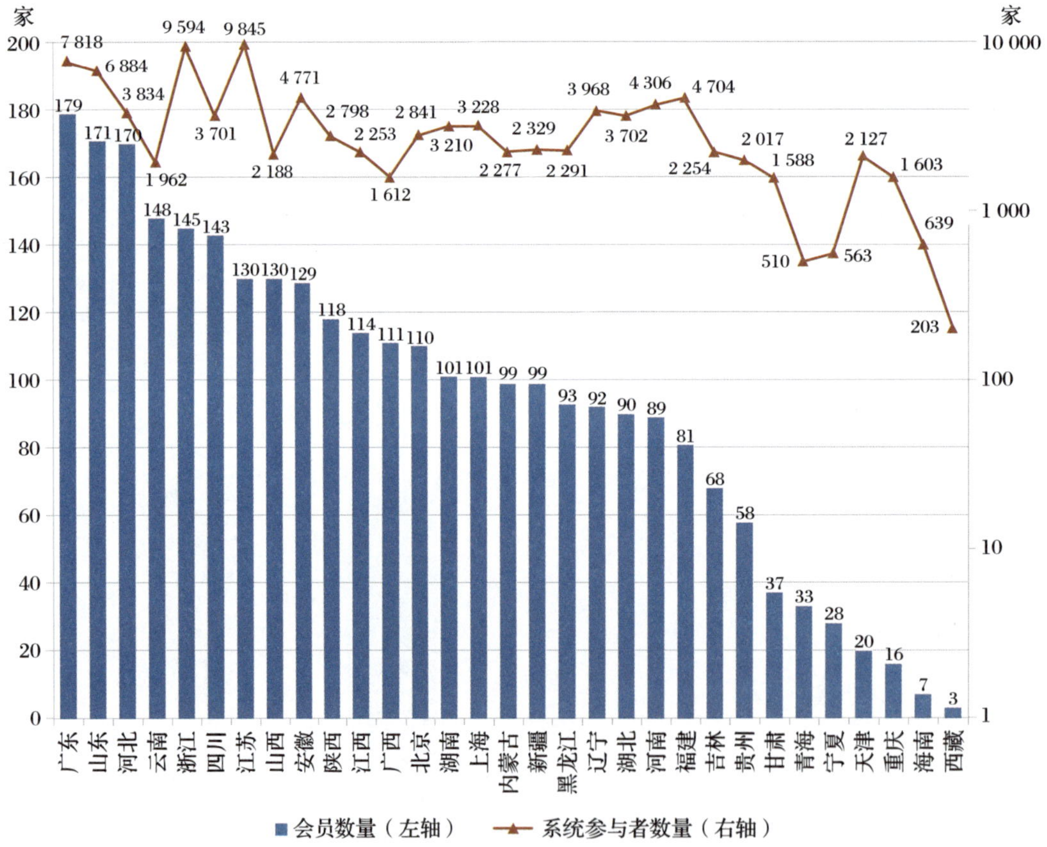

图1–75　法人机构及系统参与者地区分类

从图1–75可以看出：

1. 广东、山东、河北法人机构接入数量居前列，均达到170家以上。

2. 江苏、浙江、广东的系统参与者数量占比最高，分别占总量的9.69%、9.44%及7.69%，系统参与者的地区分布情况与经济发展情况正相关。

3. 贵州、甘肃、青海、宁夏及西藏等西部地区会员与系统参与者接入数量均较低，反映出经济欠发达地区票据业务不活跃。

四、投资者教育情况

（一）拓展举办各省区域业务宣讲培训活动

2019年，票交所与山西、安徽等20个省（自治区、直辖市）人民银行分支机构联合举办了业务宣讲培训活动。目前业务宣讲活动已基本覆盖全国，有效促进了各地金融机构对票交所业务规则的了解，加强了票交所与各地人民银行、金融机构的业务交流。

（二）举办实务操作类培训，提升参与者系统操作水平

为帮助票交所系统参与者提升业务管理和系统操作水平，配合系统新功能上线和业务产品推广，本年度共举办“中国票据交易系统实务操作培训班”3期、“中国票据交易系统交易员培训班”4期、“中国票据交易系统登记托管及清算结算业务培训班”1期、“贴现通”业务上线投产专题培训会议2期，共培训机构645家、学员1 128人。

（三）拓展举办业务专题类培训班，提升从业人员业务综合素质

根据票据市场各类机构及从业人员培训需求，本年度共举办了6期“票据理论与实务专题培训班”，培训机构319家、学员540人。举办了1期“新政策与新规则培训”，培训机构123家、学员218人。针对财务公司的类型特点举办了2期“财务公司专题培训”，培训财务公司87家、学员158人。为进一步增强从业人员风险防范意识和识别能力，举办1期“票据市场风险防范与管理专题培训”，培训机构52家、学员91人。

此外，票交所积极加强培训基础建设，编制宣讲培训工作规划，针对不同类别

对象针对性设计培训宣讲内容，研究创新培训技术手段。推进培训师资库建设，加快建设票交所培训线上报名系统，于10月正式投入使用。

供稿单位：上海票据交易所

执 笔 人：曹衍楠　蔡制宏　王佳丹　白　婷

第二部分

CHAPTER 2

票据市场基础设施建设

票交所系统功能优化升级

2019年，为不断提升服务票据市场水平，满足市场参与者实际需求，票交所不断完善系统建设，进行系统版本升级，优化系统功能，上线“贴现通”业务，完善票据登记托管、报价交易、清算结算、会员管理、信息服务和再贴现等业务功能。

一、进一步便利票据交易操作

为方便交易机构及时、准确了解交易对手的清算模式，在交易客户端的对话报价要素中增加“交易对手清算模式”，在票据明细展示界面增加“承兑行清算模式”和“贴现行清算模式”字段。同时优化单笔交易限额维护功能，由仅可通过业务品种维护，优化为可通过业务品种、交易方式和交易方向进行维护。

为便于非法人产品托管银行对产品持有票据的实时查询，增加托管银行票据查询功能。非法人产品可绑定一家指定的托管银行，托管银行的机构操作员可通过“资管产品票据查询”菜单对产品持有票据的明细情况进行查询和导出。

二、新增“贴现通”子系统

交易系统新增“贴现通”子系统，包括信息登记、询价交易、清算结算、参数管理四个功能模块。会员机构可通过“贴现通”子系统进行“贴现通”信息登记、询价发布、交易撮合、单据下载等业务操作。

三、优化登记托管功能

进一步优化托管账务子系统，为会员机构提供托管单据和托管余额表电子印章服务，清理存量已失效票据、确保托管记账更加准确，进一步提升托管服务质效。

四、非交易业务功能优化升级

为更加完善票据非交易业务处理流程、提升用户体验、降低操作风险，交易系统对纸票登记子系统和登记托管子系统的企业质押解除、提示付款、追索、贴现登记撤回等功能模块进行优化，并新增或有追偿查询和未结清票据查询功能。具体优化内容如下：

（一）企业质押解除功能

市场参与者在票据到期日后也可进行企业质押解除登记操作。这项功能优化完善了到期后纸票业务处理流程，使纸票业务流程更加规范，提升了市场参与者的用户体验。

（二）提示付款功能

增加提示付款拒付理由至14个，新增的拒付理由包括：与自己有直接债权债务关系的持票人未履行约定义务；持票人以欺诈、偷盗或者胁迫等手段取得票据；持票人明知有欺诈、偷盗或者胁迫等情形，出于恶意取得票据等。这项功能优化增加了提示付款拒付场景，市场参与者可以充分了解票据拒付的确切情况，及时准确地作出应对。

（三）追索功能

因提示付款清算失败而拒付的票据不再作特殊处理，与提示付款手动拒付或自动应答为拒付后的追索规则保持一致。因提示付款清算失败而拒付的票据，持票人可选择手动向承兑人发起提示付款或按保证增信行、贴现行、贴现保证行的顺序发起线上追索，当保证增信行或贴现保证行付款后，再发起追索时追索顺序由解付行、贴现行优化为直接追索贴现行。其中，持票人为贴现行时，取消持票人向解付行发起线上追索的业务流程，持票人仅可发起线下追索。这项功能优化了追索业务规则，统一了不同拒付场景下的追索逻辑，降低了业务处理时的操作难度。

（四）贴现登记功能

市场参与者在票据到期日后也可办理贴现登记，票据到期日及之后办理贴现登记的，票据状态变更为“已逾期”，流转阶段为“票据已逾期”。票据到期日及之后办理贴现登记成功后，可办理库存移库申请、再贴现补充信息登记、止付及止付解除登记、承兑付款确认等业务。同时增加了办理贴现登记撤回的场景，新增的撤回场景包括业务发起后发起方撤回、业务发起后应答方拒绝。这项功能优化完善了纸票贴现登记业务处理流程，全面考虑了实际业务发生时的合理场景，提升了市场参与者的用户体验。

（五）票据详细信息页下载功能

客户端新增票据详细信息页的下载功能，在质押、保证、提示付款、线上追索、线下追索以及各个查询界面，点击票号链接展示的票据详细信息页可下载为Excel文件。这项功能优化方便了市场参与者进行票据信息的编辑和处理，提升了市场参与者操作体验。

（六）或有追偿查询和未结清票据查询功能

客户端新增或有追偿查询和未结清票据查询功能。市场参与者可以通过或有追偿查询菜单查询其作为票据债务人（如贴现行、贴现保证人、保证增信行等）时，因票据在到期日后被拒绝付款导致可能被持票人在交易系统发起线上追索的票据信息。市场参与者可通过未结清票据查询菜单查询其作为票据债务人（如解付行、承兑保证人、质权人、贴现行、持票行、贴现保证人、保证增信行等）时，已登记或迁移至交易系统但尚未结清的纸票、电票票据信息。这两项新增查询功能极大地提高了市场参与者作为票据债务人对相关票据的了解程度，便于市场参与者处理相关业务。

五、优化清算结算业务功能

为提高清算结算服务质量，防范票据业务清算风险，实现业务精细化管理，票交所对电子商业汇票系统（以下简称ECDS）和交易系统清算结算功能进行优化，具体内容如下：

（一）实现财务公司ECDS线上清算功能

为解决长期困扰财务公司的ECDS线上清算难题，票交所利用ECDS与交易系统间的信息互联互通，使用财务公司开立在票交所的资金账户作为统一的清算路径，通过票交所大额清算账户完成其在ECDS的票据业务资金清算。财务公司ECDS线上清算功能的推广有效地降低了财务公司票据业务操作风险，提高了电票业务清算效率。截至12月末，票交所收到42家财务公司的申报，组织15家财务公司投产上线ECDS线上清算功能，累计发起并成功清算业务10 578笔，金额合计196.20亿元。

（二）优化交易系统清算结算业务功能

1. 新增电子回单专用章。在会员出金凭证、利息支付清单、会员资金账户余额、会员资金账户明细和结算交割单的打印模板添加电子回单专用章，会员单位通过交易系统打印上述凭证时将统一加盖“上海票据交易所股份有限公司电子回单专用章”。电子印章的应用为会员单位提供了更加便捷可靠的票据业务结算凭证，提高了业务处理的合规性。

2. 新增待处理业务提醒功能。针对会员单位交易成交待结算确认、资金账户余额不足待入金的业务场景，提供“待结算确认”和“资金账户排队”的登录提醒功能，帮助其及时了解待处理和排队中的结算业务信息，提升会员单位的使用体验。

（三）提升计费缴费业务功能

根据票交所关于票据有偿服务工作的安排，交易系统于2019年建设完成计费缴费功能模块。该模块主要功能：一是负责自动计算并处理各会员单位的票据有偿服务费用。二是为会员单位提供便捷的票据有偿服务收费账单以及计费明细查询、下载和打印功能。三是实现灵活的票据有偿服务费优惠功能，支持对指定会员和指定会员类型实行优惠；支持根据会员单位票据交易量、票据托管量、票据结算量等业务情况分别实行优惠，为票交所实施有偿服务收费优惠措施打好基础。

六、投产上线交易系统直连（3.0版）接口功能

为丰富和优化交易系统直连接口功能，票交所于2019年继续升级直连接口功能，在《中国票据交易系统直连接口规范（2.1版）》基础上，更新发布《中国票据交易系统直连接口规范（2.2版）》与《中国票据交易系统直连接口规范（3.0版）》，并于2019年11月上线投产相关升级功能。具体情况如下：

（一）系统功能升级内容

配合票交所创新业务的研发推广，本次直连接口功能升级推出“贴现通”经纪登记、“贴现通”询价交易、转贴现点击成交、质押式回购匿名点击、票据有偿服务计费缴费等业务的直连接口功能。同时，优化完善部分存量接口功能，包括调整转贴现交易收益率计算方式、增加交易报价的票据信用主体信息、更新机构承接业务规则等。

升级后，交易系统直连接口共包含146个报文、30个文件，基本覆盖交易系统各

项功能，供会员单位根据自身业务需要选择使用。

（二）直连会员上线投产情况

11月23日，1 497家已直连接入交易系统的会员单位与票交所同步完成了直连接口功能升级。其中，1 145家会员单位实现了票据有偿服务计费缴费、“贴现通”经纪登记、“贴现通”询价交易、转贴现点击成交等新接口功能。

直连接口功能升级后，新增功能处理准确无误，优化功能运行平稳顺畅。截至2019年末，交易系统通过直连方式处理的交易业务量占比超过85%。

七、会员管理子系统功能优化

为提升操作效率、规范操作流程，票交所对会员管理子系统进行了以下功能优化：

（一）操作功能实现批量化

为应对大批量信息变更、用户密码重置、权限配置等业务需求，新增批量管理功能。场务用户可以通过信息导入、集中录入要素等方式，批量提交相应变更申请，提高操作效率。

（二）下放部分字段维护权限至机构

机构负责人名称、注册资本、地址、联系方式等其他信息变更频繁，下放至机构管理员端维护提升了信息更新的时效性。此外，通过大额支付系统进行清算的会员，其法人机构管理员还可统一管理辖内机构的内部账户、账号信息。

（三）系统操作进度展示

场务操作员、机构用户可通过该功能了解当前预生效、已生效机构的信息新增、维护进度，无须再通过场务热线电话询问。

八、再贴现业务系统

为了更加准确地显示办理再贴现业务的票据情况，根据人民银行要求在再贴现补充信息登记中增加“出票人补充信息登记”及“再贴现补充信息修改”功能。同时，为方便人民银行审批再贴现业务，更加精准地传导再贴现政策意图，增加“是否符合政策导向”票据信息字段及电票影像查询功能，人民银行可对再贴现票据基本信息实时进行查询。

供稿单位：上海票据交易所

执 笔 人：杨　凝　颜永嘉　倪宏侃　张艳宁　曹衍楠　蔡制宏　许文涛　陈　杭　李　玮　杨　阳　冯达妮　徐萌冉　张儒涛

持续优化再贴现业务系统功能
进一步发挥再贴现政策效果

再贴现业务系统作为人民银行开展再贴现业务的电子化操作平台，是再贴现政策实施和传导的重要基础设施。2019年，在人民银行的大力支持和指导下，再贴现政策环境持续改善、再贴现业务系统功能持续优化、再贴现业务规模再上台阶，均实现了重大突破和跨越式发展，进一步疏通了货币政策传导渠道，继续发挥出再贴现“精准滴灌”国民经济重点领域和薄弱环节的政策效能。

一、再贴现业务系统的创新与发展

票交所负责建设并管理的再贴现业务系统，是我国货币政策操作平台电子化的重大创新，基本实现了再贴现业务全流程电子化操作。2019年，再贴现业务系统在前期已取得多项创新成果的基础上，进一步实现出票人信息补充登记、“是否符合政策导向”电子标签等功能，为再贴现政策精准实施再添利器。主要表现如下：

一是实现出票人信息补充登记和修改。票据贴现行和出票人开户行可以对再贴现票据的出票人信息进行补充登记和修改，不仅丰富了票据信息，便于金融机构和人民银行随时掌握，而且扩大了再贴现票据登记信息的使用范围，进一步有力支持小微民营企业票据融资。

二是为再贴现票据贴上“是否符合政策导向”电子标签，进一步扩大了票据办理再贴现业务的范围。2019年第四季度，再贴现业务系统增设“是否符合政策导向”电子标签，按照出票人和贴现申请人两个维度对票据符合政策导向的情况进行画像，使票据有了较为准确全面的政策身份标识，可帮助再贴现窗口和申请机构有效区分票据是否符合民企、小微、涉农等政策导向要求，从而为再贴现政策的精准实施、金融机构对小微和民营企业的融资支持以及与之相关的数据统计分析奠定基础。

基于以上创新，再贴现业务系统的建设对于助力我国货币政策实施和传导具有重要意义，不仅可以简化操作流程，提升操作效率和管理效能，还能精准引导人民银行再贴现政策资金投放流向以及对金融机构的流动性支持，进一步疏通再贴现政策传导路径，实现货币政策意图，并对促进信贷结构调整和优化资源配置产生积极影响，有助于缓解小微、民营企业融资问题。

二、再贴现业务系统助力政策实施效果明显

自再贴现业务系统上线以来，再贴现业务量大幅增长，再贴现政策的结构调控功能得到充分发挥，“精准滴灌”实体经济特别是小微和民营企业的政策效能进一步凸显。2019年再贴现的政策效果主要体现在以下几个方面：

一是再贴现业务量继续大幅增长，有效带动金融机构通过票据贴现支持企业融资的积极性。2019年，人民银行继续调增再贴现额度2 000亿元，增幅达45.7%。2019年末，再贴现余额为4 713.78亿元，同比增长43.26%。票据市场支持实体经济融资的力度不断增强。

二是再贴现结构调控作用显著。目前再贴现重点支持的方向主要包括涉农企业、小微企业和民营企业，各地人民银行分支机构也可以根据当地经济发展的实际情况自行增加再贴现定向支持的行业和领域。在2019年末的再贴现余额中，小微企业票据占比64.82%，民营企业票据占比80.43%，涉农票据占比27%，至少符合小微、涉农或民营企业票据其中一项要求的票据占比95.06%。另外，由于小微企业在贸易支付活动中使用的票据多数为500万元以下小面额票据（以下简称小票），因

此小票在再贴现业务笔数中占比的变化，也能从另一个侧面反映出再贴现对小微企业的支持。2018年10月至2019年10月的每月再贴现业务笔数中，小票占比平均达到80%左右，每笔再贴现平均票面金额为224.75万元。

三是再贴现切实降低了企业融资成本。与其他货币政策工具相比，再贴现利率比支农支小再贷款利率低50个基点，比定向中期借贷便利（TMLF）利率低90个基点，比中期借贷便利（MLF）利率低100个基点。同时，人民银行要求办理再贴现票据的贴现利率应当低于再贴现申请机构同期同档贴现加权平均利率。2019年底未到期的再贴现票据加权平均贴现利率为3.17%，已贴现未到期票据的加权平均贴现利率为3.40%，办理过再贴现的票据加权平均贴现利率相对低23个基点。2019年全年，办理过再贴现的票据加权平均贴现利率均低于已贴现未到期票据的加权平均贴现利率，平均每月低32个基点左右，可见再贴现对于引导再贴现申请机构降低票据融资成本具有十分积极的作用。

四是再贴现有效缓解了小微企业融资难、融资贵问题。从相关数据分析可以看出，伴随2018年6月以来再贴现支持力度的不断增强，小票的贴现承兑比例逐步提高。2019年全年，小微企业使用最多的100万元以下小面额票据的贴现承兑比（同一时期票据贴现金额与承兑金额的比例）为36.67%，较2018年提高4个百分点；小面额票据的贴现利率与全部票据平均贴现利率的利差同比下降5个基点，这也从另一方面反映出了再贴现有助于缓解小微企业融资贵的问题。

五是在特殊时期再贴现有力支持金融机构流动性。2019年6月，人民银行通过增加再贴现额度，有效缓解了个别金融机构遇到的暂时性流动性困难，防止可能出现的金融风险扩散，维护市场信心和整个金融体系的稳定。

供稿单位：上海票据交易所

执 笔 人：杨 凝 张一兵

票据市场金融科技发展情况

人民银行在2019年9月6日印发的《金融科技（FinTech）发展规划（2019—2021年）》指出，金融科技是技术驱动的金融创新，旨在运用现代科技成果改造或创新金融产品、经营模式、业务流程等，推动金融发展提质增效。票据市场作为金融市场体系的重要组成部分，承担着在票据领域服务实体经济、防范金融风险、深化金融改革的重要任务，金融科技则是推动释放票据市场活力和促进提升风险防范水平的重要工具。作为金融市场的重要基础设施，票交所自成立以来就一直高度关注金融科技发展，持续探索金融科技新技术，不断实践金融科技新应用，以金融科技赋能票据业务，完善核心功能，研发创新产品，与广大参与者一起有力推进票据市场高质量发展。

一、票据领域应用金融科技的探索实践和发展趋势

（一）金融科技助推票据领域业务发展由线上化向智能化迈进

同金融行业其他领域一样，票据领域的信息化演进也大致可以分为三个阶段。第一个阶段为票据业务电子化阶段，在纸质票据主导票据市场介质的背景下，大部分商业银行通过建立自己的票据管理系统，将原先手工办理的纸质化票

据转换为电子化票据并开展相应业务。与此同时，人民银行清算总中心于2009年开展了电子商业汇票系统的建设，首次实现了票据全生命周期的电子化。第二个阶段为票据业务线上化阶段，在电子票据逐渐取代纸质票据成为票据市场主要介质的背景下，票交所、商业银行、互联网企业、供应链平台共同推进票据业务的线上化进程。在这一阶段，以票交所为代表的基础设施通过现代化信息技术将票据市场的各参与者有效连接了起来，打通各环节业务流程，实现信息共享、业务融合以及标准统一，其中代表性的事件有中国票据交易系统上线、电子商业汇票系统移交切换以及两大系统的数据融合和交易融合。第三个阶段为票据业务智能化阶段，在电子票据逐步实现线上化的趋势下，拥有金融科技能力的企业和机构将会参与票据市场或为票据市场参与者提供技术服务，云计算、大数据、人工智能、区块链等金融科技将大量应用于票据领域，基于区块链的数字票据、基于人工智能的智能风控和监管、基于大数据的信用评级等产品和服务将有可能成为主要的应用代表。

目前总体看来，票据领域的金融科技发展进程处于第二阶段向第三阶段的过渡期。随着中国票据交易系统的上线和电子商业汇票系统的移交切换，金融机构侧的票据业务已基本实现线上化。部分具备金融科技能力的供应链平台、互联网电商平台以及技术公司正逐步推动企业端票据业务的线上化进程。同时，票据市场参与者也逐渐开始对大数据、人工智能、区块链等新兴技术应用于票据业务进行研究和尝试，大数据票据交易监控、OCR票据影像识别、数字票据等产品已具雏形，随着技术和业务的发展，这些金融科技创新产品未来将会得到更广泛的应用。

（二）金融科技在票据支付、贴现和风险防控等环节的创新应用

1. 票据支付环节的探索。延期支付是票据的核心功能之一，由于票据市场发展初期市场透明度低、各参与者所在区域分散、中介业务不够规范等诸多原因，传统票据的延期支付主要以线下支付的方式实现，线下支付发展至今，尚未形成一套统一的支付标准和支付流程，使票据在线上化过程中出现的“陌生人”交易等问题未得到有效解决。在产业链蓬勃发展、供应链金融方兴未艾的今天，票据可以通过线上化充分发挥其延期支付的功能，在供应链金融中起到核心作用，成为供应链上

的主要贸易支付工具。“票付通”是票交所面向互联网供应链平台、B2B电商平台上的中小企业提供的线上票据支付产品，通过提供统一的线上票据支付服务，实现票据签发和企业背书环节的全线上、一站式流程处理，给予客户更好的票据支付体验，填补了当前供应链、B2B平台线上账期支付的空白，使票据支付场景不断向“互联网+票据”的线上平台扩展。

此外，票据市场ECDS电票各参与者结合自身业务需求，推出了基于电票的各种人性化的功能，如部分银行上线的自动化出票系统，运用人工智能、机器学习等技术，通过出票模型化设计，在人工操作必要的步骤后，可根据参数自动进行出票登记、自动提示承兑及签收、自动提示收票等操作，从而有效简化了企业在网银端的操作步骤，节约了人工成本。

2. 票据贴现环节的探索。在票据贴现领域，除了票交所推出的“贴现通”产品外，票据市场各参与者也在推陈出新，通过互联网以及移动平台推出了方便快捷的贴现产品，如工商银行的“工银e贴”、浦发银行的“e贴现”、中信银行的“信秒贴”、江苏银行的“小微e贴”、网商银行的“网商贴”、富民银行的“极速贴”等。这类产品很好地解决了传统贴现企业客户临柜办理流程长、手续多、效率低等问题，极大地提升了业务办理效率，缓解了小微企业票据融资难、融资慢的难题。其中部分产品利用OCR识别、机器学习等技术实现了贴现自动审批模型和业务审批、发票验证等环节的自动处理，有效降低了银行自身前中后台的人力成本和管理成本，提升了业务处理效率，达到了金融科技推动金融发展提质增效的目的。

3. 票据风险防控环节的探索。在票据市场风险控制领域，各市场参与者也积极探索和引入大数据、人工智能等技术，建设智能风控体系。通过智能风控体系，各参与者可以精确规划业务规模和时点限额，合理控制期限错配、品种错配比例，平衡好前中后台的关系，更好地实施票据市场流动性风险和市场风险的控制策略。如浙商银行的“涌金票据池”，通过大数据技术，实现了一站式集成票据功能，帮助客户鉴别假票、克隆票、瑕疵票，查询票据有无异常状态，有效加强了票据风险防控。招商银行通过大数据、人工智能等手段，在线实时监测整个票据链条交易过程中的风险，防范电子化票据造假，并采取跟踪市场变化、动态更新风险模型、回测票据、现场检查等手段防控新风险。

（三）金融科技在票据领域应用呈现数据化、场景化、智能化的发展趋势

总结以上情况可以看出，数据、技术、场景是金融科技发展的三个落脚点，票据领域也不例外，金融科技在票据市场的应用呈现以下几个趋势：

一是数据化。票据市场与数据深度关联，尤其在电票广泛使用之后，电票的交易本质转化成了数据的交易，随着核心技术的逐步突破、涉及行业的不断拓展，数据将深度应用于票据行业的交易决策、定价、经营分析、风险管理、市场监管等环节，呈现资源集聚、创新驱动、应用融合的新趋势。所以未来的票据市场与数据息息相关，金融科技相关的数据处理技术将发挥强大的优势，为票据市场的高质量发展提供有力支持。

二是场景化。票据作为一个集交易、支付、清算、信用等诸多金融属性于一身的非标金融资产，市场规模大、参与方众多，是跨领域组合创新的极佳应用场景。票据领域的场景化创新将围绕票据的各个流转和交易环节，结合典型行业展开，如在供应链平台、B2B电商平台上票据支付和融资环节的相互融合。并且，伴随着开放API、支付标签化、业务中台、区块链等技术的普及，票据的各项功能在相关场景中将以更丰富的方式呈现。

三是智能化。金融科技发展的一个目标是让金融产品、经营模式、业务流程更智能化。票据市场作为金融市场的重要组成部分，无论是支付、融资还是风控等环节，都需要人工智能、知识图谱、机器学习等技术的逐步赋能，使具体场景中的相关处理环节更自动化、智能化，从而减少人为干预，达到提高效率、降低成本的目标。

二、金融科技赋能票交所防控市场风险和服务实体经济

自2016年12月成立以来，票交所结合自身业务需要，利用现代信息技术手段持续完善系统建设，提升现有系统服务能力，并积极研究和推动金融科技在票据市场的应用，推出数字票据、“票付通”、“贴现通”、供应链票据等创新业务，不断

提升用票者的使用体验和参与黏性，以更好地服务实体经济。

（一）深入实践架构转型，增强核心系统业务支撑能力

中国票据交易系统作为票交所的核心业务系统，通过运用信息化、网络化技术，与监管机构、商业银行及其他有关部门的信息系统进行了有效对接，一方面，实现了票据业务的全面线上化、平台化，通过优化业务流程、创新交易机制、扩大参与者范围等手段重构了票据业务模式，达到了提升市场效率、增强市场活力、加强风险防范、降低交易成本的目的；另一方面，实现了票据市场交易信息、风险信息、研究信息及监管信息资源的整合，形成全国票据资源的“大数据”，为人民银行货币政策决策、商业银行票据经营及业务创新提供了有力支持。

上线至今，票交所持续推进交易系统的优化完善，不断将金融科技研究成果应用于交易系统建设。一是针对直连业务对消息服务高性能、高可用的要求，将分布式技术应用于交易系统，引入分布式消息平台为参与者系统提供消息服务，并对服务前置子系统实施了分布式部署；二是按照开放API的设计思路，设计了一套覆盖会员管理、登记托管、交易、清算结算全业务流程的接口规范；三是根据微服务架构的理念，对核心交易报价询价模块开展服务治理，将交易流程解耦为多个独立可复用的服务，确保系统具有良好的可扩展性，满足业务快速创新的需求；四是开展国产密码技术的应用与改造工作，制订了国产密码应用改造方案及计划，将国产密码技术应用于直连会员身份认证等场景，从而提高了交易系统的安全性和可控性。

（二）利用大数据智能分析，构筑票据市场风险“技防”网络

票交所自成立之初，就一直在积极谋划建立票据市场风险管理机制和风险识别系统，但是早期由于缺乏有效的技术手段对票据市场产生的海量异构数据（包括已经离线的存量数据）进行加载、存储和快速分析，仍主要依靠业务人员人工进行票据风险的识别和监测，数据分析和监测指标计算烦琐且效率较低，无法满足票据市场快速发展的需求。以金融科技快速发展为契机，票交所开展了票据监测统计项目的建设和研发工作。

在票据信息统计方面，票交所开展了基于大数据技术的数据仓库的建设，使用当前主流的分布式数据库，将分散在中国票据交易系统和电子商业汇票系统中的票据信息进行了整合，实现了独立于中国票据交易系统和电子商业汇票系统的实时查询功能，通过建立数据统计分析模型和多种报表统计方式，辅以丰富的数据图表，向用户提供统一的业务视图和统计口径，进一步提升了票交所为人民银行等监管部门提供更加准确、高效、全面的票据市场信息的能力。

在票据业务风险监测方面，票交所建设了基于大数据的智能化票据交易风险监测预警平台，基于票据市场基础数据和交易数据，通过分布式大数据处理平台，构建了包含交易监测信息库、异常交易案例库、票据违约基础信息库和票据行为基础信息库等的多维度、多层次监测分析信息库。基于该平台，票交所已在交易品种与结构、贴现及交易利率变化情况、交易违约、价格偏离度等方面开展了相关监测工作，极大地加强了票据市场一线监测及风险控制的有效性，提高了票据市场风险监测和识别的效率，为票据市场交易监测、风险管控等提供了强有力的数据支撑，进一步提升了服务监管机构和防范票据市场风险的能力。

（三）探索区块链应用，推动以共建共享更好服务实体经济

票交所在区块链技术的探索上起步较早，早在2016年，当时的票据交易平台筹备组（现为票交所）联合人民银行数字货币研究所筹备组共同组织中钞区块链研究院以及若干商业银行，开展了基于区块链的数字票据交易平台原型系统的研究，原型系统于2016年12月底取得了阶段性进展，实现了基于区块链技术的票据全生命周期登记流转功能。2017年，为进一步推进区块链技术在票据市场的应用，票交所与数字货币研究所共同牵头，组织相关机构在原型系统的基础上启动了数字票据实验性生产系统的建设工作，该系统于2018年1月25日成功上线试运行。在2019年9月发布的2018年银行科技发展奖中，数字票据交易平台项目荣获二等奖。

与此同时，票交所在区块链技术上持续开展探索，一方面，在人民银行金融科技研究中心的指导下，与中国银联共同开展了“1+1”联合课题研究工作。双方结合区块链技术发展趋势和票据应用特点共同形成了一套涵盖功能、性能、安全、可靠性等九大类153个评测指标的区块链平台成熟度评价指标体系，并根据该指标体系

对业界较具代表性的厂商的产品进行技术测评，为后续其他金融机构选型测评提供了参考依据。另一方面，通过研究开源分布式账本技术，票交所开展了在跨境场景下基于区块链的贸易背景查询的预研项目，为下一步基于区块链的业务创新场景做好了技术铺垫。

近期，票交所结合区块链技术特点和优势，分析企业和银行在票据实际业务中可优化和完善的环节，正有序开展建设基于区块链的数字票据生产性应用的工作，以实现简化流程、提高效率、降低成本、保障安全、便利实体企业贸易和融资的目标。

三、票据领域应用金融科技的未来展望

总体来看，金融科技在票据领域的应用正处于快速发展的阶段。票据市场主体参与者和作为金融基础设施的票交所，都面临诸多机遇与挑战，需要与时俱进、加强研究、守正创新、科学决策。为此提出以下三个方面的金融科技工作展望。

（一）坚持金融科技驱动，构建新型票据市场基础设施

近年来，随着电子化票据使用规模的扩大和业务交易量峰值的持续攀升，传统的技术手段和技术架构可能会难以满足发展需求，票交所和票据市场各参与者可以结合自身业务发展的特点和系统实际运行情况，合理利用金融科技手段建设和优化票据相关的业务系统，如利用分布式技术，建立可动态扩展、面向服务的现代化IT底层平台，以支撑上层票据业务的平稳运行；采用虚拟化、云计算技术使底层物理设备资源池化、弹性化、可插拔化，从而有效提高IT资源配置效率；通过大数据、机器学习等技术设计和构建票据应用系统运行监控模型、系统状态预警模型，构建系统智能化安全保障体系。

（二）强化监管科技实践，增强票据市场风险防范能力

风险防控是金融工作的重心，也是票交所成立的初心。信息技术是监测、跟踪、分析、预防和控制风险的关键一招。作为整个票据市场的风险防控中心，票交

所将利用科技手段加紧推进商业承兑汇票信息披露、商业承兑汇票信用评级、监测预警指标体系、企业账户管理等系统的建设。此外，在智能化票据交易风险监测预警平台的基础上，票交所将探索综合运用人工智能、知识图谱等手段，将碎片化的海量票据数据、企业信息数据以及公开的司法数据有机地组织起来，对票据市场参与主体之间的关联关系及其票据行为进行深度挖掘和分析，构建多维度、智能化的票据风险防控体系，及时跟踪票据市场变化，增强风险预警能力和研判能力。而作为票据市场的主体，各参与者更接近各类风险源头，在堵截各类风险上有更灵活有效的手段（比如在对各类企业真实身份认定的风险识别上），因此各参与者可以按照自身风险防控需要，利用大数据、人工智能等技术，细化各自风险监测体系中与票据业务相关的指标，与票交所共同筑牢票据市场风险防控防线。

（三）深挖金融科技潜能，提升票据市场创新能力与服务水平

如何利用金融科技手段创新和丰富传统金融行业所提供的金融产品和服务，也是票交所推动票据市场创新发展的一个重要突破口。在推动业务产品创新方面，票交所目前正探索开展基于区块链的数字票据生产性应用的建设工作，以实现金融科技助力业务创新，提升票交所推动票据市场共建共享服务实体经济能力的目标；在提升服务能力，进一步优化会员体验方面，票交所将搭建面向市场的一站式接入服务平台，综合运用语音识别、自然语言处理、机器学习、人机协助等技术建设智能客服系统，提高为票据市场成员机构服务的水平；在提高票据市场信息化水平和夯实票交所信息服务能力方面，票交所将通过搭建信息服务系统，建设数据仓库客户端，优化企业信息库，为人民银行和各市场机构提供更加准确、高效的数据信息服务。

四、结语

未来，随着票据市场从业机构对云计算、大数据、人工智能、区块链等技术不断地深入研究和创新应用，金融科技将会进一步发挥驱动金融创新的积极作用。票交所和票据市场各参与者将继续在人民银行的领导下，按照《金融科技（FinTech）

发展规划（2019—2021年）》的精神，持续开展金融科技领域的研究工作，积极探索新技术在票据领域中的创新应用，力争以科技进步促进票据市场提质增效，为票据市场服务实体经济、防控金融风险、深化金融改革作出更大贡献。

供稿单位：上海票据交易所

执 笔 人：王成勇　童　威　谢　淳

英国、日本票据市场发展情况调研报告

2019年11月20日至27日，票交所宋汉光董事长带队先后赴英国伦敦和日本东京，与汇丰银行、渣打银行、东方汇理银行、伦敦证券交易所，以及瑞穗银行、东京短资公司、上田八木短资公司、IBM东京研究实验室等八家机构，就英国和日本票据相关市场的历史沿革和发展现状，金融科技在市场监测、风险识别、服务创新等方面的应用进展情况，开展了考察调研和学习交流。

一、英国、日本票据相关市场的历史沿革及发展现状

（一）英国市场

1. 汇票历史悠久，主要用于国际贸易并一度繁盛，但停留在纸质形式，多样化工具出现等因素导致规模已较小。早在13世纪，英国的意大利商人就开始使用类似汇票的票据，解决了国际贸易支付中使用金银币结算不便利的问题。在此基础上，一些熟知贸易商信用的商人，开始提供类似承兑和贴现的服务，发挥了担保增信作用，解决了急需现金的问题，后来转型成为专门提供金融服务的商人银行（merchant bank）。随着国际贸易的增长，英国的票据市场快速发展，并先后于1698年出台《票据付款法》（*The Payment of Bills Act*）、1704年出台《本票法》

（*Promissory Notes Act*）、1882年出台《汇票法》（*Bills of Exchange Act*），现代意义上的票据诞生。

19世纪，英国成为世界第一强国，贸易和金融是两大重要支柱。当时，伦敦开出的汇票已经成为国际贸易中的标准支付融资工具，年周转量从1840年的4.25亿英镑增长到1913年的约20亿英镑。而国际贸易收付款沉淀的大量短期闲置资金，有着旺盛的投资交易需求，又促进了英国汇票二级市场的发展。这期间，专业机构的兴起发挥了关键作用。一类是商人银行，他们对贸易商开出的汇票进行承兑（accept），形成承兑汇票。相比只有一个承诺付款人的"单名票据"，承兑汇票有签发人和承兑人两个承诺付款人，故被称为"双名票据"。"双名票据"的信用更高，有效拓展了市场。另一类是贴现所（discount house），又称为票据经纪商（bill broker），它们是汇票二级市场的主体，一方面担当中介撮合交易，另一方面运用自有资金贴现再转让交易，还具备向英格兰银行申请再贴现资格，带动了市场繁荣。

20世纪上半叶，受第一次世界大战、1929—1933年大萧条、第二次世界大战的接连冲击，英国的汇票市场几近崩溃。而随着第二次世界大战后英国强国地位的衰败和国际贸易的缩减，汇票市场繁荣难再现，商人银行、贴现所等专业机构或转战外汇等其他市场，或消亡退出。其后，随着科技发展带来电子化支付结算手段的应用，以及商业信用积累带来商业票据等新融资工具的崛起，英国的汇票市场进一步萎缩。

时至今日，被调研金融机构反映，目前在英国，汇票多用于金融机构之间的国际结算业务，本票则多用于地产公司大宗土地买卖交易或者电信公司大型设备采购，商业银行可提供一些保付（avalization）和贴现服务，但总体规模较小。除了支付融资工具选择多样化外，市场主体较少使用票据的原因包括：仍然采用纸质凭证形式，签发、流转不便利；纸质票据到期付款时，无法实现自动化快速处理，业务效率低；法律对票据结算灵活性限制严格，不能满足使用者需求等。

2. 依托供应链开展贸易及应收账款融资，便利商业信用由大企业向中小企业传递，而银行信用类产品呈缩减态势。一是依托供应链开展发票融资，运用商业信用实现现金流传递，近二十年发展较快。在英国，金融机构的资源同样向大企业倾斜。与国内不同的是，一方面，大企业凭借其对供应链上中小企业经营状况的了解，结合销售订单、物流等贸易信息，愿意为中小企业提供信用担保和信用额度共享，使中小企业可以凭借大企业开出的订单发票向银行寻求融资，比如汇丰银行推出了基于发票的供应链解决方案（Supply Chain Solutions Approved Invoice），一定程度上解决了中小企业因资信不足、抵押担保资源匮乏等导致的融资难题；另一方面，资金充裕的大企业通常会按照合同和订单约定，如期向卖方支付货款，不需要用汇票、本票等要式性的延期支付工具来约束，也缓解了中小企业的经营现金流压力。

二是依托供应链创新国际贸易融资产品，嵌入商业承兑汇票开展贴现融资。在国际贸易中，出口贸易商可在跟单托收、信用证等国际支付项下，签发以买方为付款人并经买方承兑的汇票，由买方在汇票到期后支付货款。为了缓解这一延期支付安排下卖方所承受的现金流压力，英国银行业创新出多种贸易融资产品。例如，渣打银行推出了基于买方信用的票据贴现产品（Bill Discounting against Buyer Risk, BDBR），在买卖双方都是渣打银行客户并且使用跟单托收这一结算方式的前提下，卖方可以申请使用BDBR，签发以买方为付款人的汇票，经买方承兑后由渣打银行办理贴现，从而加速资金回笼（见图2-1）。

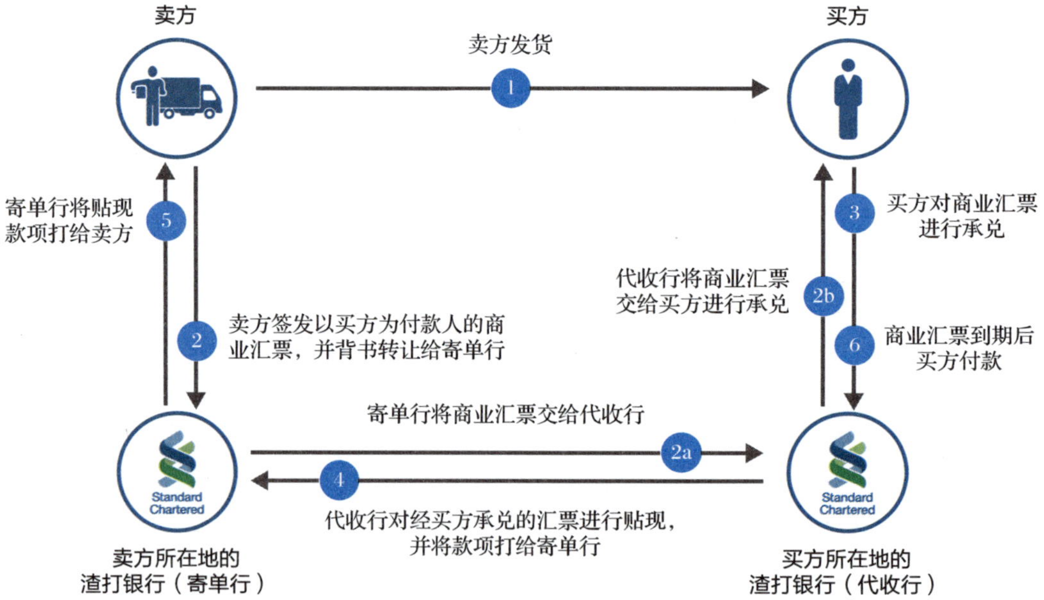

资料来源：渣打银行。

图2-1　基于买方信用的票据贴现产品（BDBR）业务流程

三是信用证发展趋缓，银行信用类产品整体呈缩减态势。据东方汇理银行反映，自20世纪90年代以来，在贸易新形势下，信用证在贸易结算中的使用率持续下降。究其原因：其一是信用证自身有局限，包括结算程序复杂、耗时长，费用高，收取货物与支付货款脱节隐藏风险等。其二是国际保理和福费廷等更多基于商业信用的结算融资方式发展很快，既能够锁定贸易风险，又能够随着新形势优化，更好地满足了企业需求。其三是跨国公司供应链快速发展，它们以本国为基地，通过对外直接投资，在世界范围内设立分支机构或子公司，从事国际化生产和经营活动，使母公司与子公司之间、子公司与子公司之间的贸易有相当部分转为内部供应链模式，贸易双方的信用风险大大降低，对单证的要求下降，对信用证的使用自然减少。

3. 商业票据准入门槛高，以服务大型企业为主，在直接融资市场占比高。1986年，商业票据（Commercial Paper，CP）在英国获准发行。其在发行主体方面有着较为严格的要求，必须在伦敦证券交易所上市并且净资产在5 000万英镑以上，或为该类企业的子公司并获得母公司担保，发行期限为7~364天，最低发行面额为50万英镑。经过三十多年的发展，目前商业票据在英国大中型企业融资中占据重要地位。2019年1~10月，商业票据发行量达到1 577亿英镑，其中，存款类金融机构的发行量约占总发行量的50%，其他金融企业和非金融企业各占25%左右，债券发行量为2 229亿英镑，股票发行量为124亿英镑，商业票据占其中的40%左右（见图2-2）。

此外，伦敦金融市场不仅发行以英镑计价的商业票据，也是以美元计价为主的欧洲商业票据（Euro CP）①市场的中心。英国市场上发行的除英镑外其他货币计价的商业票据约占所有商业票据的一半。

①欧洲商业票据指在本国以外的市场（既包括欧洲，也包括其他国家）发行的商业票据。

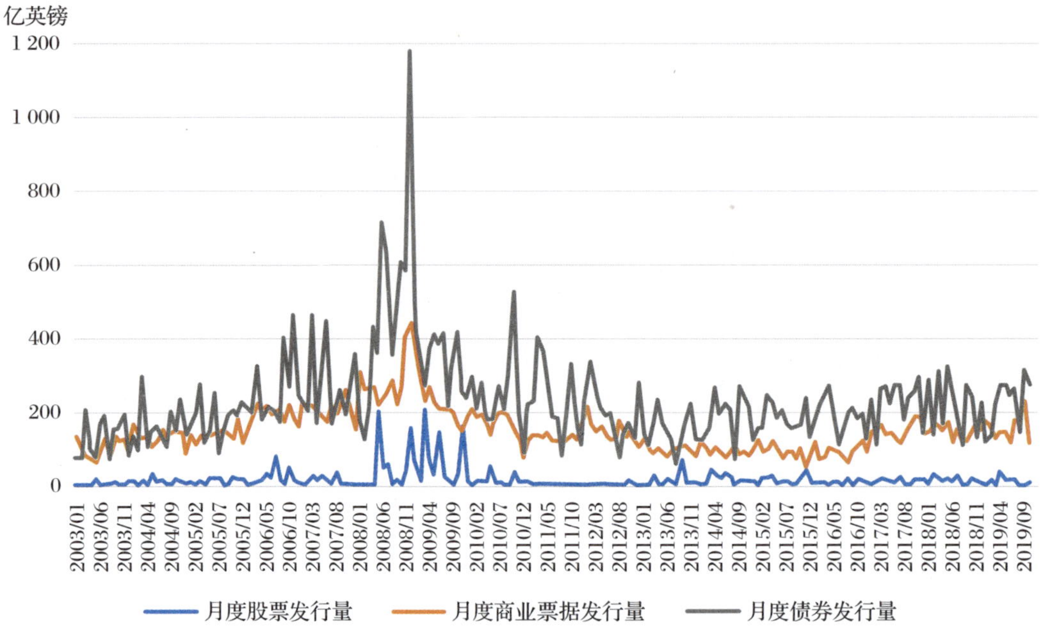

数据来源：英格兰银行。

图2-2　英国商业票据、债券、股票发行量

（二）日本市场

1. 汇票发展一波三折，过去三十年显著缩减，纸质形式操作烦琐、流转成本高、易遗失被盗是主因。日本于1882年颁布实施《汇票本票条例》，开始推行汇票本票业务。实施初期，日本官员奔赴各地银行进行票据普及宣传，指导企业将票据作为企业间贸易的支付手段。此后，随着国际贸易的发展，汇票开始在日本境内外贸易往来中流通。1919年日本银行开始对汇票进行再贴现，进一步引导市场发展，但规模一直不大。1927年昭和经济危机（The Showa Financial Crisis）爆发，沉重打击了日本的进出口贸易，汇票市场在1928年完全崩溃。此后一段时间，日本进入战时状态，市场发展处于停滞状态。

第二次世界大战后，日本在美国的帮助下重建，其进出口贸易迅速复苏。这一阶段日本没有发展日元汇票市场，在对外贸易中大量使用美元结算，依赖美元汇票进行贸易融资。到了20世纪50年代末，日元对美元汇率回升，日本在美元汇票市场中的份额迅速上升，1958年末占比仅为14%，1961年迅速攀升至56%（见图2-3）。

此后，随着其他国家增加对美元汇票的使用，日本在美元汇票市场中的份额在80年代迅速下降，到1985年末仅占15%。到80年代后期，伴随电子化支付系统以及外汇市场的发展，汇票作为跨国支付工具逐步退出舞台，国际上美元汇票市场发展停滞，日本美元汇票的使用也逐步萎缩。另外，尽管日本在第二次世界大战后一直使用美元汇票，但日本商界学界关于重建日元汇票市场的讨论从未停止过。1983年11月，日元—美元委员会（The Japan-U.S. Yen-Dollar Committee）建立，开始正式讨论这一事项。1985年6月，日本重启日元汇票市场，允许金融机构、企业和非居民参与。

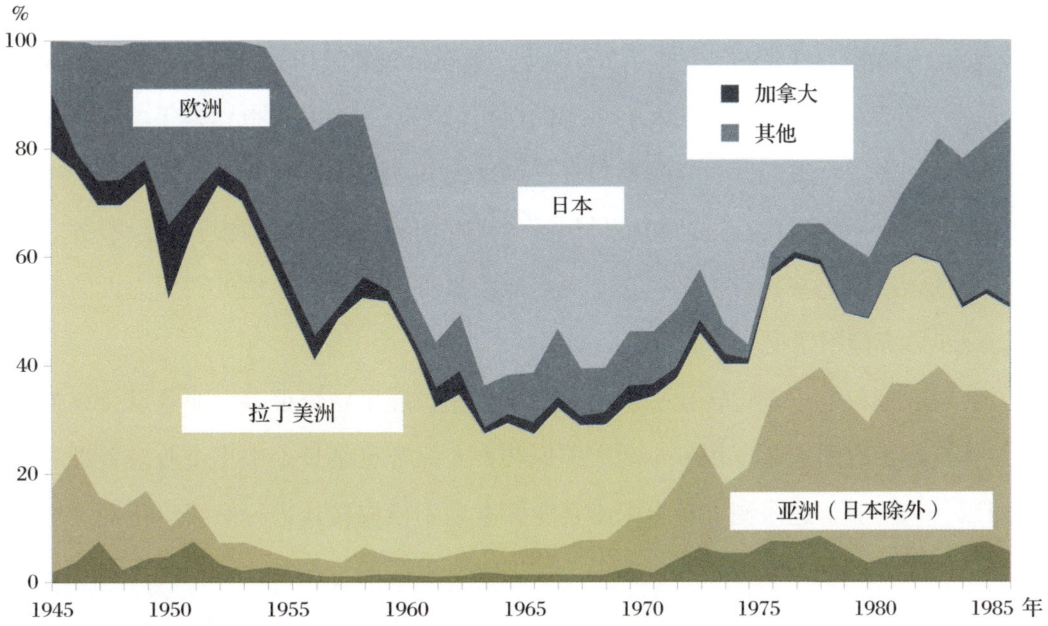

数据来源：美国财政部，Kanaoka K.（2007）。

图2-3 1945—1985年除美国以外的国家和地区使用美元汇票的比例

本次调研中，瑞穗银行介绍，在20世纪七八十年代，汇票在日本中小企业支付融资中发挥了重要作用。根据日本银行业协会数据，1990年签发量曾达到峰值72万亿日元。票据领域的专业机构短资公司（Tanshi Companies）在其中发挥了积极作用，它们一方面撮合金融机构间的票据买卖，提升了票据的流通性；另一方面开展一定量的自营交易，进而与日本的中央银行——日本银行进行票据买卖，成为中央银行通过票据市场投放资金的专用渠道，丰富了金融调控手段，也进一步活跃了市场。

但此后，日本汇票使用量逐步减少，日本银行业协会数据显示，2016年已减少到23万亿日元，较1990年降幅近70%。瑞穗银行介绍，流转量降幅更大，2018年仅占1990年峰值的5%左右。究其原因，主要有以下几点：一是管理成本高、风险大。日本的汇票一直为纸质形式，随着业务量增长，签发、传递、保管、到期兑付等操作烦琐问题日益凸显，且存在较大的遗失、被盗、伪造等风险。二是税费较多。除手续费外，日本对汇票征收印花税，印花税率按照票面金额分为十五档（10万日元以下免征），在万分之二到千分之二之间，多数为万分之二到万分之四。比如，票面金额10万~100万日元的印花税为200日元，票面金额超过10亿日元的印花税为20万日元。三是“不渡”制度影响大。日本的票据“不渡”制度是指1894年由东京银行集会所的加盟银行发起并建立的拒付处分制度，其主要内容是要求各加盟银行在一定期限内停止向半年内有过两次拒付记录的票据债务人提供任何银行金融服务。据悉，目前该制度仍在执行，企业在有更多样工具可供选择而票据处罚压力大的情况下，逐步放弃使用票据。

2. 建立债权电子登记转让平台，为中小企业扩展了融资渠道，业务量持续扩大但总体规模尚有限。过度依赖不动产担保和个人保证也是日本中小企业融资难的重要原因。为摆脱上述限制，日本中小企业探索利用债权转让进行融资。特别是过去的近三十年，随着票据签发数量减少，票据融资手段逐步丧失，债权转让逐渐成为中小企业重要的融资渠道。为了顺应这种趋势，仿照票据有关优点，简化债权转让对抗第三人的要件以及防范债权双重转让的风险，日本政府于1998年颁布《与债权让渡的对抗要件相关的民法特例法》，保障并促进了债权转让市场的发展。

为了解决债权线下转让成本高、效率低等缺陷，进一步提升业务效用，日本国会于2007年6月通过了《电子记录债权法》，自2008年12月起施行，是世界上第一部规范债权电子化交易的法律，主要内容包括电子记录债权的发生、转让、保证、质押，电子债权登记机构的设立、登记业务的开展以及对电子债权登记机构的监管等。依照《电子记录债权法》规定，日本银行业协会于2013年2月建立了全国统一的债权电子登记转让平台进行债权电子化登记转让，克服了纸质票据签发流转存在的弊病，还创新了可分割转让的功能以进一步便利企业。6年多来，该平台业务量保持了持续增长态势。到2019年10月，债权电子登记转让平台使用者数量超过45万家，当月债权登记数量近30万件、金额近2万亿日元，其中中小企业占比约70%，当月债权转让数量超过5万件、金额约3 600亿日元，10月末登记债权余额约7万亿日元、涉及合同超过62万件。

3. 商业票据参与主体评级要求高、数量有限，近年来增长较快，一定程度上贯通了大中小企业的资金融通渠道。日本的商业票据于1987年11月推出。信用等级高的企业可以不用担保形式，以贴现方式发行商业票据，在市场上筹措短期资金，其期限最初设定为1~6个月，1988年12月调整为2周至9个月，1998年又进一步放宽至1年。2003年7月起，开始无纸化发行交易。

日本对商业票据管理严格。在市场准入上，虽然发行没有担保要求，但发行人需要从金融机构获得备用信用额度，除非满足一些苛刻条件①。从1988年12月起，日本对备用信用额度的要求有所降低。若商业票据具有A-1评级，且财务指标符合一定要求，则不需要备用信用额度；不符合的，必须按照发行价值的50%备用信用额度。在发行主体和方式上，日本在商业票据发展初期，不允许金融机构因自身融资需求发行商业票据，直到1998年有关规定才放开。在市场参与者方面，日本的商业票据只面向合格机构投资者发行，在流通市场上由短资公司提供经纪服务，撮合交易达成。

截至2019年7月，日本商业票据发行余额为21.6万亿日元，接近2008年国际金融危机前的历史峰值，且随着发行主体扩容（目前约530家），规模有进一步扩大的趋势。在日本，大企业发行商业票据募集的低成本资金，能够通过日常的贸易往来支付给中小企业，一定程度上贯通了社会资金在大中小企业之间的传导渠道。

①从1987年11月起，如果公司符合以下两个条件之一，则不需要金融机构的备用信用额度：一是有AAA评级或净值>3 000亿日元及AA评级；二是同时满足以下四个条件即净值>2 000亿日元、流动资产2 000亿日元、流动性比率>100%、流动资产比率>80%。

二、英国、日本票据相关市场发展的主要特点

（一）工具品种的发展演变，是适应经济环境变化和时代进步需要的结果，最终落脚点是实体经济的需求

从英国票据相关市场的发展看，汇票源于18、19世纪世界范围内的贸易及贸易融资方兴未艾之时。来自其他国家的贸易商在伦敦金融市场的信用不足，伦敦的商人银行通过对汇票进行承兑，增进了他国贸易商的信用，极大地促进了汇票的流通和贸易的发展，也促成了伦敦成为全球金融中心。而在英国的国际贸易受到巨大冲击、国际地位显著下降后，依附于其上的汇票发展遇阻，后续也没有跟进科技发展引领的时代变革步伐，在自身便利操作难实现、替代品更好适应需求的情况下，只能作为小众产品存在。与此同时，随着商业信用的培育崛起、供应链的深化发展，商业票据、发票融资等取得了长足发展。

日本的情况类似。20世纪初，随着国内外贸易的发展，日本同时使用日元和美元汇票进行结算。第二次世界大战后重建中日本与美国有着频繁的贸易往来，因此主要使用美元汇票结算。1985年日元汇票市场重启，一度成为中小企业支付融资的主要手段。但后续由于没有与时俱进地改革创新，汇票管理成本高、税费多、操作风险大，不再成为企业的优先选择，业务量持续大幅下降。具备替代功能的新工具则逐步产生发展，比如债权转让市场的兴起、债权电子登记转让平台的建立，正成长为日本诸多中小企业积极参与的重要市场，弥补了票据业务萎缩所产生的供给缺口。

（二）政府的支持、政策的扶持有力地引导了票据相关市场的发展方向

从英国的情况看，18世纪以前类似汇票的票据业务在欧洲大陆很多国家都在萌芽发展，包括意大利、比利时、荷兰等，部分地区的业务创新甚至领先伦敦，比如荷兰的阿姆斯特丹、比利时的安特卫普等，但英国最早以法律的形式将业务形态固化下来，即17世纪末到19世纪的《票据付款法》《本票法》《汇票法》，率先确立了现代意义上的票据。后续，英国政府还通过出台政策扶持了贴现所这类票据专业机构，并引入中央银行的再贴现工具，有力地支持了市场的深化拓展。此后很多国

家票据市场乃至货币市场的建立和发展，多是借鉴英国这种模式。

日本的货币市场建立于19世纪末，主要是模仿伦敦货币市场而建，但其汇票业务开展初期并不理想。直到20世纪70年代，日本银行介入其中，参与票据市场买卖、实施公开市场操作，一度成为该市场的主要资金供给者，90年代占比曾超过70%，从而有力地引导了其发展。此后日本商业票据市场的建立发展，也是日本央行积极扶持的结果。在1987年11月推出商业票据一年半后，1989年5月，日本银行即开始使用商业票据进行公开市场操作。近年来，日本银行通过负利率政策以及直接参与二级市场购买政策，不定期开展符合其标准的商业票据竞标购买，规模保持在2.2万亿日元左右，引导商业票据发行利率降至零利率略高水平，激发了更多大企业参与发行，有效地激活了商业票据市场的进一步发展势头。

（三）经纪商、做市商等专业机构在票据相关市场发展中起到了积极有益的作用

英国以贴现所为代表，在其汇票市场的发展中起到关键作用。贴现所起源于18世纪末19世纪初的票据经纪商。当时英国的商业银行多为区域性小银行，没有分支机构，票据经纪商充当中介人，从资金短缺方收集汇票交给资金盈余方进行贴现，并赚取佣金。1825年英国爆发金融危机，促使银行在其资产配置中增加汇票、拆出资金等流动性资产，这不仅扩大了对汇票的需求，也使票据经纪商有机会从银行融入资金并自营票据贴现，逐渐从票据经纪商向贴现所转变。1830年，部分贴现所获得英格兰银行再贴现资格，英格兰银行专门通过向这些贴现所提供资金间接参与贴现市场，传导货币政策。20世纪以来，随着汇票使用的减少，贴现所的生存地位受到挑战。考虑到贴现所在历史上的贡献，英格兰银行曾赋予其承销政府短期债券的特权，使贴现所得以生存下来。后来这类机构凭借在货币市场上积累的经验，转向货币市场基金管理等方向发展，实现了业务转型。

日本则以短资公司为代表，其前身即票据经纪商。比如本次调研的东京短资公司（Tokyo Tanshi），其1909年成立时名称为柳田票据经纪公司（Yanagida Bill Broker）；本次调研的上田八木短资公司，其前身之一上田短资公司成立于1918年，1921年获得票据经纪商资质。1971年日本政府力推票据二级市场发展，正是借助这

些机构开展的。一方面，允许各类型金融机构开展票据买卖，但要求通过短资公司作为中介；另一方面，赋予短资公司自营参与票据市场的资格，并从1972年起通过短资公司参与票据市场买卖，以调节货币供应量。1987年商业票据市场建立后，短资公司也作为经纪商参与其中，并通过一定量的自营买卖，同样发挥着货币政策传导渠道的作用。

三、英国、日本金融科技在金融市场中的应用进展情况

（一）英国情况

得益于发达的金融体系、本土客户对创新金融服务和数字化产品的高接受程度以及世界领先的监管体制，英国成为全球金融科技发展最成熟的地区之一。2019年5月，英国财政部和国际贸易部联合发布的《英国金融科技报告》称，英国共有1 600多家金融科技公司，预计到2030年会翻倍。截至2019年4月，英国金融科技的转化率达到42%，超过全球均值（33%）。

金融科技推动了英国金融业的创新，有两个领域走在世界前沿：一是监管科技（RegTech）。英国作为世界领先的金融科技中心，在鼓励金融创新的同时，十分注重监管的成本和有效性，率先提出发展监管科技这一倡议。英国政府于2015年宣布，由金融行为监管局（FCA）和审慎监管局（PRA）共同承担监管科技发展推动工作。英国发展监管科技的业务覆盖面广泛、种类繁多，包括利用监管科技形成监管报告，使金融机构能以更有效和更低成本的方式提交监管部门所需的信息；利用监管科技对证券交易过程进行监控，在了解你的客户（KYC）、反洗钱（AML）和反金融欺诈等方面发挥作用。本次调研中，伦敦证券交易所表示，在市场参与者行为监控方面，已在FCA指导下，采用大数据技术，收集并分析证券交易历史记录和新闻财报等公开披露信息，完成市场参与者画像；在市场风险监控方面，在传统阈值监控模型的基础上，已尝试引入人工智能（AI）技术辅助数据分析师动态监测市场风险，以更高效地发现风险隐患。二是开放银行（Open Banking）。近几年，成为各国金融科技热点的开放银行正是起源于英国。着力推行开放银行计划是英国政府推动金融竞争、引导消费者和中小企业客户更多采

用金融科技的一个核心举措。据了解，英国政府研究出台相关监管政策和技术标准，推动商业银行共享用户数据、开放应用接口。具体是由其竞争与市场管理局设立执行机构（OBIE）负责建立开放银行技术标准和指引，于2018年1月在全国范围内推行《开放银行标准》。截至2019年6月，英国开放银行计划已经批准加入了85家第三方服务商和52家账户提供者。

另外，据汇丰银行介绍，其与7家银行联合开发的区块链贸易融资平台Voltron于2018年10月上线，集成了连接买卖双方、银行以及船运/仓储公司的电子提单（eBL）平台，目标是解决传统贸易融资中纸质单据真实性验证烦琐、传递效率低、业务流程难监控等痛点，目前在全球很多国家包括中国都已实现业务落地。

（二）日本情况

本次调研的IBM东京研究实验室（Tokyo Research Laboratory，TRL）成立于1986年，是IBM研究中心（IBM Research）下设的分支机构，是IBM在亚洲地区设立的第一个实验室，前身是1982年成立的日本科学研究所（JSI）。

据介绍，目前该所主要的研究工作如下。一是人工智能项目。TRL致力于运用脑科学和认知科学中的知识增强AI技术，解决各种商业和社会问题，主要包括：将强化学习技术应用于现实世界的应用程序，比如协助瑞穗银行开发了用于外汇选择的AI助手，通过AI学习外汇专业知识并实现对外汇兑换汇率的自动判断，减少人工处理时间和提高运营效率；致力于为企业客户开发专用的高级AI解决方案，比如通过沃森（Watson）人工智能平台，对银行的电话呼叫中心业务流程进行优化，开发了客服坐席语音助手工具，将客户来电语音转换为文本，并在知识库中自动匹配候选答案，为客服坐席进行提示，提高坐席处理效率。此外，在企业办公领域，利用文字识别（OCR）技术解决方案自动识别相关纸质单证，提高办公效率。二是区块链项目。IBM是超级账本（Hyperledger）项目的发起者和组织者，因此TRL很早致力于帮助企业开发基于区块链的解决方案。在调研中了解到，通过其提供的Hyperledger Fabric技术，日本北部4家地区银行构建了区块链金融服务平台，实现了银行间客户信息共享，提高了对公业务服务效率。

四、对推进我国票据市场高质量发展的几点启示

（一）票据是国际贸易中广为接受的工具，研究推动人民币计价的票据“走出去”，助力人民币国际化、维护金融安全

在英国，承兑汇票正是发端于国际贸易中进出口商的支付融资需求，并随着国际贸易的增长规模不断扩大，促进了18、19世纪英镑在国际金融市场的广泛使用并逐步成为国际货币，也促成了伦敦货币市场的发达和其全球金融中心地位的确立。当今，英国的汇票仍用于金融机构间的国际结算，渣打银行推出的嵌入汇票的BDBR产品也在国际贸易领域应用。在日本，美元汇票起初的快速发展，满足了当时日本与美国国际贸易往来的需要，促进了日本外向型经济的发展繁荣，到20世纪80年代力推日元汇票，一个主要目的即推进日元国际化。由此可见，汇票在英国、日本国际贸易发展以及伴生的货币国际化进程中都发挥了积极作用。

我国汇票诞生于20世纪70年代末改革开放和市场经济起步阶段，发展于90年代解决企业间的“三角债”问题，繁荣于21世纪以来国内商品流通的快速发展，但参与主体长期限于国内企业和商业银行、财务公司，对内开放从2016年《票据交易管理办法》发布时才正式启动，对外开放尚未提上日程，无法发挥其作为国际贸易支付融资工具的作用。在当前国际结算工具为西方国家所主导、结算信息交换路径高度依赖极少数发达国家的背景下，应当加强研究以人民币计价的汇票这类以我为主的结算工具在国际上应用推广的可行性，可考虑结合“一带一路”倡议，在沿线国家和地区先行先试，既能够助力我国金融市场对外开放和人民币国际化，也有助于更好地维护国家金融安全。

（二）作为短期支付融资工具，票据的生命力在于便利，否则很容易被市场淘汰，应当持续完善相关业务功能

不论是英国还是日本，汇票市场显著萎缩的一个重要原因在于长期停留在纸质凭证阶段，签发、传递、保管、到期兑付等成本高、风险大，更无法适应互联网时代电子商务的快速发展，当其他电子化形式、更为便捷高效的工具产生以后，逐步被替代。而纵览全球，我国早在2009年即建成电子商业汇票系统（ECDS）、推出电

子商业汇票，是具有前瞻性的重大的业务创新和机制创新。经过10年的发展，特别是票交所成立的3年来，电子商业汇票发展显著加速，目前签发、流转、交易的市场占比均超过95%。2019年在人民银行的指导下探索推出的创新产品，包括“票付通”“贴现通”等，也顺应了贸易电子化、票据支付融资线上化的趋势，推动提升用票者的使用体验和参与黏性。

根据市场调研，我国汇票使用的便捷度和功能发挥仍有待提高。比如，不可分割限制了票据支付的灵活性。实际上，日本银行业协会建设的债权电子登记转让平台，一个重要的宣介点即解决了传统票据不可分割的痛点。实际上，可分割票据在技术上不存在实质性障碍，但需要建立与之配套的规章制度、业务规则，以及基于此的市场引导和主体培育。

再如，对银行“秒贴”“贴现通”等线上贴现产品的管理仍然停留于纸质票据思维模式，受到传统监管政策的制约，亟须修改现有监管政策以进一步提升贴现融资效率。实际上，近年来日本商业票据市场的显著增长，正是缘于其T+2甚至T+0即可募集资金到账的高度便利。从调研情况看，下一步贴现业务政策完善的方向应当聚焦于非本行开户贴现政策及相关贴现资金流向监控责任的明确、审慎开展跨省贴现业务监管细则的统一，以及采用更科学的方法替代逐笔审核贴现业务真实贸易背景资料的强制性要求等。

（三）在良好的信用环境下，依托商业信用开展融资是大势所趋，但我国还需合力培育，去银行信用尚需时日

英国、日本银行业的最新实践表明，银行信用在国际、国内贸易中的“脱媒”明显，几十年甚至上百年培育出的良好商业信用环境是重要基础。一个例子是，在过去的二十多年中，国际贸易中的主打产品信用证持续呈现萎缩态势。再一个例子是，汇丰银行、渣打银行正在推行的发票融资、BDBR等产品，均是依托供应链企业的商业信用开展，简化了链上其他企业的融资手续，便利了链上企业的融资需求，反过来又促进了供应链企业的商誉积累和信用提升。又如，日本商业票据市场上的500多家大企业在使用自身商业信用便利融资后，能够将募集资金及时通过供应链、贸易链支付给中小企业。由此，当今发达国家已经培育形成了以大企业为信用核

心，获得主要的金融资源支持后，通过信用担保、“短账期+现金”等方式向中小企业进行信用传递及资金传导的运行模式，有效减轻了中小企业的融资压力。

反观国内汇票市场，银票、商票比例持续保持在9:1的水平，反映了我国信用环境不够完善的现状，不得已必须依靠银行信用作补充。比如，合同订单造假，税务发票虚开；再如，很多大型企业不专注实业主业反而争做“影子银行”向中小企业放贷，进而账款拖欠多但不愿或难以配合确权、不愿共享超额信用资源等。鉴于此，我国良好商业信用环境的培育仍需加强顶层设计、逐步规范引导、日积月累形成。在此之前，银行信用占主导、银行承兑汇票为主体的状况必将持续，此模式既适应了我国社会信用制度尚不健全的现状，也满足了我国当前经济转型关键阶段实体经济特别是中小微企业的发展需求，仍应当完善好、维护好，让其发挥应有的积极作用。

（四）更好地发挥政策支持引导在票据市场发展中的作用，进一步完善再贴现制度，研究扶持专业机构发展

在英国、日本相关票据市场的发展历程中，政府部门特别是中央银行的政策支持和参与引导，在汇票、商业票据等工具演变的各个历史时期都发挥了举足轻重的作用。而贴现所、短资公司等专业机构的设立，中央银行赋予其的特殊地位及由此带来的繁荣市场功能作用发挥，也是两国发展票据市场的重要特色和宝贵经验。

在我国，人民银行历来高度重视票据市场的发展和引导，包括再贴现工具的持续运用以及票交所作为全国统一票据交易平台的建立等。特别是近两年来，随着票交所再贴现子系统的建设完善，票据再贴现作为货币政策工具有了更高效的操作平台，对民营企业、中小企业等经济社会发展的重点领域和薄弱环节实现了更大规模和更精准的支持。

另外，尽管我国票据市场发展已有四十年历史，初步形成了一批专业化的票据经营机构，包括以工商银行、农业银行为代表的票据营业部，以及股份制商业银行、大型城市商业银行等单设的票据部门，但一直没有设立经纪商、做市商一类的专业票据机构，相较英国、日本市场以及国内的其他金融子市场，市场分层不足，参与者差异化不够，不利于活跃市场交易，也不利于提升市场的深度和广度。可考

虑借鉴英国、日本的经验，推动设立专业的票据公司，在票据市场发挥经纪或做市功能，促进市场更高效健康地发展。

（五）金融科技的应用已经渗透到行业中，辅助性、补充性功能居多，票据市场可以积极借鉴参考

英国、日本市场的考察调研表明，在全球大数据时代中，金融行业正在快速地与大数据、人工智能等领域进行融合发展，催生着新的行业面貌。比如，AI在伦敦证券交易所市场监测分析中的辅助作用；再如，IBM东京研究实验室提供给瑞穗银行的话务中心Watson服务，以及区块链技术在国际贸易融资和银行贷款发放中的作用等。

作为我国重要金融基础设施，票交所将积极学习借鉴国外的经验成果，在相关领域开展探索应用。一是利用金融科技开展票据市场数据挖掘，为市场监测分析、风险识别防范奠定技术基础。票据市场积累沉淀了大量有价值的数据。目前，票交所已经建立了基于数据仓库的、对大数据进行分析的平台，为交易监测、统计分析等提供了有力支撑。未来可探索在监测统计系统和企业信息库的基础上，借鉴英国、日本应用理念，拓宽获取信息的深度和广度，利用深度学习、知识图谱等技术，进一步挖掘票据数据资产的价值，对票据生命周期、交易行为等各个环节进行整合分析，构建票据行为画像、票据风控模型等创新产品。二是紧跟技术发展趋势，创新对外服务方式，更好地服务市场参与者和实体经济。票交所可借鉴瑞穗银行话务中心Watson服务经验，探索将AI技术应用于场务客户服务的方式方法，进一步提升对市场参与者的服务质效。同时，研究借助区块链、大数据等技术，找准突破口和主攻方向，在提升票据市场的融资效率和透明度、推动票据市场信用评级体系的建设等方面开拓创新，努力打造更具影响力的票据科技生态圈。

供稿单位：上海票据交易所
执 笔 人：颜永嘉　王成勇　周敏智　陶　亮

第三部分

CHAPTER 3

票据市场服务实体经济

以票据市场创新发展
助力长三角一体化发展

长三角地区是我国经济发展最活跃、开放程度最高、创新能力最强的区域之一，在国家现代化建设大局和全方位开放格局中具有举足轻重的战略地位。2018年11月5日，习近平主席在首届中国国际进口博览会上宣布，支持长江三角洲区域一体化发展并上升为国家战略，着力落实新发展理念，构建现代化经济体系，推进更高起点的深化改革和更高层次的对外开放，同"一带一路"建设、京津冀协同发展、长江经济带发展、粤港澳大湾区建设相互配合，完善中国改革开放空间布局。2019年12月1日，中共中央、国务院正式印发《长江三角洲区域一体化发展规划纲要》，为长三角地区当前和今后一个时期一体化发展指明了方向。

深刻领会党中央的战略意图，充分发挥长三角优势，要紧扣"一体化"和"高质量"两个关键，深入推进重点领域一体化建设，强化创新驱动，建设现代化经济体系，提升产业链水平。票据市场作为我国金融市场的重要组成部分，是有效连接货币市场和实体经济的重要通道，具有广阔的发展空间。2019年以来，票交所着力推进票据市场服务长三角一体化，推动应收账款票据化，推广"贴现通""票付通"业务，助力长三角地区发挥好区域带动和示范作用。

一、票据市场可在长三角一体化发展中发挥重要作用

首先，票据有利于提升长三角经济活动水平和效率。企业之间在经济往来的过程中往往会形成应收账款，但应收账款存在制度基础不完善、赊账信息不透明、资金流动不便捷、融资业务不规范等问题。2019年1月，李克强总理主持召开国务院常务会议，要求积极清理被拖欠的民营企业中小企业账款。票据具有支付手段和信用工具双重功能，可以帮助企业合理安排还款时间，降低应收账款无限期拖欠的风险，优化企业财务结构，降低企业资产负债率，便利企业获得融资。长三角地区经济活跃，尤其是长三角一体化发展上升为国家战略后，各省市、各地区之间经济往来更加密切和频繁。发挥票据多样化功能，可帮助长三角企业减少应收账款，优化财务结构，促进企业获得融资，为推动长三角经济健康发展发挥重要的作用。

其次，票据可强化企业商业信用，有利于塑造长三角更好的营商环境。票据在企业中有着广泛的使用，是企业商业信用的载体。企业的信用情况一定程度上决定了票据的可接受性与流通性。票据的推广使用可促使企业尤其是中小微企业提高自身信用，改善社会信用环境。长三角地区是我国商业信用较为发达的地区，在长三角地区推广使用票据，将有利于进一步强化企业信用意识，帮助企业利用自身信用节约资金、实现交易、获得融资，打造长三角地区更好的营商环境，为促进长三角一体化发展打下更坚实的基础。

再次，票据是中小企业重要的融资工具，有利于服务长三角实体经济发展。票据签发灵活便利，手续费低，单张票面金额较小，是难以直接获得贷款或发债融资的中小企业重要的融资工具之一。我国中小企业签发的银行承兑汇票占比约为三分之二。相比其他中小企业的融资方式，票据融资成本更低。长三角地区实体经济活跃，民营企业、中小企业众多。在长三角推广票据融资，可有效缓解中小企业融资难和融资贵问题，促进长三角经济一体化发展。

最后，票据具备较好的发展基础和广阔的创新空间，有利于打造上海国际金融中心发展新高地。票交所自成立以来，通过制度建设和系统建设，推动票据市场从过去纸票为主、区域分割、信息不透明的传统模式向全国统一、信息透明、安全高

效、电子化操作的现代金融市场模式转型。票据市场呈现焕然一新的面貌，票据市场创新发展具有了坚实的基础和更加广阔的空间。在长三角地区试点推出票据创新产品，将有利于进一步吸引行业集聚，打造先发优势，创建我国金融市场发展新高地，增强上海国际金融中心的影响力。

二、在长三角地区开展票据业务创新试点具有较好的基础

首先，长三角地区历来是票据市场先行先试的示范地区。作为我国票据市场发展的开端，我国首笔同城商业承兑汇票贴现业务于1981年在上海办理。进入21世纪以后，我国首家票据专营机构——工商银行票据营业部——于2000年11月在上海率先成立。长三角地区票据业务的先行先试为全国积累了宝贵经验，开启了我国票据市场专业化、规模化发展的进程。

其次，票交所落户上海为长三角地区开展票据业务创新创造了良好条件。票交所于2016年落户上海，进一步丰富了金融市场基础设施构成，完善了上海国际金融中心市场体系和功能，有利于吸引长三角地区行业集聚，创建我国票据市场发展新高地。票交所落户上海也有利于在长三角地区推动票据产品和服务创新，拓宽票据市场的广度和深度，完善中国金融市场体系。

最后，长三角地区票据市场各项业务量稳居全国前列。2019年全年，长三角四省市商业汇票承兑合计6.25万亿元，占到全国总量的30.67%；票据贴现合计4.28万亿元，占到全国总量的34.35%；票据交易合计34.87万亿元，占到全国总量的34.23%。可见，长三角地区各项票据业务量均在全国占到三分之一左右，这为下一步开展票据业务创新打下了坚实的基础。

三、票据市场助力长三角一体化发展取得积极成效

2019年以来，随着长三角一体化发展上升为国家战略，票交所着力推进金融服务长三角一体化工作，在长三角地区重点推动应收账款票据化，推广“贴现通”“票付通”业务，服务长三角地区实体经济发展，取得积极成效。

（一）建设供应链票据平台，推广应收账款票据化

长三角地区经济活跃，长三角一体化发展上升为国家战略后，各省市、各地区之间经济往来更加密切和频繁。在此过程中，应用票据的多重功能，可为促进长三角经济健康发展发挥重要的作用。2019年6月13日，人民银行行长易纲在陆家嘴论坛上提出，人民银行支持票交所在长三角地区推广应收账款的票据化。

为落实相关要求，票交所探索建设供应链票据平台，与部分供应链金融平台合作，对增量应收账款在源头进行票据化。供应链金融平台中的企业因交易行为形成应收应付关系时，可以直接在供应链票据平台发起商票签发指令，在源头上实现应收账款票据化。这样不仅能够实现应收账款规范化和标准化，而且可以将核心企业的信用传导至末端长尾客户，实现核心企业信用的全链条共享，降低实体经济尤其是中小微企业的融资成本，更利于实现普惠金融的目标。

（二）推广“贴现通”业务，服务企业融资需求

2019年5月，票交所推出“贴现通”业务，旨在打造全国统一的贴现服务平台，破除贴现市场信息壁垒，在全国范围内实现待贴现票据和待投放资金的精准匹配，提升票据贴现服务民营企业、小微企业的效能。在长三角地区试点推广“贴现通”业务也是人民银行行长易纲在2019年6月召开的陆家嘴论坛上提出的一项重要工作。

“贴现通”业务推出以来，票交所会同相关各方积极推进业务试点推广，服务民营企业、小微企业的功能作用初步显现。截至2019年末，共有2 720家贴现申请企业参与“贴现通”业务，其中民营企业、小微企业占比90.63%，长三角企业占比53.24%；共计委托票据6 653张，票面金额合计98.19亿元，其中长三角企业的票据金额占比52.19%；共计有5 130张票据通过“贴现通”业务系统达成贴现意向，票面金额合计74.92亿元，其中长三角企业的票据金额占比56.31%；达成成交的票据平均票面金额146万元，平均贴现利率3.07%，较同期全市场电票平均贴现利率低23个基点，为贴现申请企业总计节约财务成本1 076万元，为长三角贴现申请企业节约财务成本694万元。

（三）推广"票付通"业务，提升企业支付效率

为发挥票据支付功能，服务供应链发展，票交所于2019年1月推出了"票付通"业务。"票付通"类似企业账期支付的支付宝，主要应用于当下快速发展的B2B电商和供应链平台，让企业间的账期支付更加安全便捷高效。长三角地区作为全国经济金融发展的龙头地带，在企业间商品交易线上化方面同样走在前列，涌现出较多有行业代表性、业务辐射全国的B2B电商和供应链平台。在长三角推广"票付通"业务，有利于扶持和加速相关平台发展，增强长三角地区产业互联网的综合实力和发展质量。

2019年以来，金融机构和平台积极开展"票付通"业务，取得了较好的成效。截至2019年末，已有招商银行、兴业银行、中信银行、平安银行、江苏银行、宁波银行、中国石化等7家合作金融机构和23家平台接入"票付通"业务，累计签约企业802家，完成票据支付7 462笔，支付金额68.66亿元。在已接入的合作金融机构和平台中，长三角地区法人金融机构2家、平台8家、企业196家，占比分别为29%、35%和24%，起到了较好的引领和辐射作用。

供稿单位：上海票据交易所
执 笔 人：汤莹玮　张婕珂

以创新驱动为着力点
提升票据业务服务实体经济能力

票据作为企业支付结算与融资的重要手段之一，是服务实体经济发展的重要金融工具。工商银行始终坚持以票据业务回归本源为宗旨，以创新驱动为着力点，以促进小微企业发展为落脚点，加快全行票据业务产品线建设，提升服务实体经济能力。

一、以强化产品创新提升服务实体经济发展效能

近年来，工商银行认真贯彻落实党中央、国务院关于发展普惠金融、扶持小微企业发展的各项政策要求，全面强化产品创新力度，着力解决企业发展中遇到的“瓶颈”，全力提升票据业务服务实体经济效能。

（一）“工银e贴”——快速、智能、灵活的线上贴现产品

1. 立足实体经济迫切需求的有效创新尝试。为发挥票据业务服务实体经济的带动引领作用，工商银行针对小微企业“融资难、融资贵”难题，推出了电子银行承兑汇票自助式贴现业务——“工银e贴”，旨在保障业务稳健发展和防范风险的前提下，提高企业贴现业务效率，提升服务实体经济能级。该产品是工商银行充分发挥

科技创新领先优势、推动金融科技赋能小微企业发展、适应票交所时代客户需求变化的一次重要尝试，也是践行“智慧银行”理念的一项有效举措。

2. 产品设计具有领先的标杆性意义。“工银e贴”作为一款面向实体经济需求的自助式贴现产品，具有“快”“智”“灵”的特点，“快”即快速审批、快速放款、快速到账；“智”即智能化的全流程风险控制模型，可以自动联动央行与税控；“灵”即灵活的利率调整、额度控制和规模检测。除此之外，该产品最为显著的优势在于“线上提交+智能审核+实时到账”的智能化以及全流程无人干预的业务模式，客户仅需通过该行企业网银进行业务申请，后台风险控制系统筛查检测通过后即可实现全流程自动化的实时放款和资金实时到账。

3. 产品持续迭代，竞争力不断增强。该产品于2018年8月开始业务试点，经过一年多的运行，产品不断更新迭代，收获了客户的一致好评，并获得了“2018年度上海金融创新成果奖”三等奖。2019年，工行研发团队在总结产品运行经验的基础上，进一步拓展了承兑行白名单，完善了更多元化的报价机制，丰富了对接单客户特定需求的功能内涵，业务处理效率进一步提升，客户使用感受更佳，产品竞争力不断增强。该产品真正实现了“秒级”的贴现速度，更好地发挥了票据金融工具的优势和纽带作用，也有助于工行拓展、维护企业客户并在此基础上开展综合金融创新服务。2019年全年，“工银e贴”产品共服务企业9 225户，其中小型企业占比接近85%，共计完成交易逾14万笔，交易金额超过1 215亿元。

（二）“普惠专享贴”——赋能小微，助力普惠金融发展

1. 打通以贴现扶持小微的“最后一公里”。伴随民营和中小企业融资、国家重大战略实施、新兴产业结构调整等政策落地，票据业务因其优势与特点在特殊背景下更具有发展空间和市场机遇。在这样的契机下，工商银行适时推出了“工银e贴”子产品——“普惠专享贴”，精准对接区域普惠政策。“普惠专享贴”是嵌套在“工银e贴”项下的子产品，为对接当地普惠金融政策提供工具，实现了从票源维度出发的业务设置主动权，通过业务开关独立设置、利率独立定价、优惠信息直达客户、再贴票据标识记录等，能够给予符合设定标准的票据精准优惠，以此打通以贴现扶持小微的“最后一公里”。“普惠专享贴”有助于提高工行业务管理的自动化

程度，实现业务效率更高、对接政策更准、决策反应更快、发展助力更强，在突出业务产品个性化、原创性的同时，也彰显了大行的主动作为。2019年全年，“普惠专享贴”累计办理业务笔数超1 000笔，业务金额超7亿元。这是工商银行票据融资条线按照总行党委部署，提高政治站位，积极助推全行普惠服务实体经济的又一重要成果。

2. 互联网思维有效破解小微贴现难题。“普惠专享贴”运用互联网思维，精准传导优惠政策，直达实体经济企业客户，给予客户卓越的用户体验，支持分行争取普惠业务机会，拓展普惠票源，提升“获客、活客、黏客”能力，提高业务管理效率。一方面，该产品以市场化运作提高低成本资金运作效率，为拓展普惠票源提供渠道助力，是工商银行落实普惠政策、体现大行担当的重要载体；另一方面，该产品通过区域差异化的普惠政策参数设置功能，将金融服务覆盖到小微、“三农”等传统模式无法覆盖的长尾客户，帮助小微企业降低融资成本，定向传导优惠政策，实现对普惠需求的精准对接，持续增强了票据业务的市场影响力和竞争力。

（三）“付款票据通”——票据服务供应链创新产品

1. 全国首个供应链票据一体化组合产品。“付款票据通”是我国银行业第一款供应链票据一体化组合产品，凭借对供应链核心企业的基础授信和物流、信息流、资金流的全面把握，通过票据签发、承兑、支付、贴现、资金划付等环节的线上、线下一体化服务组合，满足核心企业和供应链上下游企业的票据综合需求。产品于2018年10月开展业务试点，并于2019年6月开始在全行范围推广。截至2019年末，该产品已服务供应链22条，覆盖汽车、粮油、家居制造等多个行业，为链上超150家企业提供了高效便捷的票据服务，累计办理业务量近70亿元（其中长三角地区业务量超过三成），收获了客户的一致好评。

2. 基于票据供应链痛点的创新设计。该产品秉持着工行服务实体经济的初心，从供应链进行破题。在产品设计方面，一是适用上下游两种模式，二是付息方式灵活可选，三是“一点接入”，客户只需使用工行网银，工行就成为客户的后台，为客户提供全流程、多层次的票据全优服务；在客户体验方面，一是流程高效便捷，所有流程均在一天内完成，二是票据接收方无需任何手动操作即可收款。

“付款票据通”对供应链上的中小微企业采取“不看信评看运营”的新模式，为中小微企业获得银行信贷资源提供了极大的助力。与此同时，该产品依托工行强大的科技与系统实力，大大提升了业务办理效率，解决了以往传统供应链票据业务效率低下的问题，企业资金到账时间得到保障，业务办理体验良好。

3. 产品上线推广以来成效显著。作为全国首款上线的供应链票据一体化组合产品，“付款票据通”于2019年11月作为全国唯一的票据类金融产品受邀参展由商务部组织的“全国供应链创新与应用试点成果展示会”。

“付款票据通”的上线，在传导国家经济政策、提升企业融资效率、促进票据市场发展等方面具有积极的意义。该产品上线以来，服务中小型企业占比超过80%，切实对解决供应链上下游中小微企业融资难、融资贵问题提供了帮助，是一款符合当前国家鼓励供应链金融政策，落实中央“六稳”要求出实招、见实效的创新产品。同时，该产品有利于提升企业融资效率，进一步促进资金向实体经济特别是小微企业流通，从而为小微企业创造更加公平、开放的市场环境。另外，“付款票据通”进一步加深了传统票据业务与互联网技术的融合，将“高大上”的前沿技术转化为“接地气”的产品与服务，更好地发挥了票据金融工具的优势和纽带作用，为票据市场的健康发展作出了积极的贡献。

（四）移动端“工银e贴”——线上贴现新渠道

在当前移动智能终端与无线互联技术蓬勃发展背景下，企业客户特别是民营、小微企业对于业务移动端处理有着日趋高涨的需求。移动金融突破传统PC网络金融服务时间和空间的限制，实现了传统金融和现代化无线互联技术的融合，是丰富金融服务渠道、创新金融产品和服务模式、发展普惠金融的有效途径和方法。工商银行为更好地发挥电子银行承兑汇票自助式贴现产品作用，顺应企业移动金融服务发展趋势，创造更为优秀的客户体验，在优化原有企业网银端产品功能基础上，通过客户调研、方案研究、版本测试，研发推出移动端电子银行承兑汇票自助式贴现业务——移动端“工银e贴”，进一步满足企业客户多元化业务需求，适应市场发展的新动向、新趋势，更好地发挥助力实体经济和普惠金融的综合效能。该产品自2019年5月起在工行部分分行进行试点推广，主要使用客户为中小微企业客户，满足了该部分客户对于产品便捷性、移动办公等便捷操作的实际需求。

二、以做大做优票据贴现与再贴现为实体经济注入了强大资金动力

2019年，在宏观经济复杂多变、企业融资问题较为突出的背景下，工商银行积极践行“当好服务实体经济的主力银行”的重要担当，向企业办理票据贴现业务13 657亿元，同比增长28%，连续三年居全市场首位，共办理再贴现业务795亿元，同比增长61%，为实体经济发展注入了强大的资金动力。

（一）倾斜资源，支持小微融资

持续提升小微企业贴现推动力度，引导全行对小微企业贴现进行资源支持，促进小微企业票据贴现业务拓展。在规模配置上，优先满足小微票据贴现需求，采取资金成本优惠政策鼓励全行办理小微贴现，积极支持分行服务中小微企业票据融资需求。截至2019年12月末，小微企业贴现余额2 140亿元，较年初增加76.8亿元，余额占比达到52.4%。

（二）精准营销，夯实客户基础

以优化票据融资业务经营机构布局为抓手，深化票据与普惠条线联动，借助票据统一视图等系统工具，深入挖掘小微企业集群发展特质，强化对小微客户的精准对接和服务升级，巩固小微企业贴现客户基础。截至2019年12月末，全行小微企业贴现客户数近28 000户，占全行贴现客户的81%，同比增加近3 800户，占全行贴现业务新增客户数的82%。

（三）高度重视，明确发展目标

2019年下半年，工商银行连续发布通知引导分行重点加强小微票据营销推动，提出下半年小微贴现量目标。截至12月末，全行工信部口径小微企业票据贴现量为4 443.5亿元，同比增长1.0%。从行业分布情况来看，制造业、批发和零售业、采矿业排名前三。

（四）强化合规，服务实体经济

积极落实监管意见，完善了《银行承兑汇票贴现业务管理办法》，从客户准入、贸易背景审查等方面进一步规范贴现业务办理要求，切实加强客户准入管理，把好客户准入关口，实现票据融资对实体经济的保驾护航。

（五）“精准滴灌”，提升服务质量

工商银行将再贴现业务发展作为服务小微企业的重要抓手，通过绿色通道、直通车、“普惠专享贴”线上创新产品等，推动再贴现业务实现明显增长，再创历史新高。2019年，全行再贴现业务总量同比增长61%，再贴现业务日均余额同比增长77%。全行42家一级分行、直属分行和“5+1”分行中有41家成功开展再贴现业务，38家分行业务量实现同比增长。

三、以严守风险防控底线夯实业务稳健发展基础

在服务实体经济的同时，工商银行始终严守风险底线不放松，多措并举确保票据风险防控能力持续增强。截至2019年末，全行票据贴现资产不良率为零，票据逾期率为万分之一，假票收进率保持为零，实现了票据产品线的安全稳健运行。

（一）完善全面风险管理，强化产品线风险防控

将风险管理纳入全行统一风险管理体系，设计出台银票贴现业务信用主体监测方案、建立区域大票据风控小组工作机制、财务公司承兑票据分类管理要求等重要风险管控政策制度，发布各季度票据产品线全面风险管理报告。

（二）强化贴现业务管理要求，加大服务实体经济力度

梳理电票时代银票、商票的主要风险点，发布防范利用虚假贸易背景进行票据融资、防范“伪假”电子商业承兑汇票、进一步强化银票贴现业务管理以及商票贴现业务的风险提示，提出加强贴现客户准入管理、审慎核定贴现业务限额、强化贴现核查闭环管理、严格贴现资金流向管理以及尽职调查和准入后存续期管理等要

求，强化对中小银行等金融机构的风险监测和差异化业务管控。

（三）紧急应对风险异常情况，优化科技管控水平

提升全行电子商票管理精细度，通过存量票据排查、票据锁定处理、系统升级优化、增加客户准入管理规定、网银端增加信息提示等管控措施，有效保障网银侧电子商票的真实性和安全性，优化票据融资授信规则，投产运行承兑行白名单、“库存银行快照”、“限制性名单刚控”等多个风险管控系统功能，推动实现全行客户票据融资业务统一画像与应用，研究利用大数据开展票据融资业务的精准风险监测和管控。

四、下一阶段票据业务服务实体经济工作方向

下一阶段，票据业务发展应继续紧紧围绕“服务实体经济”的主线，着力强化业务创新发展驱动力，进一步提升服务实体经济的能力和质量。

（一）场景生态：以场景化思维提升票据产品落地能力

票据业务场景化思维的关键在于客户需求本位。商业银行应通过场景延伸将数据价值转化为场景价值，扩大服务覆盖面，延伸服务半径，将票据服务融入具体场景，打造场景化生态系统，解决票据业务场景化程度不高的问题，向企业提供更便捷、更普惠、更优质的票据产品与服务。

（二）需求导向：以客户为中心发展“普适+定制”多维服务

企业客户对于票据业务的需求有所分化，商业银行应充分利用大数据、人工智能、API等金融科技，运用客户分层理论，构建企业多维度标签体系，精细化票据客户画像，提供“普适+定制”服务。如何做好定制化票据服务输出是下一阶段票据产品创新的重点所在，这将在广度上有利于拓展客户群体，集聚平台效应，在深度上有利于增强客户黏性，实现链式营销，有效将金融数据转化为营销价值、场景价值与平台价值。

（三）融合创新：拓宽生态边界布局全生命周期链式创新

在双渠道并进的创新态势下，商业银行应基于票据全生命周期，提供“线上+线下”双线融合互通的链式创新服务，打破票据业务壁垒，拓宽票据服务边界，形成包容开放、互利共赢的票据生态发展格局。通过票据产品的融合与链式营销，服务流程覆盖票据全生命周期，整合传统功能、风险提示、智能融资、票据池管理等，为企业提供“一点接入”的体验式高品质票据金融服务。

供稿单位：中国工商银行

执 笔 人：邹　江　易文家　许　琦

稳健发展票据业务
坚持服务实体经济

票据市场是连接金融市场和实体经济的重要渠道，对促进我国实体经济发展和金融业务创新发挥了积极的作用。2019年，交通银行（以下简称交行）坚守“服务实体经济”的理念，以政策为引导、以创新为抓手，稳健发展票据业务，取得了较为丰硕的成果。

一、多措并举，推动票据业务稳步发展

（一）政策引领，夯实业务发展基石

1. 完善制度，夯实业务发展基础。针对票据业务环节多、流程长的特点，交行通过完善票据业务的管理制度，理清业务流程，夯实业务发展的基础。一是根据最新监管政策和市场需求完善了承兑和贴现业务管理办法，进一步明确业务的准入条件和贷前与贷后的管理要求、管理工具，同时也进一步丰富承兑、贴现的业务模式。二是制定了以风险防控、稳健发展为主线的业务发展方针，针对当前票据业务管理存在的薄弱环节，要求全行通过优化组织架构、明确前中后台的职责、加强问题开票人管理等措施，强化对票据业务的管控，促进业务稳健发展。

2. 制订方案，引导票据资产科学配置。票据业务，尤其是贴现业务在交行的信

贷投放中扮演较为重要的角色，为此交行通过制订资产配置方案，引导全行科学地配置票据资产。一是编制资产配置方案，指导全行用好票据资产风险低、流动性好的特征，加大对实体经济的支持力度。二是加强贴现业务的总分行联动经营和统一运作，持续通过总行以优惠价格承接分行直贴票据的方式，实现“直贴带动转贴、转贴促进直贴”的良性互动。

3. 政策倾斜，加大对普惠客户的投放力度。为充分发挥票据业务支持普惠客户的天然优势，交行在2019年通过利率补贴、专项规模等方式，加大了对普惠客户票据业务的支持力度，以“高效、便捷、廉价”的方式，满足普惠客户的融资诉求。一是进一步推动票据业务支持小微企业发展，通过调低普惠客户包括票据业务在内的融资业务收费标准，切实减轻普惠客户的财务负担。二是落实普惠“两增”贷款的监管定价要求，切实降低普惠客户的融资利率，加大小金额票据贴现业务的拓展力度，顺畅优惠政策的传导路径，实现对普惠业务的“精准滴灌”。

（二）稳扎稳打，促进票据业务稳健发展

1. 承兑业务。一是周密部署，促使业务持续健康发展。年初交行制定了2019年全行银行承兑汇票业务发展策略，完善了“总量控制、因行施策、分类管理、动态调整”的展业思路，充分运用表外承兑满足企业融资需求，支持实体经济发展。承兑业务量较上年增加了650多亿元，年末余额较年初增加了430多亿元。二是减费让利，切实降低企业融资成本。交行将银行承兑汇票手续费和敞口管理费等业务的定价权下放至各分行，分行可基于全行收费标准，结合客户的风险评级、业务担保措施及综合贡献等具体情况给予相应的费率优惠。2019年全年累计减免小微企业银承收费超5亿元，显著降低小微企业融资成本，推动小微企业票据融资业务发展。

2. 贴现业务。2019年票据市场流动性比较宽裕、市场价格下行，票据需求增加、票源增多。交行票据融资余额也呈现温和增长的态势，年末全行票据贴现余额较年初增加约60亿元。业务管理方面，交行建立了票据业务差异化授权体系，根据分行的风险管控能力、区域经济发展状况、目标客户类别等情况因行施策，对票据贴现业务实施差异化授权，提升全行贴现业务发展的活力。

3. 再贴现业务。票据再贴现业务是人民银行货币政策工具之一，是调节信贷投

向的有效工具。交行积极响应人民银行对于票据的政策导向和业务要求，打通“承兑—贴现—转/再贴现”的业务流程，加快票据周转，实现票据资源的最优配置。2019年，交行全年再贴现发生额130多亿元，为支持实体经济加油助力。

（三）防控风险，为业务稳健发展保驾护航

1. 落实监管要求，坚持审慎经营。2019年交行认真开展票据业务风险排查工作，要求全行从贷前调查、贷中审查、贷后监控等多方面逐户开展排查，重点关注票据开具、承兑、贴现、转贴现等环节违规问题，多层面、多角度验证贸易背景的真实性及合理性。此外，还通过开展业务抽查，高度关注部分业务量大、中介较为活跃区域的票据业务发展情况等，及时掌握和排除风险隐患。

2. 树立风险意识，夯实合规基础。2019年初，票据市场显露出交易活跃、融资总体增长较快的势头。为此，交行采取措施加强全行票据业务管理。一是要求加强贸易背景审查，强调贸易背景审核要求，防范中介介入票据业务通过空转票据等方式实施套利。二是借助微信群、现场培训等渠道，对全行票据从业人员宣导政策动态及同业风险案例，坚持不懈地进行安全教育、典型案例教育和规章制度教育，提高全行员工风险防范意识和遵纪守法观念。

3. 强化系统建设，防范金融风险。为保障票据业务健康发展，交行通过科技手段不断更新提升风控水平，强化制度执行。一是实现管控名单系统化。开发并完善系统功能，将每季度形成的“问题开票人”名单嵌入风控系统流程，通过技防手段将风险防控流程前置化，规避因疏漏产生的操作风险。二是优化风险预警的监控模型。在原有票据业务风险预警功能的基础上，持续更新预警规则，对潜在风险隐患进行识别，并及时提示客户经理及业务管理人员关注处置，力争做到精准发现、提前化解。

（四）打造品牌，凸显服务企业特色

为了提升票据业务的市场影响力，2019年交行整合多项票据服务，推出票据业务的特色品牌。通过对开票支付、收票持有和贴现融资等多个交易环节进行整合包装，打造“票据大掌柜”的服务品牌，凸显为企业提供一站式票据服务、通过票据

融资有效降低企业财务成本的经营特色。此外，交行还举办了商业票据高峰论坛，邀请监管部门、票据市场人士和重点票据客户参加，以专业性、前瞻性的视角共同探讨票据市场未来的发展趋势以及银企合作空间，并借助媒体资源，通过PC、APP、微信和微博等多个渠道，采用视频直播、精彩回放和新闻通稿等形式，加大传播力度，彰显“发展票据业务，服务实体经济”的理念。

二、回归票据本源，助力实体经济发展

（一）紧扣主题，发展票据业务助力清欠

国家高度重视民营企业和中小企业的发展。人民银行于2019年5月下发《中国人民银行办公厅关于做好金融支持清理拖欠民营企业中小企业账款工作的通知》（银办发〔2019〕88号）。交行深刻领悟国家政策，积极利用票据延期支付、便捷融资的特点，主动推进金融支持清欠工作。一是制订了金融支持民营企业应收账款清欠的工作方案，以实际行动落实国家政策，积极响应民营企业需求。二是积极排摸民营企业的金融需求。通过拜访各地政府采购中心、国资经营公司、大型国有企业，掌握上述机构对民营企业的欠款情况，同时主动联系各地民营企业，了解企业盘活应收账款的需求。三是制订金融服务方案，发挥票据对民营企业账款清欠的支持作用。首先引导国资企业使用商业承兑汇票支付欠款，缓解资金压力；其次大力发展商票贴现，协助民营企业高效回笼货款；最后与人民银行各地分支机构做好再贴现业务的沟通和对接，顺畅清欠优惠政策的传导渠道，实现对实体经济的“精准滴灌”。截至2019年末，交行使用商业承兑汇票，协助6 000多家企业（绝大多数为普惠客户）盘活25 200多笔应收账款，金额合计约400亿元。

（二）深耕行业，发挥票据服务企业的优势

建筑行业和汽车行业是国民经济支柱产业，也是交行重点服务的行业。交行深入分析上述行业的用票需求，以优质服务，获得客户的好评。

1. 建筑行业。建筑行业与全社会固定资产投资高度相关。在国家稳增长的政策下，建筑行业仍然保持稳健的发展速度，国民经济支柱产业的角色依旧稳固。同

时，建筑行业还有较强的辐射作用，其带动的建材、家居、电器等行业达二十多个。为此，交行把建筑作为票据业务的重点行业，加强票据在建筑行业的垂直化营销。一是制定建筑行业的业务发展策略，针对建筑行业辐射面广的特点，主要通过“链金融”的营销范式，持续提升票据业务在建筑行业渗透率。二是加强产品的整合，围绕行业的特点，打造行业专属服务方案。根据建筑行业付款多、投标多和代发多的特点，以商票为核心，整合保函和工程管家，形成建筑行业的金融服务方案。三是组织推动。举办“百核千链”专项营销活动，通过劳动竞赛、产品路演等多种方式强化营销，加强票据业务向建筑等重点行业、重点客户的渗透。截至2019年末，交行已与中国建筑、中国交建、中国中铁和中国铁建等多家建筑企业开展票据业务合作，并覆盖其上下游合作伙伴2 200多家。

2. 汽车行业。汽车行业在国民经济中占有举足轻重的地位。以主机厂为中枢，从下游经销商融资逐级向上游供应商流转，票据已成为这个行业的重要融资、结算载体。

交行深耕汽车行业，针对汽车行业的票据应用场景，搭建了智慧汽车供应链系统。智慧汽车金融通过独创的业务流程、智能化的业务模型，实现了汽车主机厂、银行、物流公司、融资经销商等多方“三流信息”的共享和交互，系统自动完成对票据与质押物的动态匹配、精确计算和自动审核，并自动联动业务处理，实现了经销商融资业务的高效在线办理。智慧汽车金融系统不仅显著提升了订单车采购、承兑出票、质押提取、续存保证金、质押物释放、到期还款等全流程的业务效率，而且通过全流程嵌入的风险控制模块，提升了银行的风险预警和管控能力。截至2019年末，交行智慧汽车金融已覆盖20多个汽车产业链网络，涵盖进口豪华车、合资品牌、自主品牌，我国销量排名前15家车企中，已有60%使用了交行智慧汽车金融服务。2019年上述网络累计开票量超过400亿元。

三、科技赋能，依托创新提升服务能力

（一）紧抓创新主线，落实票交所的各项创新举措

为进一步丰富和优化中国票据交易系统的功能，票交所于2019年下半年开始部

署3.0版直连接口规范。交行全力配合新版本接口的上线投产工作，并由公司部作为牵头部门，协调营运部、授信部、软件中心和测试中心多部门配合，于11月顺利完成3.0版的直连接口上线投产。新版接口中新增功能众多，其中转贴现点击成交、质押式回购匿名点击成交和贴现前电票明细信息查询等功能，有效提升了转贴现业务办理效率，推动了交行转贴现业务量的增长。新功能还对交行票据信息风险监控、直贴业务办理等起到了良好的支撑作用。

2019年票交所还正式上线了“贴现通”业务。贴现主体自主询价、系统撮合交易、线上清算交割等服务，能有效提高银行贴现效率，降低贴现操作成本。交行深刻意识到“贴现通”是服务普惠客户、切实解决小微企业融资难、融资贵问题的新思路、新方法，为此多措并举推动“贴现通”业务发展，并于2019年5月下旬顺利办理全行首单业务。

（二）研发“蕴通秒贴”，提高中小企业融资响应效率

票据贴现是中小企业获取银行融资的重要渠道，交行贴现客户中，普惠客户占比超过三分之二，其贴现业务呈现融资笔数多和单笔金额小的特点。针对普惠客户单笔业务运营成本高的问题，交行一直考虑使用金融科技，借助互联网渠道提升普惠业务的服务效率和服务水平。

伴随《关于规范和促进电子商业汇票业务发展的通知》（银发〔2016〕224号）的下发，监管部门大力推广电子商业汇票，宣告电子票据时代的到来。交行积极响应监管部门普及电子票据的号召，抓住电子票据高速发展带来的业务契机，在产品研发领域投入大量的资源，推出包括“蕴通秒贴”在内的一系列电票产品。

在“蕴通秒贴”的研发过程中，交行大幅整合、优化了传统的贴现流程，将原来的逐户申报贴现额度、逐户申报贴现报价，调整为系统自动管控贴现规模和根据预设的报价矩阵自动报价，贴现合同、贴现凭证也由线下纸质签署转为线上签署，从而实现了贴现业务的一键式办理。普惠客户签收电子银票后，可通过交行网银申办“蕴通秒贴”，全程线上签署贴现合同、贴现凭证，系统自动审批，贴现资金秒到账。

“蕴通秒贴”有效触达普惠客户笔数多、金额小的贴现业务，大幅降低银行

的服务成本，切实解决了金融机构“不愿贴”的问题，并且依托广大的长尾普惠客户，以聚沙成塔、集腋成裘的方式，获得良好的经济效益。截至2019年末，交行的“蕴通秒贴”已覆盖近20个省份，获得良好的市场口碑。

（三）推广在线承兑，协助企业提升支付效率

商业票据是连接实体经济和货币市场的重要纽带。伴随用票环境的改善，电票承兑逐渐呈现小面额、频次高的特点。而传统线下服务模式已难以满足企业开票频和急的要求。

为此，交行融合互联网思维与传统的承兑业务，研发了在线承兑，借助线上渠道实现授信合同的线上签署和贸易背景资料的线上获取，为企业提供一站式开票承兑服务：一是承兑业务线上办理。企业可通过企业网银办理保证金缴存、签署开票授信业务合同、签署开票申请凭证，安排承兑业务的所有手续均通过线上高效办理和提交，银行平均2小时完成业务的受理，实现企业的高效开票。二是贸易背景可线上获取。与信息服务商合作，通过线上渠道直接获取企业的增值税发票，进一步提高了企业的开票效率。2019年交行通过在线承兑为企业承兑电票近16万张，金额1 490多亿元，实现承兑手续费和敞口费等非息收入近2亿元，经济效益良好。与此同时，在线承兑高效、便捷、省时的特点，非常契合钢铁、批发等行业的用票需求。很多企业逐步增加了在交行开票业务的份额，银企合作关系进一步密切。

（四）优化票据池，增强企业流动性管理能力

票据池作为流动性管理工具，可有效提高企业资产的流动性。近年来，交行票据池业务稳步发展，截至2019年末，签约票据池合作客户近万户，实现票据质押与托管余额460多亿元，质押项下年累计融资额700多亿元。

2019年交行围绕企业票据管理、融资便利等需求持续优化票据池功能。一是实现票据池与在线承兑的有效衔接。对于票据池质押票据生成的授信额度，企业可通过在线承兑办理票据承兑业务，提升票据池业务办理的便捷性。二是提升票据池的管理功能，研发了票据池综合报表、额度报表以及保证金明细报表。企业可实时掌控质押票据托收入账、票据池额度使用情况等。三是增加票据池保证金对接的理财

产品品种，使企业既得到日常流动性支持又可获得可观的投资收益。四是实现质押票据种类的扩容。票据池入池票据增加小城商、小农商和企业商票等票种，流动性管理能力进一步增强。

供稿单位：交通银行

执 笔 人：李海滔　汪丽娟

应用票据产品
服务实体经济

2019年，中信银行积极贯彻新发展理念，以服务实体经济为导向，着力推动金融服务向高质量发展，在应用票据产品提升金融服务的可得性、多样性、安全性上取得了新的成效。

一、中信银行2019年票据业务总体发展情况

2019年，中信银行秉承“有担当、有温度、有特色、有尊严的最佳综合金融服务企业”愿景，以为客户谋价值、为社会尽责任为使命，积极改善客户服务体验，运用科技赋能传统票据产品，着力提升服务实体经济的广度和精度。在传统票据贴现业务方面，推出“信秒贴”“快速贴现”两大线上化银票贴现产品及“商票贴现全国通”试点模式；在票据综合管理业务方面，推出票据池升级产品“信e池”；在票据创新应用方面，推出“票付通”电商平台支付工具。全年共为实体经济提供银票承兑服务8 095亿元、票据贴现融资8 775亿元，其中，承兑业务电子化率提升至98.44%，贴现业务电子化率提升至99.96%，贴现业务在全国贴现市场中的份额提升至7.04%。

二、优化传统票据产品，助力提高金融服务的可得性

实体经济中的大、中、小、微企业能便捷地获取金融产品和服务是普惠金融的关键驱动因素。可得性意味着各类型企业能够在物理上充分接近各类服务设施，可以更便捷地挑选和使用一系列金融产品和服务。物理可得性的缺乏会给金融服务不足群体带来高额的交易成本，导致金融产品难以充分发挥其作为满足企业日常金融需求工具的全部价值。传统的票据贴现业务在资料收集与传递、银行审核、协议签署等方面耗时费力，为改善这一问题，中信银行紧抓票交所时代票据市场电子化、规范化的历史契机，于2018年推出“信秒贴”产品，并于2019年持续升级产品配置，继续推出“快速贴现”产品，大大改善了银行承兑汇票贴现服务的可得性。同时，中信银行进一步推动商票贴现业务的发展，率先尝试打破商票保贴产品的地域及授信壁垒，推出“商票贴现全国通”试点模式，致力于提升商票融资的可得性。

（一）全面推动银票贴现线上化，让贴现触手可及

银行承兑汇票贴现业务融资成本低、信用风险低，是商业银行服务实体经济的优选产品之一。但多年来，由于中小企业持票金额小、数量多、分布散，运用传统贴现模式不仅推高了银行端的服务成本，还难以满足中小企业用款急的需求。银行贴现服务难以直达中小企业，同时给票据市场中的票贩子提供了可乘之机，不仅提高了企业的融资成本，更扰乱了金融市场秩序。

为将贴现服务直接送达中小企业，中信银行决心上马“互联网+票据贴现”创新项目，重塑内部贴现业务风控流程，打造一款“支持普惠金融，发展绿色信贷，助力中小企业，服务实体经济”的全新线上化贴现产品。为此，票据团队走访了票交所及多家商业银行，交流贴现业务经验和线上贴现设想，积累整合了大量业内优势。同时，组织行内信息技术、授信管理、风险管理、运营管理等前中后台部门群策群力，不断磋商、加紧研发，推出“信秒贴”线上贴现产品。自此，中小企业客户通过登录中信银行电子银行渠道，足不出户，在线点击操作，即可实现贴现资金秒到账，且工作日、节假日皆可办理，彻底解决了人工成本高、办理时间长、到账时间久、零散贴现难等困扰中小企业的贴现难题。

在“信秒贴”产品稳定运行后，中信银行仍不间断地收集各方反馈意见，坚持不懈完善产品设计，持续不断做强做优。基于“信秒贴”的成功经验，又于2019年7月研发上线了针对大中型企业的“快速贴现”产品，与“信秒贴”产品在客户覆盖上形成互补，全面推进了银票贴现业务线上化。

线上贴现产品的问世，用系统智能替代了人工操作，不仅将业务处理时长从1天压缩至分秒级，更是在不影响其他风险控制的前提下，凭借计算机精准且不受环境干扰的优势，进一步降低了操作风险，实现了风险防控的帕累托改进。更可喜的是，客户经理在摆脱了烦琐的贴现手工操作后，服务中小企业的热情也更加高涨了，从害怕做中小企业贴现到主动做、抢着做，用心服务客户的劲头更足了。

2019年，“信秒贴”产品累计服务超过5 000家中小企业，客户交易总量超11.7万笔，交易总金额逾700亿元。“快速贴现”产品自7月上线以来累计服务超过1 800家大中企业，客户交易总量超7.5万笔，交易总金额逾1 500亿元。

（二）试点开展“商票贴现全国通”，让商票不再难贴

现阶段我国银行信用在金融中发挥了主体作用，商业信用环境的建立则处于初始阶段，这直接影响了目前票据市场中银票与商票的比例结构。但从长远看，商业承兑汇票的应用必将随着商业信用体系的完善而得到发展，英国、美国、日本等发达经济体的票据市场也经历了商业信用逐渐超越或替代银行信用的发展过程。我国的一些大型国企、上市公司等高资信度企业已经在应用商业承兑汇票付款中收获了实践经验与良好的信用记录，这不仅帮助付款人实现了零成本融资，还为其供应链背书人中的中小企业提供了零成本融资（背书流转）或较低成本融资（贴现）的机会。

商业银行助力推动商业承兑汇票的发展，最好的落脚点是对商业承兑汇票的承兑人做商票保贴授信，并接收其商票的持票人来行办理贴现融资。商业银行开展商票保贴业务存在一个普遍的难点：由于承兑人企业相关授信由属地分行发起申报和做贷后管理，因此业务的开展存在地域桎梏。商业承兑汇票用于企业间的流转支付，流转的次数越多，支付工具功能的发挥就越充分，节省融资成本的企业数量就越多。经过多次流转的商业承兑汇票，持票人往往已是中小微企业，所在地也往往

不在承兑人授信所在地，因此打破用信地域竖井势在必行。

为解决商票融资难问题，助力实体经济发展及我国商业信用体系建设，中信银行在2019年大力推动了商票保贴业务的内部制度建设，逐一攻克商票保贴业务难点。在风险管理方面，明确了授信分行与用信分行的风险管控职责，在营销秩序方面，建立了全行一盘棋的利润划分原则。并与某大型央企开展合作，推出“商票贴现全国通”试点模式，在全国范围内接收由其承兑商票的贴现申请，不限背书次数、贴现款T+0到账，实质性地打开了商票保贴业务的地域桎梏。未来，中信银行还将继续扩大试点范围，最终实现商票贴现全国通，商票贴现不再难的目标。

三、拓展票据应用领域，助力实现金融服务的多样性

产品覆盖面广及多样性是普惠金融的重要特征。为拓展票据的应用领域，使持有票据的企业客户能够在他们需要时选择使用，中信银行从以客户为中心的角度出发，深入企业所处环境仔细倾听和观察，了解客户需求、偏好和行为，为企业客户提供针对特定场景的票据业务解决方案，从而提升了票据的使用广度和效果，助力实现了金融服务的多样性。在此，选取“信e池”、“票付通”两个产品加以介绍。

（一）应用“信e池”产品，助力持票企业融资及流动性管理

当前，电子票据已经成为企业流动性管理中不可或缺的工具，是更多中小企业结算和融资的首要选择。随着用票量的增大，企业票据管理的新难题纷纷出现，例如票据管理难度大、集团无法统一管理、成员无法调剂使用、票据价值不能充分发挥等。为了帮助企业管理好票据，解决这些难题，中信银行在2019年对原有票据池产品的管理机制、服务模式和具体功能进行了重大升级，全新推出“信e池”产品。

“信e池”产品深入挖掘了企业客户不同场景下的票据需求，为企业提供集“线上+线下、支付+融资、管理+统筹”为一体的综合化票据管理服务，具有入池票据范围广、融资产品覆盖全、操作办理全线上、集团管理功能强等优势。针对不

同规模的企业，“信e池”更可提供定制化服务，例如可以根据企业类型提供单一企业版和集团客户版，集团总部可以对成员单位额度进行灵活调剂，实现集团票据的统筹管理等。企业客户将其持有的各种类票据质押入池，可以快速办理多种融资业务，如新开银票、申请流动资金贷款、法人账户透支、开立信用证、电子保函等，且申请全流程线上操作，大大提升了企业财资管理效率，降低了融资成本，增加了财务收益。

2020年，中信银行还计划进一步将“信e池”产品升级为资产池，丰富企业出入池的资产范围，拓宽业务应用领域，将“信e池”产品打造为企业客户全面流动性资产管理的智慧助手。

（二）应用“票付通”产品，拓展电子商业汇票支付应用领域

当今时代是移动互联和电子商务的时代，从个人到企业，越来越多的交易在线上完成，这其中，安全性和便捷性是所有线上交易的基本要求。“票付通”是票交所推出的一款新一代电票结算产品，其将电子票据支付工具嵌入电商平台，支持客户支付时锁定票据、收货时解锁票据，既拓展了电子商业汇票的应用领域，又有效降低了电商场景的交易风险。中信银行作为票交所首批试点合作机构，于2019年初成功上线推出“票付通”产品。

“票付通”是一款契合时代需求的产品，其成功解决了票据支付应用于电商平台的长期痛点问题：一是解决了买卖双方的交易信任问题，实现“一手交票、一手交货”；二是支持在线使用电票结算，降低了买卖双方的交易成本，实现票据流、信息流、物流三流合一；三是将电票支付嵌入电商平台的实际交易中，拓宽了金融服务的应用场景。

中信银行在电商金融和电子票据领域一直拥有较强的实力，“票付通”正是将电商场景与电子票据相结合的典型应用产品，为实体经济中的电商平台交易活动提供了安全支付的解决方案。按照票交所统一部署，2019年中信银行已陆续为8家电商平台搭建起“票付通”支付体系，平台涵盖大宗商品、化学品、钢材、耐火材料、汽车零配件等交易领域，目前已支持300多个会员客户完成了超过3亿元的线上票据结算，达成了阶段性试点目标。后续，中信银行还将进一步优化产品功能，进一步

提升客户体验，助力电子商业汇票支付工具在电商平台的更广阔应用。

四、完善风险防控体系，助力保障金融服务的安全性

实体经济的发展离不开金融体系的安全和稳健，商业银行完善自身风险防控体系，平衡好风险与创新发展之间的关系，是保护客户资金安全、促进金融系统长期可持续发展的必要条件和重要责任。2019年，中信银行采取了一系列有效措施，加强票据业务风险防控，助力保障金融服务的安全性。

（一）随形势发展适时调整风险控制理念

票交所时代，线上化交易使票据业务的操作风险大幅降低，随之而来的是多元化市场主体参与程度的提高，以及票交所市场高频交易特征的出现。在票据市场新业态下，风险的关注重点已转换为信用风险和利率风险。票据业务风控重点的转换，对商业银行提出了更新完善风控模式的新要求。同时，我国经济的“新常态”也对票据市场发展产生了深远的影响，随着经济结构调整和市场化改革的推进，传统票据业务模式正在向利率市场化、互联网化、金融脱媒化转型，创新产品及创新模式不断涌现，商业银行更需精细化风险管控，以迎接创新转型所面临的风险和挑战，实现全面、协调和可持续发展。

（二）完善制度、流程及系统风控建设

2019年，中信银行根据人民银行、银保监会、票交所的各项规范要求，完善了内部各项票据业务管理制度和操作规程，并将制度流程化、流程系统化。根据管理制度的要求设计各项产品的业务流程，实现条线制衡、岗位交叉，并将流程中的风险管控规则通过系统来实现，避免了人为主观判断所产生的偏差。同时，借助系统和数据模型对各项产品进行风险评估、提示、预警、监测和分析，实现了对票据业务风险控制的全流程覆盖。此外，还加强了内部协同，包括总分中心与分行间以及业务部门与风险、运营、审计、合规等部门之间的协同，建立了全方位的风险防控体系。

（三）加强票据业务创新中的风险把控

随着商业汇票电子化时代的来临，围绕票据业务的技术创新在上海票据交易所以及商业银行中不断涌现，票据市场成为最具创新活力的金融子市场之一。2019年，中信银行积极参与了由票交所牵头开展的多项票据业务创新实践。对此，中信银行将风险防范贯穿于创新实践的全过程，从法律审查、风险评估、合同条款、流程设计、动态风险跟踪等角度主动切入，从信用风险、市场风险、操作风险等多方面完善全流程风险防控，并应用金融科技落地各项风险防控措施，积极发挥了商业银行经营风险和管理风险的职能作用，支持了票据市场的创新发展。

五、总结及展望

票据业务与实体经济的发展相伴而生，其繁荣和发展都依赖于实体经济的土壤。在中国经济由高速增长向高质量发展的进程中，票据业务的经营者——商业银行也在探索如何通过供给侧结构性改革向中国实体经济提供高质量的票据服务。中信银行作为在改革开放中最早成立的新兴商业银行之一，与中国经济发展共成长，坚持回归银行本源、服务实体经济这一根本方向，积极助力推动票据市场建设发展，为实体经济提供更加便捷、多样以及安全的票据产品服务。

2020年，希望票据市场能够在中国人民银行及上海票据交易所的引领下出台更多有助于实体经济发展的政策措施，在风险资产计提、标准化票据产品建设等方面推出更好的落地举措。中信银行将继续秉承“有担当、有温度、有特色、有尊严的最佳综合金融服务企业”发展愿景，为实体经济提供更好的票据业务产品及服务。助力让中小微企业的信用通过票据产品得以“看得见、看得懂、信得过”，助力更多稳健经营的大型企业通过商业汇票实现商业信用价值，与实体经济中的各类型企业一起，实现共同的可持续发展目标。

供稿单位：中信银行

执 笔 人：马鑫悦　张蓝中　黄　文

加强产品创新　优化服务模式
助力民营和小微企业发展

民营企业、小微企业是我国实体经济的坚实基础。习近平总书记在民营企业座谈会上发表重要讲话，明确提出了大力支持民营和中小微企业发展壮大的政策举措。党中央、国务院高度重视民营、小微企业的发展，要求加大金融支持力度，解决融资难、融资贵问题，多次召开会议进行工作部署，肯定票据支持民营企业、中小企业金融服务作用，对票据支持实体经济发展情况高度关注。

2019年2月，中共中央办公厅、国务院办公厅印发《关于加强金融服务民营企业的若干意见》（中办发〔2019〕6号），明确要求商业银行“加大对民营企业票据融资支持力度，简化贴现业务流程，提高贴现融资效率”。2019年4月，中共中央办公厅、国务院办公厅印发《关于促进中小企业健康发展的指导意见》（中办发〔2019〕24号），指出破解融资难融资贵问题，完善中小企业融资政策，要“进一步落实普惠金融定向降准政策。加大再贴现对小微企业支持力度，重点支持小微企业500万元及以下小额票据贴现”。2019年6月，人民银行行长易纲在陆家嘴论坛提出“支持上海票据交易所在长三角地区推广应收账款票据化，试点推广贴现通业务”。2018年以来人民银行分四次增加再贷款和再贴现额度6 000亿元，其中2019年再贴现2 000亿元，支持金融机构扩大对民营和小微企业的信贷投放。这些信息都传递出，票据业务在服务民营和小微企业、支持实体经济发展中发挥着日益重要的作用。

一、助力实体经济发展，是票据业务基本功能的体现，也是贯彻国家金融方针政策的根本要求

近年来，民营和小微企业逐步成为我国经济发展的生力军、就业的主渠道，但融资难、融资贵问题一直是掣肘企业发展的重要因素。相比大中型国企、央企，民营和小微企业受限于股东背景、企业规模、经营状况、资信情况、信用等级等特点，可选择的融资方式较为有限。

票据市场，一头连接着实体经济，另一头连接着货币市场，商业汇票是与实体经济联系最紧密的金融工具。票据融资具有门槛低、简便灵活、流动性强、信用提升、融资成本低等优势，在产品购销、贸易结算、信用融资等方面具有先天优势，可较好地匹配民营和小微企业高频、灵活、快速、简便的融资需求，是对民营和小微企业较为适宜的融资工具。

票据市场经过四十多年的实践探索，规模不断扩大，参与主体持续增加，创新产品日益涌现，票据业务在完善企业支付结算手段、拓宽投融资渠道、支持民营及中小企业发展、改善金融资产质量等方面的作用巨大。

票交所的建成，全面提升了票据市场规范化、透明化、专业化水平，为票据市场的规范稳健发展奠定了基石，为票据支持服务实体经济开辟了广阔的空间。票据业务作为发展普惠金融、传导货币政策的工具，其精准度和有效性进一步提高。

二、民生银行加大对民营客户、小微客户的支持，持续提升战略客户综合化服务水平

民生银行紧密围绕“民营企业银行、科技金融银行和综合化服务银行”三大战略定位，深化特色客群经营，围绕民企生态圈客群、小微客群，创新客户服务模式，构建应用场景平台，整合线上、线下渠道资源，有效支持实体经济发展。

对于公司业务，民生银行切实践行“以客户为中心”的服务理念，完善客户分层分类服务体系，为客户提供综合化、智能化、一站式服务，不断提升客户服务体验。战略客群方面，聚焦民企服务，进一步加大对民营战略客户的支持，加强中后

台的协同支持，为战略民企客户提供综合化、专业化的金融解决方案。中小客群方面，积极构建数字化、标准化、流程化中小业务模式，实施“携手、生根、共赢、萤火”四大计划，为中小企业提供支付结算、现金管理、授信、供应链、股权投资等综合服务，中小企业客户数超过14万户。

对于小微金融，民生银行积极践行国家普惠金融发展战略，始终突出小微金融业务战略定位，深入推进小微金融发展新模式，持续加大小微客群信贷投放力度，推进产品服务创新，增强小微金融线上化、综合化服务能力，大力优化业务流程，缩短业务办理时间，不断提升小微企业服务质效。一是加大对小微金融的系统性支持，通过优化内部资源配置、强化激励引导与考核导向等，提升经营机构发展小微金融的积极性，实现存贷款规模、服务客户数量的稳健增长。二是持续加大产品服务创新，迭代优化并加大推广线上贷款产品，为小微客户提供更加便捷的融资服务；梳理、推广标准化作业流程，大力优化业务流程，缩短业务办理时间，提升客户体验。三是深化结算场景开发，加快推广教育、租赁等行业的便捷支付服务平台产品，满足小微客户结算及财务管理需求。四是深入推进“数字小微”建设，在数据化模型开发、移动互联体系打造、小微手机银行功能优化等板块完成多个项目投产，数据与系统对业务的支撑进一步提升。

三、民生银行票据业务支持民营和小微企业的主要实践

票据业务一直以来都是民生银行的传统优势业务。作为我国经营票据业务最早的银行机构之一，民生银行秉持服务实体经济的本源，以客户需求为中心，持续完善票据产品服务体系，加大产品创新力度，增强产品服务能力，助力民营和小微企业发展。

（一）坚持票据服务实体经济主线，深耕细作票据一级市场，深挖票据支付结算和融资需求，支持民营和小微企业发展

一是重点发展票据承兑业务和贴现业务。承兑业务具有操作流程简便、融资效率高等优势。企业通过开具商业汇票和背书转让，满足支付结算需求，降低综合财

务成本。贴现业务对拓宽中小企业的融资渠道，降低财务费用，解决融资难、融资贵问题发挥重要作用。2019年，民生银行贴现金额4 986亿元，其中小微客户贴现2 980户、贴现金额1 142亿元。

二是积极发展商业承兑汇票业务。借鉴境外票据市场的发展经验，积极推广电子票据支付结算功能，以上下游关系密切的产业链龙头企业或集团企业为重点，带动产业链上下游企业使用电票。大力开展授信企业商票保贴，推动买方付息、协议付息贴现，促进电子商票应用，发挥企业的商业信用，提升市场发展空间。

三是积极推动民营和小微企业的贷款票据化转型。深挖综合授信及实体结算企业的支付结算、信用融资需求，从源头上培养客户和分支机构签发、贴现以及获得电子票据，用票据替代传统流动性贷款，以票据产品方案为抓手服务客户需求。简化用票流程，提升客户体验，以电票代替资金汇划结算，便捷业务办理；应用票据置换等产品，解决小微客户授信难、额度少的问题。抓住消费升级和产业升级机会，研究企业支付结算及融资需求，加强票据产品的创新研发，发挥票据产品优势，提供快捷、便利的金融服务。

（二）推动直转一体，完善系统性支持政策，通过优化内部资源配置、强化激励引导等，降低民营和小微企业融资成本

一是加强票据直、转、再贴现的联动，加快票据的流转，带动直贴业务发展，做大民营和小微企业的票据贴现体量。

二是对民营和小微企业签发的票据，实施一揽子的优惠性措施，包括：给予专项的信贷规模支持；资金价格上进行优惠倾斜；在贴现指导价中，给予一定的价格优惠；对于符合再贴现条件的票据贴现执行优惠利率，使再贴现政策直接传导到企业端。

三是陆续成立区域性小微企业贴现中心，满足小票、散票的快速贴现要求，如民生银行广州分行等启动小微企业贴现中心。

四是用好再贴现、小微票据的政策红利，联动人民银行各分支机构开展再贴现业务，利用专项资金发挥对民营和小微企业的“精准滴灌”作用，让票据再贴现政策惠及实体经济发展。相关票据贴现执行优惠利率，直接降低企业融资成本。

（三）秉承“专业创新”理念，致力于票据产品与服务创新，主动响应民营和小微企业的需求，提供便捷高效的融资服务

一是持续创新票据产品。自国内首家推出买方付息票据贴现业务以来，民生银行已陆续推出票据管家、票据置换、票据包买衍生、保贴函、代付通、票据ABS、自助贴现等十多项自主研发的票据创新产品。同时，以金融科技支持票据业务创新，连接电子票据应用场景，创新票据线上支付、企业自助贴现等批量化、自助化、网络化产品，简化用票流程，提高融资审批效率，降低业务成本，提升客户体验。

二是立足民营和小微企业的客群特点，创新推出“商票融”“微票易”等业务模式。重点发展电子商票直贴、电票自助贴现等业务，根据企业不同的用票场景设计支付融资方案，提高融资效率，促进票据融资的便利化，满足企业资金需求，降低企业的融资成本。

三是2019年优化升级了多项重要的票据产品。（1）票据管家3.0产品。强化对客户票据资产的集约管理服务，实现集团额度共享，质押融资全流程线上化操作，资产业务丰富，还款方式灵活，满足企业多种支付结算和融资需要。（2）自助贴现产品。简化贴现流程，拓宽支持贴现的承兑行范围，可让企业足不出户即将票据资源转换为现金流量，实现网银全流程自助操作。（3）票据置换产品。做到随用随押、手续简便，置换项下业务品种丰富、期限灵活，审批出账快捷，方便企业支付结算，满足多样化融资需求。

（四）结合供应链金融，以核心企业为中心，以票据产品链为驱动，大力发展票据供应链融资

借助供应链金融，使用金融科技、大数据等手段，构建以核心企业及其上下游企业为金融服务对象的生态圈，推动票据池融资模式，实现有效增信和缓释风险，提供灵活便利的票据融资服务，盘活存量资源，提升金融服务效能，进一步加大票据业务对民营和小微企业发展的支持力度。

一是在供应链场景下，将票据结算服务嵌入供应链交易中，扩大票据支付应用场景，提升电票支付结算服务能力，盘活票据存量。

二是帮助供应链核心企业再造供应链票据流程，尽可能通过票据支付替代票据融资，降低整个供应链的融资成本。

三是利用票据特有的信用传递作用，将核心企业的优质信用传递至外围小微企业供应商，打通供应链上下游，满足供应链上民营和小微企业的融资需求。

四是票交所供应链创新产品“票付通”持续升级优化，票据支付结算和融资功能服务于供应链金融。

（五）顺应金融科技发展趋势，结合应用场景开展产品创新，通过票据线上支付、自助贴现等自动化产品，提升服务效率和客户体验

依托票据电子化平台优势，结合应用场景开展产品创新，推进票据线上支付、企业自助贴现和互联网票据等业务的发展，提升客户体验、降低业务成本，扩大基础客群的数量及合作深度。通过科技系统核验控制替代传统人工操作，实现企业网银端票据线上支付、贴现的全流程自助操作，简化业务流程，不断提升票据结算融资的线上化、自助化、智能化水平，为中小微客户提供快捷、便利的金融服务。

（六）围绕做“民营企业的银行”战略定位，加强与公司、小微客群部门的业务协同发展，联动做好民营和小微企业票据服务

创新推出“商票融”“微票易”“财票通”等产品，针对不同客群，分别迎合“小供应链”、小微企业的用票场景，解决企业支付与融资难题，降低融资成本，提升客户体验，与战略民营和小微客户的业务加强协同、形成合力。对重点客户、重点行业，在资源政策方面给予倾斜优惠，通过规模支持、价格优惠、服务升级等措施，提升对战略民营和小微企业的服务能力。

在票交所时代，随着参与主体不断扩大，产品日益丰富多元，服务功能持续完善，票据市场势必迎来新机遇、新发展、新作为。“不忘初心，服务实体”，支持民营和小微企业发展，积极为实体经济保驾护航，将成为众多市场参与者共同的选择和心声。

对此，票据市场参与者共同携手，把握时代发展的脉搏，积极培育优化票据市

场生态体系，以客户需求为中心，以产品创新为驱动，促进票据融资便利化，降低客户融资成本，提升票据金融服务效率，票据业务必将更好地服务实体经济高质量发展！

供稿单位：中国民生银行

执 笔 人：黄永军

大力发展票据业务
服务中小企业融资

2019年2月，习近平总书记在中央政治局第十三次集体学习时强调，要深化金融供给侧结构性改革，增强金融服务实体经济能力。金融供给侧结构性改革的根本就是要服务实体经济。实体经济是金融发展的基础，只有支持实体经济发展，金融才具有活力。中小企业是发展实体经济的重要参与者，中小企业融资问题应得到重视。近几年，兴业银行充分发挥票据低成本、高效率等优势，积极通过票据业务支持中小企业融资。

一、票据市场在支持中小企业融资方面大有可为

与债券市场、资本市场主要服务大型企业融资相比，票据市场服务对象截然不同。2019年末，出票人为中小微企业的票据承兑余额为8.89万亿元，占全部承兑余额的69.84%；贴现申请人为中小微企业的票据贴现余额为6.66万亿元，占全部贴现余额的81.39%。

票据为什么具备如此功能？票据的结算功能能够将大企业、中小企业等不同类型的企业紧密联系起来。《票据法》规定了持票人可以向任意前手行使追索权。前述两方面原因，决定了持票人通过票据融资时，不再局限于自身信用，而是可以依

靠其任意前手的信用，即中小企业能够通过票据“借助”大企业或承兑银行的信用完成融资。由此可见，票据是通过市场化手段解决中小企业融资问题的一个重要着力点。

2016年9月，人民银行印发《关于规范和促进电子商业汇票业务发展的通知》，电子票据迅速普及。电票的普及大大节省了票据流通成本，有效防范了虚假票据风险，扩大了票据使用范围。同年，票交所成立，这是票据市场发展的里程碑事件，标志着全国统一、信息透明、以电子化方式进行业务处理的现代票据市场确立，票交所不但是整个票据市场的票据交易、登记托管、清算结算和信息服务中心，也是再贴现公开市场操作、产品创新中心。票据电子化迅猛发展，使原先的票据市场“脱胎换骨”，也为票据市场深入前端企业、通过创新服务企业融资提供了广阔空间。

二、兴业银行大力发展票据业务支持中小企业融资

2018年，兴业银行对全行票据业务经营组织架构进行调整，在总行端成立总行票据中心，将票据贴现、转贴现、再贴现等统一划归总行票据中心管理；在分行端成立分行票据中心，除了原有的转贴现、再贴现等业务以外，将票据贴现业务也上收至分行票据中心统一办理，提高专业化、集中化运作水平。总分行票据中心成立后，强化前后端产品一体化运作，利用后端分销渠道优势和对市场利率的研判能力，通过交易流转降低前端贴现价格，贴现业务量和贴现客户大幅增长。2019年，共办理贴现业务5 700亿元，同比增长60%，新增贴现客户8 400户，其中中小企业占八成。

除此之外，兴业银行积极响应人民银行再贴现政策，通过考核政策引导、经营资源配置、专项宣导等多种方式，推动经营机构加大对小微企业、民营企业、绿色企业、科技企业等的服务力度，“精准滴灌”、真诚服务，降低企业融资成本，助力企业发展。

广西双英集团股份有限公司（以下简称双英集团）是一家优质的实体生产型企业，拥有多项专利和资格认证证书，也是人民银行柳州市中心支行“民微通”——

民营及小微企业票据再贴现快速通道首批入选企业之一。兴业银行南宁分行结合双英集团的票据结算特点和融资需求为双英集团设计了“贴现+再贴现”的低成本融资模式。2019年累计为双英集团办理贴现业务1.7亿元，贴现利率比市场同期价格平均低40个基点，得到了企业高度认可。

三、通过票据产品创新提升客户体验

兴业银行不断优化贴现业务流程，提高贴现业务办理效率，为中小企业提供高效、便捷、优质的贴现服务。2019年8月，推出“兴e贴”产品，采用系统自动审核替代人工审核方式，实现了贴现全流程线上作业、贴现资金分秒到账，受到企业客户广泛好评。

尼勒克县搏创商贸有限公司（以下简称搏创商贸）成立于2014年3月，主要承接新疆天山水泥股份有限公司水泥的运输，一直以来以银行承兑汇票结算运输费，单张票据金额小、期限分散。该公司地处伊犁尼勒克县，较为偏僻，融资难度大、成本高。针对搏创商贸实际困难，兴业银行乌鲁木齐分行主动上门为客户宣传并开通“兴e贴”业务，短短5日，客户便通过“兴e贴”办理票据贴现4笔，合计金额248万元，加权贴现利率3.0%，较市场平均水平低20个基点。搏创商贸不仅足不出户享受到贴现资金分秒到账的服务，还降低了财务成本，缓解了融资压力。

“兴e贴”业务自2019年8月上线至2019年末，累计办理贴现达到450亿元，服务贴现客户近2 000户，其中中小企业占八成。

四、强化风险管理促进票据业务稳健发展

与票据一体化运作相匹配的是，兴业银行建立了较为完善的风险管理体系，促进了票据业务稳健发展。主要体现在四个方面：一是坚定的服务实体经济理念，票据业务定位为服务实体经济、服务中小企业，并通过强化管理坚定执行；二是完善的制度管理体系，对于不同的产品，均制定清晰明确的制度规程，使经营机构有章可循；三是全面的业务监测体系，通过系统监测、专岗监测等手段，对全行票据

业务开展情况进行有效监测，及时提示风险、防范风险；四是严格的存续期管理要求，要求经营机构做好资金流向监控、客户服务跟踪等存续期管理工作，并通过现场、非现场检查予以督导落实，确保资金真正满足实体企业的经营需求。

供稿单位：兴业银行

执 笔 人：刘晓春　庄　鑫

服务实体经济　助力普惠金融

改革开放40多年来，我国民营经济从小到大、从弱到强，不断发展壮大。民营经济具有“五六七八九”的特征，即贡献了50%以上的税收、60%以上的国内生产总值、70%以上的技术创新成果、80%以上的城镇劳动就业、90%以上的企业数量。民营经济已经成为推动国家发展不可或缺的力量，是创业就业的主要领域、技术创新的重要主体、国家税收的重要来源，在我国社会主义市场经济发展、政府职能转变、农村富余劳动力转移、国际市场开拓等方面发挥了重要作用。2018年11月，习近平总书记在民营企业座谈会上指示，在我国经济发展进程中，要坚持“两个毫不动摇”，消除各种隐性壁垒，不断为民营经济营造更好发展环境，解决民营企业融资难融资贵问题；要优先解决民营企业特别是中小企业融资难，甚至融不到资问题，同时逐步降低融资成本。

2018年11月5日，习近平主席在首届中国国际进口博览会上宣布，支持长江三角洲区域一体化发展并上升为国家战略，着力落实新发展理念，构建现代化经济体系，推进更高起点的深化改革和更高层次的对外开放，同“一带一路”倡议、京津冀协同发展、长江经济带发展、粤港澳大湾区建设相互配合，完善中国改革开放空间布局。

浙商银行自成立以来，始终全面贯彻落实党中央、国务院和浙江省委省政府各项决策部署，坚持贯彻“两个毫不动摇”，坚持新发展理念，制定了一系列支持民营经济发展的措施，按照供给侧结构性改革“八字方针”，实施融资畅通工程；坚持分类施策、创新服务，以企业需求为导向，积极推进金融科技创新和商业模式创新，探索支持民营企业发展新模式，以新的模式、新的手段提升金融服务民营企业和小微企业效能。

浙商银行依托240余家分支机构，覆盖环渤海、长三角、珠三角以及中西部地区，充分发挥票据服务实体经济的独特优势，围绕融资难、融资贵和资金周转效率低等突出问题，加快票据产品和服务创新，打造票据全链条创新差异化服务模式，解决客户痛点，提高资金效率、降低融资成本、提升融资便利性，为实体经济尤其是民营和中小微企业提供优质金融服务。

一、多产品聚焦，服务实体经济显成效

浙商银行不忘服务实体经济的初心，积极发挥“贴现通”、电票“直通车”贴现等特色业务优势，创新场景化应用模式，不断优化业务流程，持续深入推进票据业务，切实服务实体经济，取得较好成效。

（一）“贴现通”服务实体经济情况

截至2019年末，浙商银行已累计接受企业客户票据经纪委托近50亿元，其中，中小微和民营企业占比超过60%；成功撮合成交近40亿元，其中，中小微和民营企业占比超过65%；经纪签约客户近1 700户，其中，中小微和民营企业占比超过85%；平均降低企业贴现成本10个基点，最多的一笔高达170个基点。

（二）承兑业务服务实体经济情况

截至2019年末，浙商银行办理电子银行承兑汇票承兑业务4 793.59亿元，占全部承兑业务发生额的99.03%，同比上升4.44个百分点。电子银行承兑汇票承兑余额2 802.05亿元，占全部承兑余额的99.00%，同比上升1.94个百分点。电票业务模式已全面普及，其中民营企业申请承兑量占比超过60%。

（三）贴现业务服务实体经济情况

为更好地服务中小微企业融资，浙商银行针对中小微企业贴现融资制定了FTP专项优惠政策；设计线上化智能贴现产品，支持客户全程网银自助办理，通过系统方式构建多维度报价引擎，实现一票一价精准报价；支持为客户提供智能融资方案，系统自动审批、放款，大幅度提升了贴现业务的办理效率。2019年，浙商银行为2 532家企业办理了贴现业务，累计贴现3.72万笔，贴现发生额873.1亿元，其中贴现申请人为民营和中小微企业的占比逾75%。

二、“贴现通”助力，服务实体经济创品牌

大型或国有企业市场融资渠道较多，如上市、发债、银行信贷、票据融资等，但民营和中小微企业受规模小、业务单一、经营状况不稳定等特征的约束，融资方式相对受限。票据因兼具支付、融资双重属性，兼备简便、灵活操作优势，是民营和中小微企业支付结算和资金融通的重要金融工具。“贴现通”业务的推出，为破解小微企业融资难题提供了新的解决方案。

（一）“贴现通”创新融资渠道

为进一步规范票据市场，拓宽“三小一短”（小企业持有、小银行承兑、小金额、短余期）未贴现票据的融资渠道，满足中小微和民营企业融资需求，2019年5月27日，票交所上线“贴现通”业务。这是继票据收益率曲线、票据供应链产品“票付通”之后，票交所在基础设施建设方面的又一创新。对贴现市场而言，“贴现通”业务提供了可信合规的票据经纪服务，净化规范了贴现市场的运行环境；深化金融供给侧结构性改革，准确细分定位行业、规模、性质的持票企业，实现了金融资源的“精准滴灌”；进一步拓宽了“三小一短”未贴现票据的融资渠道。

2019年6月，人民银行行长易纲在陆家嘴论坛发表主题演讲时表示，央行将重点支持票交所在长三角地区推广应收账款票据化，试点推广“贴现通”业务。“贴现通”业务通过构建银企互通平台优化中小微和民营企业贴现服务，是贯彻落实党中央、国务院、人民银行关于加强民营中小企业金融服务、缓解融资难融资贵问题决

策部署的重要举措，也是票交所进一步向企业端延伸服务的积极探索和尝试。

浙商银行作为首批5家获人民银行批准开展票据经纪业务试点工作的商业银行之一，在5月27日票交所“贴现通”业务上线首个交易日即喜获挂牌询价模式全市场首单及意向询价模式股份制商业银行全市场首单。一直以来，浙商银行票据经纪业务团队积极践行党中央、国务院、人民银行关于加强民营中小企业金融服务，缓解融资难、融资贵、融资慢问题相关决策部署，全力投身打通贴现服务“最后一公里”工作，持续深入推进“贴现通”业务，通过专业高效的服务，获得客户的广泛认可和市场的一致好评。

（二）“贴现通”推广处处开花

1. 总分协同营销，合力推动落地。为了促进“贴现通”业务的发展，总行成立了票据经纪业务部，逐步建立起专业的“贴现通”交易团队，并在全辖组建了一支票据经纪营销队伍；加强总分联动，前抓基础客户，后拓贴现机构，鼓励分支机构深入挖掘潜力客户，储备优质客群，拓展经纪票源及合作机构。

2. 持续强化培训，促进业务推广。为更好地推动全行票据经纪业务发展，总行开展了形式多样的培训辅导工作，及时宣导业务政策、全面分享先进经验、不断加强营销辅导、持续提升专业水平，以点带面地将业务理念灌输到服务企业的营销第一线。

3. 加强科技开发，优化业务流程。在获得“贴现通”业务试点资格后，浙商银行不断优化和完善经纪系统开发，已实现客户申请、签约、提交资料、委托票据等环节全流程线上化操作，减少人工干预，提升了“贴现通”业务的办理效率和客户使用体验。

（三）“贴现通”破解融资窘境

1. “贴现通”为久询未贴票据提供了新的融资渠道，帮助企业迅速盘活沉淀票据资产，有效破解金融资源分布不均造成的融资难题。

服务案例一：位于山东的某农业科技有限公司委托一张由东北某银行承兑的票据。上述票据属于市场上很难贴现的票据，企业贴现难度较大。浙商银行通过全市场的询价、撮合，最终帮助客户找到了贴现行并成功办理了贴现，帮助客户解决了融资难题，获得了客户的高度认可。

2.“贴现通”通过全市场询价匹配帮助企业在委托最高利率范围内询价发现最优贴现利率，切实降低企业融资成本。

服务案例二：位于宁波的某铜业公司为中小制造企业，于9月26日提交一笔票据贴现委托，企业根据以往贴现利率水平，委托利率为4.7%。浙商银行通过全市场的询价、撮合，实际成交利率3.0%，经纪业务为客户降低了170个基点的融资成本，得到客户的高度认可，进一步深化了银企合作。

3.企业线上自主签约“贴现通”，可足不出户体验“一键委托、坐等收款”的优质服务，业务应用高效便捷。

服务案例三：某药企系浙商银行长期合作的老客户。7月5日，企业首次体验浙商银行票据经纪业务，从网银端授权签约、提交委托，到贴现资金到账，全程仅耗时1小时。浙商银行票据经纪业务全流程线上操作、无须临柜办理、无须提交纸质材料，为客户带来了方便快捷的使用体验，客户对此赞不绝口，进而把这项业务推荐给了关联企业。“浙商速度”建立了浙商银行票据经纪服务的市场美誉度，票据经纪业务更切实增强了客户黏性。

三、抓创新、强科技，服务实体经济提效率

（一）积极参与创新产品，提升服务实体经济能力

票据转让流通便利，是银行服务实体经济、满足企业融资需求的重要产品。从使用客群来看，中小型企业是票据主要的使用群体，票据成为银行支农支小的利器。为缓解中小金融机构流动性压力，解决票据资产标准化问题，更好服务中小企业融资和供应链金融发展，人民银行金融市场司于2019年8月8日批准由票交所开展标准化票据业务试点（银市场〔2019〕140号）。

标准化票据是指由存托机构归集承兑人等核心信用要素相似、期限相近的票据，组建基础资产池，并进行现金流重组后，以入池票据的兑付现金流为偿付支持而创设的面向银行间市场的等分化、可交易的受益凭证。存托机构由票交所担任，

标准化票据在银行间市场清算所股份有限公司（以下简称上清所）登记托管和清算结算，在银行间债券市场或票据市场交易流通。浙商银行成功参与标准化票据首批产品试点。该融资工具的创设，为市场发展开启了新篇章，标准化票据将与票据经纪、贴现、转贴现等业务形成更加完善的票据业务体系，提升客户服务能力。

（二）强化科技系统支撑，提高票据业务处理效率

浙商银行加强票据业务的金融科技建设工作，通过强化电票系统功能升级，多维度提升全流程电票操作体验，实现了业务流程标准化、业务流程智能化，大幅度提高了票据业务办理的效率。

一是创新设计“延时出票”“预约出票”“等额出票”功能，帮助企业防范电票误操作，合理安排出票时间，提高电票批量出票效率；二是增加自动提示收票和付款功能，系统自动向收款人或承兑人发起提示收票或提示付款指令，减少企业人工操作成本、提高票据到期回款效率；三是在确保安全的前提下，实现批量出票、收票、背书、质押、查询和打印等，简化企业财务人员操作手续、提升票据业务办理效率；四是研发“直通车贴现自动报价”功能，支持客户全程网银自助办理，通过系统方式构建多维度报价引擎，实现一票一价精准报价，大幅提升对客报价准确性和报价效率，系统自动审批、放款，贴现业务时效由“小时级”提速到“秒级”，提升了票据贴现效率。

四、把握发展新契机，服务实体经济促升级

2019年12月，中共中央、国务院印发《关于营造更好发展环境支持民营企业改革发展的意见》，从优化银行服务体系、完善直接融资制度、健全增信体系等方面对破解民营和小微企业融资难题进行了部署。2020年1月召开的国务院金融稳定发展委员会第十四次会议强调，要坚持“两个毫不动摇”，持续加大支持力度，切实缓解民营和小微企业融资难、融资贵问题。

2019年12月1日，中共中央、国务院印发了《长江三角洲区域一体化发展规划纲要》（以下简称《纲要》），进一步指引该地区实现高质量一体化发展。长江三

角洲（以下简称长三角）地区是我国经济发展最活跃、开放程度最高、创新能力最强的区域之一，在国家现代化建设大局和全方位开放格局中具有举足轻重的战略地位。推动长三角一体化发展，增强长三角地区创新能力和竞争能力，提高经济集聚度、区域连接性和政策协同效率，对引领全国高质量发展、建设现代化经济体系意义重大。

（一）融入区域一体化，打造发展新动力

《纲要》的推出将有效推动长三角地区票据市场区域内融合联动，提升区域票据市场容量和深度，从而进一步扩大长三角地区票据市场的影响力和辐射范围，更好地服务实体企业融资。

浙商银行作为一家总部在浙江省杭州市的全国性股份制商业银行，诞生并扎根成长于长三角，在长三角地区共设135家分支机构，包括上海、南京、苏州、合肥和浙江省内所有地市均设有分支机构。未来浙商银行将进一步发挥区位优势，抓住长三角一体化发展的历史机遇，继续加大对实体经济的支持力度，持续服务中小微及民营企业，积极作为，勇于创新，为长三角地区一体化发展提供高质量的全面金融服务。

（二）强化科技支撑，提升服务实体能力

持续加大科技开发投入，以企业需求为导向，围绕“民营企业融资难融资贵”和“提高资金周转效率”等突出问题，大力推进金融科技创新和商业模式创新，充分发挥浙商银行平台化特色服务优势，将金融服务嵌入企业生产经营和资金管理活动中，增强民营企业流动性服务，盘活沉淀资源，提高资金周转和效益，创造客户价值，创新支持民营企业发展新模式，深入践行党中央、国务院服务实体经济的战略部署。

（三）强化创新应用，丰富融资解决方案

浙商银行将统筹推动票据承兑、贴现、转贴现、再贴现、经纪业务、创新产品等票据全产品链条的发展，同时将发挥系统完善、业务经验丰富的优势，切实承担

票据经纪试点行的责任，在持续做好票据经纪业务推广应用的基础上，积极参与票交所各项电票创新业务的试点工作，协助研究创新产品应用场景，推动创新产品落地，持续提升浙商银行通过票据产品服务实体经济的能力。

供稿单位：浙商银行

执 笔 人：谢冰然　应丹丹　于　磊

“精准滴灌”小微企业
着力提升服务实体经济内生动力

2019年，人民银行实施稳健的货币政策，促进降低社会综合融资成本，不仅全面降准0.5个百分点，还对仅在省级行政区域内经营的城市商业银行额外定向降准1个百分点，另外，分别增加再贷款额度1 500亿元和再贴现额度2 000亿元，这一系列举措旨在实现对民营和小微企业的“精准滴灌”。在这样的大环境下，票据业务以其低廉的成本、高效的流程、灵活的方式对支持小微企业发展具有天然的优势。

根据《中国货币政策执行报告》及票交所官网数据，2019年金融机构人民币各项贷款余额153.11万亿元，同比增长12.3%，其中，票据融资余额7.6万亿元，同比增长31.8%，远超各项贷款上升均速。一般贷款加权平均利率5.74%，同比下降0.17个百分点，票据融资加权平均利率3.26%，同比下降0.58个百分点，票据融资快速增长，票据融资利率较往年同期快速下行。企业累计签发商业汇票20.4万亿元，同比上升11.6%，由中小型企业签发的银行承兑汇票约占三分之二，票据承兑快速增长，对实体经济特别是中小型企业的支持力度加大。

徽商银行作为区域性金融机构，受到资金、规模、物理网点、考核定价、科技开发、管理体制等多方面的制约，相较于国有及股份制金融机构处于明显劣势。徽商银行克服地域限制及自身的各种困难，积极响应国家支持实体经济的各项优惠政策，立足皖苏地区，充分发挥城市商业银行扎根本土的地域优势，多维度多层次为区域内小微企业融资提供支持，为地方实体经济的发展作出了努力。2019年，徽商银行承兑和贴现量739.55亿元，签发和贴现张数11.59万张，单张票面金额63.81万元，其中，小微企业累计签发和贴现量77.67亿元，占比10.50%，小微企业客户占比31.79%，累计再贴现业务量59亿元，占全行全年累计贴现量的33.41%，其中，小微企业票据办理再贴现51.22亿元，占比86.83%。

一、徽商银行主要工作成效

（一）打破成本定价壁垒

票据尤其是银行承兑汇票，由于具备银行信用的支撑，仅需留存一定比例的保证金就可以利用敞口开立银行承兑汇票，并且随时可以办理贴现业务以较低的成本获取流动资金，是小微企业重要的低成本、便捷的融资渠道。但徽商银行作为地方性金融机构，受资金、规模的限制，票据资源受到规模调控，信贷资源十分有限，与此同时，贴现成本比照同期限同业存单定价的传统考核方法，也使票据贴现指导价背离2019年票据市场实际价格较远，企业的贴现需求不旺盛。

在这样的环境下，徽商银行积极研究企业低成本融资的双赢模式，在仅贴现和“贴现＋再贴现”联动业务模式下克服自身考核及管理成本的限制，给予融资企业低利率的政策优惠。在企业仅开展贴现业务方面，徽商银行通过一、二级市场联动，实现票据开立、承兑、贴现、转贴现等全生命周期管理，比照转贴现价格确定贴现价格，打破考核定价的壁垒，通过转贴现积极推动票据流转，释放信贷额度，以远低于传统票据贴现指导价的优惠贴现利率，有效地满足了实体企业特别是小微企业的融资需求。在“贴现＋再贴现”联动业务模式方面，徽商银行对票据贴现业务单独划分专项贴现额度，用于支持部分暂时经营困难但具有发展潜力的实体企业，对符合再贴现业务票据标准的企业贴现需求，给予一定的价格优惠，同时，对办理该业务的分支机构给予FTP成本与再贴现价格间的价差创收奖励，鼓励分行开展符合再贴现票源标准的贴现业务，引导提升分支机构开展票据贴现业务的积极性，做好人民银行对小微企业投放资金的“精准滴灌”。

（二）打造票据池品牌

为帮助企业有效盘活沉淀的票据资产，降低企业操作风险和财务成本，提升企业现金管理水平，徽商银行重点打造“融鑫池”票据品牌，建立以“融鑫池”为核心的票据产品体系，为客户提供票据虚拟托管、回款资金归集、回款资金优惠计息、票据归类入池、票据动态质押、集团额度调剂等综合性特色金融服务，有效地解决了企业财务人员票据专业鉴别能力弱、人工管理成本高、小面额票据流通困难、托收回款时间分散、集团内部额度缺乏统筹管理等实际性问题。徽商银行“融鑫池”产品已于2019年9月正式投产上线，在地方企业间具有良好的口碑。与此同时，为了能让强大的银行综合服务管理能力更好地服务实体企业，徽商银行于2019年第四季度围绕票据池开展全行业务竞赛，用考核奖励的方式鼓励分支机构切实服务实体经济，加大服务小微企业的力度。

（三）搭建线上快速贴现平台

随着纸票时代的落幕，电票逐步登上历史舞台，票交所的成立进一步推动电票业务的发展，通过对纸票电子化、纸电融合、系统直连等票据线上化的推进，票据业务呈现“融资票据化、票据电子化、交易集中化、流程一体化”的大趋势。今后票据业务的发展不可避免地将由劳动密集型转变为科技集约型，“快捷、便利、灵活、风险可控”将会成为银企融资关系的交叉点，加之票交所的平台建设越来越完善，金融机构自身的系统开发能力和大数据分析能力将成为争抢票源的制胜关键，而票据自主贴现产品必将成为小微企业客户快捷安全融资渠道的重要一环。

在此基础上，徽商银行依托现代科技开发的不断进步，为小微企业贴现摆脱物理网点的掣肘，同时借鉴国有股份制大行的技术力量和经验，创新“E秒贴”作为票据池的另一项线上产品，帮助小微企业实现电票贴现业务全流程线上操作。在线贴现采用电子合同，无须到银行网点签约，极大地提高了小微企业融资效率，银行审批、出账流程全部线上化，减少纸质审批流程。企业可在综合服务平台发起签约，对于符合在线贴现条件的电子银行承兑汇票，平台实现在线询价、在线贴现、在线查询，系统自动审核放款，资金秒级到账，免去询价议价、查询征信、业务协办等流程，最大限度降低票据贴现成本，让广大小微企业即使足不出户也能快速获取融资，改善企业的财务状况。

（四）创新利用央行再贴现工具

徽商银行响应国家各项产业的调控政策，集合现有区域内资源，有选择性地针对融资困难企业开展调研，实地上门了解企业需求，努力做大做实再贴现产品。为贯通企业、商业银行和中央银行之间的融资渠道，减少小微普惠金融的滞后性，提升服务中小企业的效果和质量，徽商银行向当地人民银行中心支行建议：第一，扩大再贴现资金普惠面，向当地人民银行中心支行建议效仿绿色债券将具备“绿色”概念的出票或贴现企业也纳入再贴现的支持范围；第二，顺畅央行资金向下滴灌的速度，在传统再贴现业务的基础上优化升级并开展直通车再贴现业务，力争最大限度利用好再贴现这个有利的货币政策工具。

根据《中国人民银行合肥中心支行办公室关于创新央行直通车业务模式支持民营企业小微企业融资的通知》（合银办〔2019〕125号）的要求，徽商银行与当地人民银行中心支行沟通后，划拨直通车再贴现专项额度，银行可根据企业通过网银端申请办理贴现的需求，在系统内直接选择“直通车再贴现”的标识，系统会自动发起对贴现企业的行业类别、企业划型、贴现价格、贴现金额等要素的甄别，若全都符合直通车再贴现的票源要求，可直接占用直通车专项额度，提前锁定再贴现额度，无须上报当地人民银行中心支行等待额度审批。徽商银行的直通车再贴现产品将票源的筛选要素嵌入本行票据业务系统，实现票源的系统自动识别，为客户经理提供再贴现票据判定依据，极大地降低银行贴现分支机构的沟通成本的同时，最大限度节约小微企业融资时间，只要确定符合再贴现标准，企业即可以极优惠利率办理贴现业务。

直通车再贴现业务有效解决了当月贴现票据无法办理当月再贴现的问题，当月贴现的小微企业票据仅需低于金融机构指导价格20个基点及以上，就可以办理当月再贴现业务，使“贴现+再贴现”的企业融资模式更顺畅、高效。直通车再贴现业务充分把握国家优化融资环境、助力小微企业发展的理念，金融机构通过及时办理直通车再贴现业务高效地实现从央行到银行大力扶持小微企业的机制传导和定向资金发放的精准滴灌。2019年，徽商银行办理直通车再贴现业务5.17亿元，合计19个批次，其中，小微企业票据量3.73亿元，占比72.15%，小微企业客户数占比89.74%。

二、徽商银行特色案例

（一）解决高新技术小微企业融资难题

安徽某新材料有限公司是国内知名的木器漆生产企业，为优质高新技术小企业，产品享誉全国，连续多年荣膺“中国十大家具漆品牌”。公司资金回笼以银行承兑汇票为主且金额、期限零散，常规贴现环节多、流程长，企业财务办理意愿不强。徽商银行了解到公司实际情况后，多次上门推荐票据池产品“融鑫池”，引导企业将手头票据进行入池管理。2019年1月末，正值年关，客户付款量大增，徽商银行急客户之所急，协助企业梳理入池票据进行批量贴现，便利企业资金运筹。高效的响应速度和便捷的融资渠道，极大地帮助企业精细化管理票据资源，让企业获取票据增值服务，而且有利于提升企业融资效率，减少企业往来银行的时间成本，审批简便，放款及时，巩固了银企间的合作关系。

（二）拓宽小微科创型企业融资渠道

安徽某新材料科技股份有限公司是一家新三板挂牌企业，为优质科创型小企业。公司拥有多项关键工艺、关键设备的发明专利技术，是国内红丹制造领先企业，市场占有率高，成为多家上市公司的供应商。针对此类先进制造业小微企业，徽商银行从授信额度和贴现价格两方面给予优惠。2018年12月，公司收到下游客户付的总金额约6 000万元的银行承兑汇票，而此时原材料市价下跌，公司急需资金向上游采购。但是恰逢年末，各家金融机构信贷额度紧张，贴现成本较高。得知公司情况后，徽商银行积极上门营销，承诺给予企业1亿元的票据贴现授信额度且贴现利率在指导价基础上减点，以解公司燃眉之急，使企业成为徽商银行的忠实客户。

（三）降低科技型民营企业融资成本

安徽某化工股份有限公司是国家高新技术企业、安徽省重点化工企业，建有省级认定的企业技术中心，主要从事硝酸、硝酸钠、亚硝酸钠、碳酸氢钠、液氨、二氧化碳、碳酸、三聚氰胺及其他相关产品的生产和销售，拥有多项国家发明专利。2019年9月末公司收到下游支付的银行承兑汇票，总金额1 000万元，此时公司急需用钱，但化工企业利润率低，担心融资成本过高，陷入两难境地。徽商银行得知公司困难后，本着精准服务民营企业的初衷，主动对接企业需求，追加企业票据贴现授信额度，并通过人民银行再贴现政策工具降低企业贴现成本，最终企业以低于徽商银行直贴指导价格20个基点的利率办理贴现。“贴现+再贴现”组合方式使企业融资成本大幅降低，缓解了企业流动资金紧张状况，获得了企业的赞誉和认可。后期经过分支行的深度营销，公司80%以上的票据业务在徽商银行办理。

三、进一步服务实体小微企业的发展方向

（一）响应政策号召，回归业务本源

紧跟国家政策及实体经济的步伐，回归票据业务本源，更好地服务实体企业。一是积极响应国家号召，金融机构可推出扶持小微企业专项承兑、贴现额度或票据产品，为优质的小微企业提供源源不断的“血液”，设立小微企业票据融资应急措施，在突发重大系统性风险时，帮助具有发展潜力的企业渡过暂时性经营困难，努力做好优质小微企业的孵化器。二是依托票交所系统和供应链金融，寻求核心企业及其上下游客户票源，提高基于真实贸易背景的票据融资量。三是对客户实行差异化管理。对小微企业积极推动票据承兑业务，促进短期贷款票据化；对国有企业及规模较大的民营企业，应了解企业的资金需求，可采用商票保证、商票保贴等形式，将银行与商业信用相互结合，满足大部分企业的贴现融资需求。四是进一步扩大再贴现工具的受惠范围和体量，完善再贴现办理流程，将再贴现业务线上化，减少业务办理的人工成本，更好地引导票据资源投入国家重点支持的产业和行业，引导票据资源进入小微企业，做实承兑和贴现业务，为实体经济发展提供有力的信贷支撑。

（二）运用科技手段，创新票据线上产品

科技进步日新月异，5G、大数据应用、人脸支付等多种科技创新产品层出不

穷，票据业务也应该顺应时代的发展，依托网络科技的进步，实现票据全生命周期的电子化、线上化管理，减少企业办理票据业务的交通、人力等操作成本。金融机构应了解实体企业的流动性需求，利用票据支付和融资的双重属性及其远期支付的特点，积极开发如企业应收账款票据化等贴合企业实际需求的票据创新线上产品，促进企业和金融机构间合作，最大化地利用金融机构发达的结算支付系统，减少企业日常结算工作量。

（三）设立信用评级体系，建设良好票据生态环境

信用评级是保障国家经济金融健康运行的重要组成部分。商业承兑汇票信用评级就是对商业汇票付款人的如期兑付能力和兑付意愿的综合评价，是金融机构获取企业经营状况和信用的快捷方式。要推进票据商业信用的发展，打通企业间资金流通的渠道，一方面，可以建立定期公布商业承兑汇票优先发展企业“白名单”制度，另一方面，可以通过建立“黑名单”制度，实行商业承兑票据市场退出机制。加快研究小微企业票据信用评级，建立统一的小微企业票据信用评级体系，设置科学的评级标准，对票据相关企业信用情况进行标准化评价，建设票据业务发展的良好生态环境，不仅有利于推动商业承兑汇票的流通使用，而且有利于控制信用风险，推动票据市场稳定健康发展。

（四）共享票据平台信息，侧重实体企业融资

利用票交所的系统功能，归集共享企业开票、承兑、背书、贴现、逾期兑付等数据，提升票据全生命周期的信息透明度，提供企业关于票据业务相关数据查询，帮助金融机构甄别具有真实贸易背景的票据和融资性票据，掌握企业真实的票据资产负债情况，有的放矢地帮助具有实际生产经营需求的实体企业，同时，提高金融机构的风险识别能力，有效控制金融机构票据业务的各类风险。

（五）完善票据配套措施，统一票据业务标准

随着票据电子化程度的提升和标准化票据产品的出现，票据离标准化资产的目标已经越来越近，但是与票据相关的政策法规及标准尚未明确。比如《票据法》与

票交所主协议部分条款之间相抵触，让金融机构仍旧对票据权利存在疑惑，在办理票据业务时存在一定的风险隐患；在票据业务上缺乏统一的规范化标准化的指导意见，使不同区域的金融机构执行不同的操作标准，比如对于转贴现卖断票据是否计提风险资产，再贴现票源的筛选标准，再贴现业务到期是否可以续作等问题，各地金融机构没有形成统一的标准，造成金融机构很难有效地形成合力开展票据业务服务实体经济。所以，笔者呼吁促进实施全国统一的票据业务流程和规定，更新票据相关的法律法规，将票据风险资产计提、票据权利、业务流程等上升到法律层次，让金融机构办理票据业务具备统一明确的法律依据，减少制度摩擦成本。

供稿单位：徽商银行

执 笔 人：涂俊俊　周　方

第四部分

CHAPTER 4

票据市场风险防控

票据市场
风险新特点及防控机制建设

票交所成立以来，传统票据市场风险得到了有效防控。然而，随着票据市场步入新时代，风险也出现了一些新变化和特点，防风险仍是票据市场的重要任务。健全的票据市场风险防范机制需要发挥市场参与者、基础设施、管理部门的合力，构筑立体风险防控网络，各司其职做好风险管控。

一、票据市场风险呈现新变化

2016年，针对当时票据市场由于纸质票据的操作风险、道德风险等集中暴露引发的系列案件，人民银行根据国务院的决策部署，以基础设施建设为突破口加强风险防控。三年来，票交所以电子化系统为依托，通过规则重构、流程再造、主体扩容、产品创新、服务优化等方式，推动票据市场进入了以电子化、线上化、集中化、透明化、专业化为特点的新时代。票交所成立以来，过去长期困扰票据市场的纸票伪造变造风险、违规交易风险、票据流转与资金划付脱节风险等得到了有效防控。然而，在市场经济条件下，风险是客观存在的，防风险是金融市场永恒的主题。步入新时代后，需要密切关注票据市场风险的新变化和新特点。

（一）票据承兑环节信用风险有所显现

近年来，财务公司承兑票据发生多起到期未兑付事件。如宝塔石化财务公司大量开展票据承兑业务，数量远超其兑付能力，导致票据到期无法兑付。部分金融机构票据承兑余额占总资产的比例偏高的现象也需要引起关注。

（二）票据市场步入电子化时代后操作风险依然存在

一是伪假电票风险。例如，有电子商业汇票出票人、承兑人、背书人、保证人等票据行为人记载为“××银行”，而实际为企业。又如，不法分子冒用其他企业身份开户并办理商业承兑汇票业务。二是系统功能或制度被恶意利用引发风险。如ECDS可通过线下方式清算，有的承兑人在线上签收票据后，线下不及时付款，导致持票人未能及时收到款项。

（三）票据市场价格波动更趋常态化，影响因素更趋复杂

一是票据作为货币市场的工具之一，价格受到资金面影响。在新的交易机制下，票据价格波动更加随行就市，与其他货币市场工具的关联性更强。如自2018年第二季度以来，受市场资金面影响，票据市场利率单边下行。二是票据市场参与者的结构变化影响交易价格。一方面，目前市场参与者仍以银行为主，风险偏好和风险研判趋同，一些关键时点或重大事件出现时容易形成同质化交易的趋势，“羊群效应”导致票据市场的价格剧烈变化。另一方面，一些非银机构参与票据交易对票据市场活跃具有重要意义，但部分新型参与者对票据业务的规则缺乏深入研究和实践，恐加剧价格波动。

（四）票据市场监管力度不断加大，合规风险依旧突出

从银保监部门披露的2019年行政处罚情况看，票据业务依然是监管处罚的重点领域，反映出当前票据市场合规风险仍较为突出。同时，管理部门对于票据业务整体监管的力度不断加大，围绕打击票据空转套利、承兑信用风险、承兑保证金等方面出台了多项监管制度。如银保监会2019年5月印发《关于开展“巩固治乱象成果　促进合规建设”工作的通知》（银保监发〔2019〕23号），严查贸易背

景尽职调查不到位、以利率倒挂等形式办理贴现等问题；7月印发《关于进一步加强企业集团财务公司票据业务监管的通知》（银保监办发〔2019〕133号），要求财务公司严格审查票据贸易背景，合理确定承兑业务规模，加强承兑保证金管理；10月印发《关于进一步规范商业银行结构性存款业务的通知》（银保监办发〔2019〕204号），进一步遏制结构性存款与票据的空转套利，引导资金流向实体经济。

（五）票据在企业间背书流转存在管理真空，潜藏风险隐患

票交所将贴现后票据改造为标准化的货币市场工具后，贴现后票据市场更加公开透明。而贴现前票据主要在企业间流转，部分民间中介参与其中谋利。但由于缺乏行业监管，多数票据中介内控意识较弱，如果相关人员违规占用票据资金进行高风险投资，到期无法履行兑付责任，恐会引起市场风险。此外，11月14日最高人民法院发布《关于印发〈全国法院民商事审判工作会议纪要〉的通知》（法〔2019〕254号）认定，民间贴现行为无效，不具有法定资质的当事人以“贴现”为业行为涉嫌犯罪。根据上述规定，民间中介作为背书人深度参与企业间背书转让，还将面临法律风险。

（六）票据市场部分负面事件导致的声誉风险或影响票据市场创新发展

2019年初，票据贴现利率与结构性存款利率短暂倒挂的现象引发了各界对企业是否通过票据贴现进行套利的讨论。一些外部观点抓住个别违规现象对票据进行抨击。声誉风险发生的一部分原因是部分参与者违规操作，但一些过度或放大事实的负面评价，给市场创新发展带来不利影响。

二、票据市场风险的原因分析

票据市场风险发生新的变化具有多方面的原因：既与经济结构调整过程中各种矛盾和风险显现有关，又与参与者内控机制不完善有关，还与相关制度缺乏统筹有关。

（一）从宏观层面看，票据市场风险暴露与宏观经济下行周期有关

2019年，世界经济增长持续放缓，国内经济下行压力加大，经济结构调整过程中潜藏的各种矛盾和风险易波及金融领域。从信贷市场看，我国商业银行不良率自2018年下半年开始一直维持在1.8%以上，2019年第四季度末不良率为1.86%，几乎是2009年第一季度末以来的最高峰。因此，在整体宏观环境尚未明显改善的情况下，票据市场风险上升具有必然性，是经济下行周期实体经济风险释放的自然反应。

（二）从微观层面看，部分市场参与者内部控制和风险管理能力不足是风险暴露的直接原因

微观主体依法合规参与业务是风险防控的第一道防线，否则再多的外部约束也会形同虚设。自票交所成立以来，票据市场生态环境发生深刻变化，但仍有部分市场参与者的内控管理没有明显改善，还有部分市场参与者在从传统模式向电子化模式转型过程中，对新的业务模式未做好充分准备，对新的市场环境缺乏应对预案，极易引发经营风险。金融机构票据业务内控尚不完善主要体现在：一是风险管控不到位。部分参与者的授信管理等内部制度存在明显缺陷，致使过量承兑、担保不落实等不规范问题时有发生。同时，部分参与者对当前市场风险的新变化既缺乏认真研判，又缺乏应对预案，应对更加复杂情形下的信用风险、利率风险、流动性风险经验不足。二是系统建设不到位。票交所成立后，系统陆续上线和完善，金融机构面临系统升迁、升级、改造等系统建设压力，但一些金融机构在从线下交易走向线上交易的过程中，开发系统投入资源不足，导致系统建设滞后。三是人员培训不到位。部分参与机构相关人员对票交所时代新的业务模式不熟悉，对系统操作规程不了解，导致在业务开展过程中误操作。

（三）从治理层面看，制度建设缺乏统筹导致监管真空和监管套利

《票据交易管理办法》对票据转贴现市场进行了改革和规范，然而转贴现前的签发、承兑、企业间背书、贴现等多个环节仍按20世纪90年代发布的制度执行，这导致票据全生命周期的相关制度缺乏系统性和整体性安排。在实践中，票据业务仍然存在管理政策不一致等问题。如发布于转轨初期的票据基本制度强调票据在签

发、取得和转让的各个环节均需审查真实贸易背景，然而票交所成立后相关政策简化了对贴现环节的贸易背景审查的要求，导致参与者无所适从。又如，对于票据承兑授信和保证金的管理政策缺乏统筹考虑，部分金融机构通过大量表外承兑吸收保证金增加存款，流动性风险堪忧。

三、构建票据市场风险管理立体防控网

引发票据市场风险的因素非常复杂，既有周期性因素，也有阶段性因素，还有内部和外部的治理因素。这些因素相互交织叠加，增加了风险管理的难度。健全的票据市场风险防范机制需要发挥市场参与者、基础设施、管理部门的合力，构筑立体风险防控网络，各司其职做好风险管控。

（一）市场参与者要加强内控，筑牢风险防控第一道防线

在信用风险方面，市场参与者要综合运用准入、授信、限额、监测、提示等手段，强化信用风险管控。在操作风险方面，要加强内控管理，强化企业账户开户审核，借助多种途径明确法定代表人身份；对企业相关情况进行实地调查的基础上，审慎开通电子商票承兑等业务权限；夯实系统建设，针对票据业务的新模式加强系统开发和运营能力；强化电票业务存续期管理，做好业务审核、信息核对、风险监测等后续管理工作。在市场风险方面，要积极提升市场风险研判能力，提高精细化管理的要求。在合规风险方面，市场机构要加强内部管理，提升票据业务的合规性和合法性。在声誉风险方面，应积极加强对票据市场的正面宣传，营造票据市场积极向上的市场氛围。

（二）票交所作为票据市场基础设施，要发挥好票据市场“风险防控中心”的功能作用

一是紧扣市场成员的需求，夯实票交所核心职能的系统建设，推动系统功能的完善和优化升级。二是健全票据市场风险监测指标体系，构建风险识别、分析、评估和应对机制；提高风险预警水平，强化监测结果运用，维护市场运行秩序。三是

探索建立商业汇票信息披露制度安排，通过市场化约束机制，推动商业信用体系建设，促进票据市场信用风险防范。四是提供票据市场数据产品，发布参考利率、收益率曲线、票据指数、估值等数据产品，为市场参与者从数量和价格角度跟踪市场变化、预测市场资金面变化提供依据。五是推动丰富市场化的风险管理工具，在风险可控的前提下，探索远期、互换等利率、信用衍生品，满足参与者通过衍生品对冲风险的需求。六是加强市场参与者培育和教育，推动行业自律，积极引导市场参与者转型。

（三）票据市场管理部门应加强顶层设计，完善票据市场治理体系

一是进一步明确票据市场发展定位，弥补制度缺陷，充分发挥票据的支付、融资、投资、交易等多种作用。二是强化对票据业务的管理，在业务准入、承兑限额、账户管理等方面进行严格控制，进一步明确票据资管、票据资产证券化、标准化票据等相关业务的管理要求。三是推动票据市场监管协调，促成统一共识，共同防范票据市场风险，为票据市场长期持续发展创造条件。四是适应当前市场主体的契约意识、信用意识、风险意识逐步增强，商业信用逐步发展的时代背景，推动《票据法》等相关法律法规的修订完善，同时，适应票据市场进入电子化时代，明确电子票据的法律地位。

供稿单位：上海票据交易所

执 笔 人：汤莹玮　吴小蒙

票据市场操作风险防范

票交所成立之后，通过制定统一的业务规则和搭建统一的票据交易平台，极大地提升了票据业务电子化水平和票据市场透明度，票据市场发生了根本性的变化。票据案件发生率显著下降，基本杜绝了传统纸票存在的变造克隆、一票多用以及清单买卖等风险。但是在新形势下，票据业务风险特别是电票的操作风险也逐步显现。电子化条件下的票据流转加快、牵涉面也更为广泛，需要票据市场参与者进一步强化票据风险意识，完善票据操作流程，同时票交所也应充分发挥票据市场基础设施职能作用，积极支持和配合市场参与者共同防范票据操作风险。

一、近期暴露的票据市场操作风险点

（一）伪假票据风险

2019年以来，伪假票据风险事件时有发生，其表现形式主要有：一是部分金融机构内部系统未对票据行为人的账号和户名的一致性进行有效校验和控制，票据行为人在系统记载的基本信息与在银行开通电票业务服务时的预留信息不符，如承兑人记载为“××银行”，或是企业名称与营业执照企业名称不一致。二是部分金融机构在办理企业开户时对客户信息审核不严、对企业客户开通电票业务权限管理不严，不法分子冒用其他企业身份开立银行账户并通过虚假账户办理票据业务。

（二）线下清算风险

个别承兑人或被追索人在收到线下清算方式的提示付款申请或追索通知后，在线下尚未实际支付票款的情况下恶意对提示付款或追索作出同意应答，增加了票据权利人行使追索权的难度。同时部分承兑人线下支付票款后未在系统中进行应答操作，也造成对票据实际兑付情况监测和统计的失真。

（三）业务代理风险

业务代理模式需要接入机构加强内部风控，如风控不到位，可能出现管理漏洞。一是被代理机构的身份真实性审核问题；二是被代理机构身份多重性问题，在被监管机构取消、作为直接参与者的开票功能关闭的情况下，被代理机构仍可能通过业务代理方式继续开票。

（四）提示付款环节风险

一方面，部分承兑人对收到通过电票系统发起的提示付款申请怠于应答或拖延支付，严重影响了持票人正常行使权利，造成了持票人既不能行使付款请求权也不能行使追索权的不利情况。另一方面，部分持票人未及时在提示付款期内发起提示付款，也会影响其票据权利的行使和票据结算效率。

（五）贴现环节风险

部分金融机构利用票据贴现市场信息不透明的特点，规避信贷管理和资本管理；同时，部分金融机构在接收跨行贴现时，要求必须在本机构开立存款账户，并设置了其他本行贴现条件以外的额外附加要求。这些要求影响了企业票据贴现的选择范围，间接增加了票据贴现的难度和成本，也给了民间中介租借账户可乘之机。

（六）系统运行风险

近年来，票据承兑、背书转让和贴现业务增长迅猛，票面金额小额化、票据载体电票化趋势明显，使系统报文处理量不断攀高，安全稳定运行压力剧增。部分接入机构面临系统老旧和处理性能不足等问题，难以承载持续增长的电票业务量，可能发生系统运行不通畅问题，影响票据业务开展。

二、完善票据市场操作风险防控措施

（一）增强金融机构票据内控管理

1. 强化票据行为人基本信息审核。基于“谁开户，谁负责”的原则，各家金融机构应当切实承担对在本机构开户的票据行为人基本信息的审核责任。一是针对信息虚假记载问题，进一步优化内部系统，确保内部系统对票据行为人账号户名一致性进行有效校验和控制。二是针对开立虚假账户问题，进一步强化对企业电票账户的开户审核，并且加强全流程风险管理，完善企业客户电子商业汇票业务权限管理机制，审慎开通电票承兑、保证等业务权限。三是发现伪假票据情况，应立即采取相关措施防止票据继续流转，快速稳妥处置相关风险。

2. 完善票据业务操作流程管理。一是针对线下清算风险，已开通线上清算功能的金融机构原则上都应采取线上清算方式，未开通线上清算功能的金融机构可以向票交所申请开通电票业务线上清算功能，防范票据行为和实际资金交割不同步的风险。二是针对业务代理风险，代理机构应加强对被代理机构的资质管理和日常管理，存在可疑情形的应停止提供业务代理服务，对已直连接入的应停止提供新增电票业务代理服务。三是针对提示付款风险，承兑人应严格遵守票据结算纪律，在收到提示付款请求后及时进行付款；持票人应及时在提示付款期内发起提示付款，保障自身权益。四是针对贴现环节风险，应在对企业客户的尽职调查基础上，切实简化贴现业务手续，提高贴现业务办理效率，消除票据流转障碍。

3. 提升系统业务接入处理性能。各家金融机构应当高度重视系统建设和系统运行管理，通过更新优化内部系统、优化处理效率、强化灾备处理等措施进一步提升业务接入处理能力，同时做好系统运行监测，应对日益增长的票据业务服务和管理需求，确保系统安全稳定运行。

（二）加强票据市场基础设施建设

票交所的成立使票据市场具备了向现代金融市场方向发展的条件，应当更大程度地发挥票交所作为票据市场基础设施的功能作用，搭建更加完善的票据业务平台，提高市场运行效率和透明度，积极支持和配合票据市场参与者共同防范票据风险。

1.统筹推进系统融合建设，进一步优化电票业务功能。在统筹整体系统建设框架下推进系统融合建设，进一步优化系统功能，消除不适应当前票据市场发展的系统风险隐患。一是提供企业自愿主动管理电票账户服务，防范不法分子冒用虚假账户办理电票业务风险。二是在提示付款和追索进入清算流程后，统一采取线上清算方式，由系统自动将票面金额由承兑人开户行资金账户划转至票据权利人资金账户。三是从根本上解决业务代理模式可能引起的风险隐患，开发贴现及贴现前电票业务客户端功能，形成直连和客户端并存的接入方式。四是统一未贴现电票和已贴现电票的提示付款业务规则，对于未贴现电票的提示付款，均采取自动发起、限期自动应答方式处理，最大限度保障持票人的合法权益。五是通过升级系统架构、拓展系统容量、实现多节点并行及灾备处理等措施进一步提升系统业务处理能力和连续运行能力。

2.强化风险监测分析，建立信息披露机制。一是依托作为票据数据中心的资源优势，搭建票据市场风险监测体系，研究设立风险监测指标，对系统记载的企业信息、票据业务行为、异常行为表现等进行监测跟踪，并重点对承兑和兑付等情况进行统计监测。二是积极推进票据信息披露平台建设，约束票据行为人主观恶意行为，提升票据市场信息透明度，维护票据市场当事人合法权益。

供稿单位：上海票据交易所

执 笔 人：倪宏侃　王静美

票据业务典型案例暴露的风险及启示

票交所成立以来，票据电子化水平显著提升，市场风险明显下降。但不容忽视的是，票据纠纷案件仍时有发生，票据市场风险呈现新的特点。本文对近年来金融机构票据业务典型案例予以梳理，按照承兑、贴现、质押、转贴现、付款、提供电票业务服务等环节进行分类，并提出风险防范建议。

一、承兑环节

（一）过度承兑

个别金融机构超出自身风险承受能力办理承兑业务，大量票据到期无力兑付，造成恶劣社会影响。有的机构还因违规过度承兑，相关责任人涉嫌票据诈骗罪和违规出具金融票证罪被采取强制措施。

（二）承兑业务发生垫款

金融机构承兑票据后，即承担无条件付款责任。承兑保证金若存在敞口，则承兑行可能形成垫款风险。有的承兑行虽要求出票人提供各种增信措施，但事后发现保证人涉假、担保品不足值、质押票据无法兑付，甚至发生质押动产被哄抢等情况，造成承兑业务损失。

（三）贸易背景审查不严

有的企业通过提供虚假购销合同或发票等方式，虚构贸易背景申请承兑进行票据融资，甚至通过自开自贴、滚动开票的方式不断套取银行信用和资金。监管部门反复强调严格审查承兑贸易背景真实性，但仍有承兑行疏于审查，甚至在明知没有贸易背景的情况下办理业务，该问题已成为监管处罚的重灾区。

（四）有权机关冻结

实践中，公检法等有权机关要求承兑行采取的冻结措施主要分两种：一是冻结票据保证金，二是冻结票据款项。上述冻结措施将排除承兑行优先受偿权，或阻碍其正常履行付款义务，并可能引起承兑行与持票人的纠纷。建议承兑行全面学习有权机关冻结有关规定，对于违规办案错误冻结的行为，依法积极予以维权，争取尽早解除冻结。

二、贴现环节

（一）合谋伪造贴现申请资料

个别银行办理贴现业务流行“包装文化”，为达到形式上的合规，与客户合谋伪造业务资料。《全国法院民商事审判工作会议纪要》（法〔2019〕254号，以下简称《会议纪要》）颁布后，法院将据此认定贴现行不享有票据权利，建议贴现机构予以高度重视。

（二）与“票据中介”合作

根据有关监管要求，银行不得与非法“票据中介”“资金掮客”开展业务合作，不得开展以“票据中介”“资金掮客”为买方或卖方的票据交易。同时根据《会议纪要》，民间票据“贴现”行为无效，甚至以“贴现”为业的涉嫌刑事犯罪。因此，贴现行违规与“票据中介”合作交易，将面临较大合规风险和法律风险。

（三）追索条款修改不规范

个别银行与客户签订的贴现合同中，划掉了追索条款，双方均在修改处盖章确认。该票据到期后无法兑付，关于贴现行是否仍享有追索权发生争议。最高人民法院认为，划去有关追索权的内容并不等同于放弃权利，而应理解为合同双方未对追索权予以约定，贴现行可以依据《票据法》行使追索权。

（四）贴现资金监控不到位

有的贴现客户将贴现资金直接回流至出票人账户，并继续滚动开票套利。多家贴现行因对贴现资金监控不到位而受到监管部门处罚。

三、质押环节

部分商业银行在办理电票质押授信业务时，由于制度、系统和人员方面的缺陷，产生一些风险。

（一）质押票据涉假

不法分子故意将电子商业承兑汇票承兑人填写为“××银行”，并向金融机构申请票据质押贷款。有银行误认为承兑人是“银行”就可以当成银行承兑汇票，在接收上述票据质押后发放贷款，形成部分损失。

（二）质押票据未纳入统一授信管理

个别银行仅对贴现业务承兑人进行授信额度控制，未对票据质押贷款业务承兑人进行限额管理，在大量办理票据作为担保品的授信业务后，因质押票据出现信用风险而形成不良贷款。

（三）未及时解除质押

关于ECDS电票质押解除日期，《电子商业汇票业务处理手续》规定，“质押申请日期≤质押解除日期<票据到期日”。个别金融机构不了解上述业务规则，办理

电子商业承兑汇票质押融资业务后，在票据到期前未及时解除票据质押，同时质押票据也发生信用风险，导致该金融机构既无法向出质人返还票据，也无法通过提示付款取得票据款项，甚至引起与出质企业的法律纠纷。

四、转贴现环节

（一）交易票据涉假

票交所成立之前，商业银行办理电票转贴现业务一般逐笔签署转贴现合同，而各行采用的合同版本大多未对出现伪假票据如何处理作出约定。个别机构转贴现买入电子商业汇票，并与卖出行签署转贴现合同后发现，交易票据实为不法分子冒用承兑银行名义开立同业账户并通过代理接入方式“承兑”的伪假票据。买入行主张卖出行应按照转贴现合同追索相关条款，支付票据本金和每日万分之五的逾期利息。最高人民法院认为，票据涉假情形是“双方当事人在订立转贴现合同时完全无法预见因而未曾事先做出约定的”，并从合理平衡双方利益出发，判决卖出行支付票款本金，并按照人民银行存款利率支付迟延利息。

（二）《票据交易主协议》之外另行签订转贴现合同

票交所成立后，组织制定了《票据交易主协议》，明确约定持票人放弃对转贴现行的追索权。个别已签署主协议的金融机构在票交所办理转贴现业务时，仍私下签订转贴现合同，约定买入方对卖出方（转贴现行）享有追索权。交易双方签订的转贴现合同与《票据交易主协议》关于追索权的约定相悖，造成转贴现法律关系混乱，一旦票据不能兑付，极易形成法律纠纷。

（三）票据信用风险

随着经济下行压力加大，票据信用风险有所抬头。持票行在承兑人拒付后虽可向贴现行进行追索，但实践中有的贴现行同时为承兑人，有的贴现行过度贴现风险票据，造成无力承担票据追索责任。

五、付款环节

根据ECDS业务规则，承兑行在票据到期收到提示付款申请后，应当及时付款或拒付。实践中，个别承兑行无力兑付票款，又不按规定作出拒付操作，甚至恶意签收票据，造成大量诉讼纠纷。

（一）怠于应答提示付款申请

个别银行承兑汇票承兑人对于ECDS到期提示付款票据，既不付款又不作拒付应答，造成持票人既不能获得票据款项，又不能取得拒付相关证明而难以向前手追索，随着时间推移还面临丧失票据权利的风险。

（二）签收票据却不付款

《电子商业汇票业务处理手续》规定："承兑人签收线下清算方式提示付款的，还须在签收当日将票款划至持票人或按约定支付票款。"个别承兑机构违反ECDS支付结算纪律，签收提示付款申请后长期不予付款，造成原持票人既不能获得票据款项，又因丧失票据占有而无法行使追索权。

六、提供电票业务服务

ECDS接入机构为企业提供电票业务服务，应当按照人民银行有关要求加强客户身份真实性审核，完善系统功能和内部审核流程，切实防范票据风险。否则，不法分子可能利用接入服务漏洞进行不法活动，给票据市场带来极大风险。

（一）企业身份涉假

2019年以来，多家国企相继发布公告，声称有人冒用其身份开设银行账户并使用该账户开具虚假电子商业承兑汇票，并表示不对该账户和相关电子票据承担责任。若接入机构确实存在开户审核不严的情形，有可能要承担相应法律责任。

（二）企业信息涉假

个别企业正常开户并开通电票业务后，在作出承兑或保证行为时，故意将自身名称填写为银行名称或大企业的名称，造成电子商业汇票票面信息不准确，严重扰乱票据市场秩序。接入机构未对客户信息真实性进行校验是形成此类案件的重要原因。建议接入机构严格落实信息审核有关规定，确保内部系统在收到出票、提示承兑、提示收票、转让背书和保证申请时，对出票人、承兑人、收款人、被背书人、保证人的账号户名一致性进行有效校验和控制，如发现信息与实际不符，应予以驳回。

（三）电票功能存在瑕疵

接入机构为企业提供电票业务服务时，若发生系统故障造成客户无法正常办理电票业务、未充分提示“不可转让”标识导致客户误操作相关票据、系统展示信息与电子商业汇票系统信息不符等情形，均可能给企业造成损失，也使接入机构面临法律风险。

七、其他

（一）名为票据活动，实为借贷

个别银行与企业商议通过商业承兑汇票贴现方式提供融资，具体由融资企业开具商业承兑汇票，并由票据收款人向银行申请贴现，收款人收到贴现款项后再转交给融资企业。银行贴现过程中明知涉案票据没有真实贸易背景。涉案商票到期无法兑付，关于贴现行能否向票据收款人追索产生争议。最高人民法院认为，案涉票据活动是各方通谋虚伪行为，所涉相关民事行为应属无效，银行与出票人在本案中的真实意思表示是借款，应按虚假意思表示所隐藏的真实法律关系处理，并判决银行依法不享有票据权利，票据收款人不应承担票据责任。

（二）电票代持问题

实践中存在电票代持情况，即在票据文义记载的当事人之外，直接前后手与第三方另行达成协议，约定票载权利人仅是代理第三方接受票据背书，第三方才是实质权利人。票据一旦不能兑付，关于第三方能否行使追索权存在较大争议。有观点认为应当坚持票据文义性，不允许票据文义之外当事人行使票据权利。也有观点认为应当尊重当事人意思自治，支持实质权利人行使票据权利。上海金融法院在审理一起票据ABS案件中持前者观点①。该院认为电子票据代理应适用严格的显名主义。代理人除在电子商业汇票系统中签章外，还应在系统中载明代理关系以及被代理人。电子商业汇票系统中未记载代理事项的，无论相对人是否知晓代理关系，被代理人均不能依据票据之外的约定事项取得票据权利。

八、风险防范建议

从前述案例来看，风险防范是票据业务永恒的主题。金融机构应正确处理业务发展与风险防控的关系，增强风险敏感性和遵章守纪意识，采取有效措施防范票据业务风险。

（一）深入研究业务制度

建议各金融机构系统学习票据法律法规、监管文件及票交所业务规则等制度，避免因不了解票据业务和法律知识而造成风险。具体建议关注以下方面：一是学习电票风险处置知识。电子商业汇票产生风险后，处理不当可能造成丧失追索权等严重后果。因此，有必要了解电票权利时效、提示付款、追索流程、冻结等业务知识，及时高效采取保全措施。二是研究《会议纪要》的影响。2019年11月，最高人民法院印发《会议纪要》，将对票据市场产生深远影响。建议高度重视“合谋伪造贴现申请材料的后果”“民间贴现行为的效力”等票据业务相关内容，对客户经理等高危人群进行排查教育，杜绝发生类似事件。三是新型参与主体加强学习。随着票据交易主体多元化，民营银行及非银机构为票据市场注入新鲜血液。但不容忽视

①详见：孙倩：《电子票据代理应适用严格显名主义——原告甲证券公司与被告乙保理公司、第三人丙银行票据追索权纠纷案》，上海金融法院微信公众号，2019年7月12日。

的是，部分新型参与者票据业务水平相对薄弱，发生风险可能性较大，为防止付出高昂“学费”，更有必要加强票据业务制度学习。

（二）完善票据系统功能

金融机构各项票据业务高度依赖信息系统，因此应高度重视系统建设，充分运用系统防控风险。一是加强系统刚性控制。为避免制度执行不到位引起的操作风险，建议将授信限额管理、风险票据识别等风险管理要求全部嵌入业务系统，确保所有业务操作受到系统刚性制约。二是及时弥补系统漏洞。金融机构信息系统若存在漏洞，就有可能成为不法分子“围猎”的对象。建议严格落实监管部门关于完善系统功能的各项要求，加强信息校验控制，提高系统设计的科学性。同时密切监测票据市场风险，对各类系统漏洞早发现、早预警、早处理。三是保障系统安全稳定运行。ECDS接入机构提供电票业务服务出现瑕疵，势必影响企业正常办理电票业务，随着企业维权意识增强，接入机构也面临法律风险。

（三）稳妥开展票据创新

监管部门按照“实质大于形式”的原则，对金融创新产品实施“穿透式监管”。而司法机关审判政策也一脉相承，最高人民法院《关于进一步加强金融审判工作的若干意见》（法发〔2017〕22号）规定“对以金融创新为名掩盖金融风险、规避金融监管、进行制度套利的金融违规行为，要求以其实际构成的法律关系确定其效力和各方的权利义务”。建议票据业务创新坚持以服务实体经济为导向，不搞规避监管的“伪创新”，同时坚持底线思维，全面分析司法裁判思路，做好涉诉应对预案。

供稿单位：上海票据交易所
执 笔 人：李　麟　朱　颖

合规经营铸底线
数字转型防风险

2019年，随着票据市场的不断发展，票据产品服务实体经济，特别是服务中小微和民营企业的作用日益凸显，意味着票据业务风险系数有所增加，虽总体可控，但会随着服务客群的结构调整发生变化。票据业务的合规风险防控也受信用风险上升、市场风险显现、操作风险隐蔽的影响，防范化解重大金融风险攻坚战的任务依然艰巨。浦发银行一贯坚持风险合规底线经营理念，审慎开展票据业务，并结合数字化转型发展的契机，制定风险防控新举措。

一、合规风险依旧严峻，审慎经营铸牢底线

票据市场面临政策环境持续偏紧的挑战，本文梳理2019年票据相关的主要政策制度如下：

（一）2019年主要政策制度

1.《中共中央　国务院关于加强金融服务民营企业的若干意见》和《中共中央　国务院关于营造更好发展环境支持民营企业改革发展的意见》，明确票据支持民营企业的要求。

2. 国家发展改革委等15部门联合印发《关于推动先进制造业和现代服务业深度融合发展的实施意见》（发改产业〔2019〕1762号），明确票据支持特定行业的要求。

3.《中国银保监会办公厅关于进一步加强企业集团财务公司票据业务监管的通知》（银保监办发〔2019〕133号）明确对财务公司票据业务的要求。

4. 北京银保监局印发《关于规范银行业金融机构票据业务的监管意见》（京银保监发〔2019〕248号），明确辖内票据业务监管要求。

（二）合规风险防控措施

浦发银行紧跟监管要求，修订落实票据各项业务制度，规范贸易背景审核，严格管控票据资金流向，审慎经营异地票据，提升业务流程效率，更好服务实体经济。

1. 建议票交所积极推动和配合人民银行、银保监会等管理部门进行票据市场顶层设计，完善票据市场基础制度体系。

2. 建议监管机构增进协调沟通，形成监管制度全国一盘棋；降低机构间、跨市场的监管套利现象，清晰监管解释，统一监管要求，明确处罚标准。

3. 建议中国票据研究中心对票据市场的重点、热点和难点问题开展研究，不断提升理论研究的深度和影响力，为政策制度制定提供更为扎实的理论基础。

4. 商业银行推进票据业务在支付结算和融资服务方面更好服务实体经济，优化贴现业务流程，提高贴现融资效率，及时办理再贴现，降低小微、民营企业融资成本。

5. 商业银行严格执行监管要求，以制度执行为准绳，以系统管控为抓手，落实事前、事中、事后的审查要求，审慎办理异地企业票据业务，规范贸易背景审查，合理确定承兑业务规模，加强承兑保证金管理和票据业务资金流向审核。

二、信用风险有所上升，信息披露机制仍需完善

2019年全球经济转型调整，实体经济增速下滑，局部地缘政治风险加剧。虽然

全球货币政策转向宽松，但有效需求仍难以提升。在内外部压力较大的环境下，少数金融机构资产质量下降显著，区域性风险逐步暴露，发生了包商银行等信用风险事件，引起了票据市场的广泛关注和警觉。

（一）包商银行接管事件

前期票据市场出现个别中小金融机构过度承担信用风险，超出自身风险承受能力办理票据承兑业务，导致部分票据最终未能按期兑付。但因主要涉及财务公司等非存款类金融机构，且涉险机构仅有3年左右票据业务开展经历，故票据市场反应理性，运行平稳。2019年5月，包商银行因出现严重信用风险，被人民银行和银保监会依法联合接管，对票据市场造成不小的冲击。5月31日包商银行托管组和上海票据交易所发布包商银行承兑汇票保障安排的通知，各参与机构相应调整承兑、贴现和交易等业务策略，迅速反映在市场上。随着包商银行接管托管工作的推进，票交所加强会员机构的联系沟通，传达相关政策要求，及时公布票据处置情况，便于涉险机构及时了解并采取相应的风险处置措施，有效维护了票据市场的稳定。

（二）信用风险防控措施

包商银行被接管后，票据业务兑付工作有序开展，验证了存保机构风险化解能力的有效性，增强了票据业务参与机构的市场信心，也提高了它们对信用风险的认识。本文对主要的信用风险防控措施梳理如下：

1. 关注出票企业状况，避免信用风险蔓延。票据作为支付结算工具，其兑付款项的支付依赖于出票企业的信用水平和还款意愿。为避免出票企业风险通过信用扩张蔓延至金融行业，承兑银行应重点调查出票企业行业特征和经营情况，既要对银承敞口开票提高警惕，也要关注基于保证金等抵（质）押品的出票行为。

2. 增强内控管理，健全信息披露机制。信用风险的防范和化解，依赖于承兑机构经营情况和内部管理的改善，其防控措施重在信息披露机制的建立健全。承兑机构内控管理不到位、经营不善，是影响票据到期兑付的直接原因，加强商业银行内部控制将是治本关键。

当前票交所既有按日发布的收益率曲线和统计日报，又有按月发布的运行情况分析和统计月报。建议以市场信息为基础，健全市场参与机构票据数据披露机制，定期发布承贴余额、票据相关保证金等业务信息，助力承兑主体评级体系的搭建。

3. 建立信用评级体系，做好客户分层分类。银行业金融机构的风险主要有隐蔽性、破坏性、传导性等特点，受制于信息披露尚不健全、风险偏好水平不同等因素，各银行的经营差异较大，在经济下行、去杠杆和风险暴露常态化的大背景下，风险识别与管理不宜再采用过去的粗放模式。

建议票据市场参与机构提升研究能力，对信用主体的风险状况持续跟踪，重点关注长期可持续经营能力，并评估一年内发生重大风险的概率；建立中小商业银行信用评级模型，完善同业客户分层分类机制，审慎、动态做好授信管理工作，及时了解各机构经营及信用情况，从源头提升信用风险管理能力。

三、市场风险传递加快，决策时效要求更高

2019年票据市场利率受资金、规模、政策等因素影响，波动幅度较大，下行趋势明显，长期低位运行。足年国股票据利率从2019年初的3.39%下行至2019年第四季度的2.42%，下跌接近100个基点，最低点短期利率跌破1%。

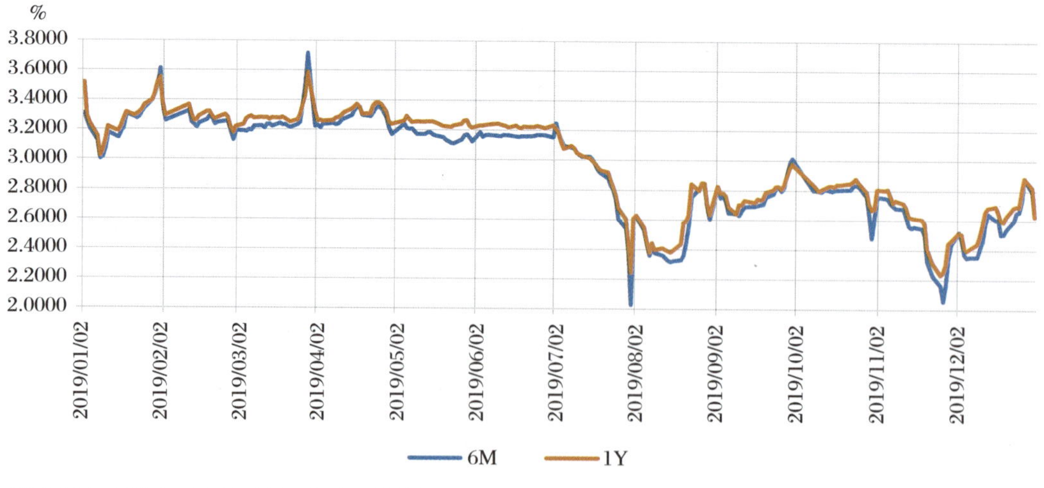

数据来源：浦发银行金融市场与金融工程研究。

图4-1　2019年票据市场利率走势（国股）

市场参与机构仍以存款类金融机构为主，风险偏好、市场研判以及经营模式趋同，票据资产配置及卖出时点趋近，商业银行同质化交易会放大市场风险，风险传递速度加快。2019年1月、3月、7月和11月，票据利率均在短期内出现显著且快速的上涨或下跌。

在票据市场利率低位运行环境下，部分机构承受较大的创利压力，利率趋势反转带来的市场风险扩大。为更好地应对市场风险，建议：（1）票据市场参与机构提升交易审批、决策时效，把握市场机会，动态调整交易策略，提升票据贴现及交易环节的流转效率；（2）加强票据市场分析和趋势性预判，建立跨市场实时监控和定期回溯机制，防范市场风险；（3）加快推出票据利率衍生产品，为市场风险对冲提供风险缓释工具；（4）关注人民银行发布的社会融资规模变化和信贷投放政策，增强信贷规模对票据利率变化的预判分析。

四、操作风险更加隐蔽，数字管控亟待完善

随着票据电子化水平的提升，票据交易环节的操作风险显著降低。2019年，票据业务的操作风险聚焦于电子商业汇票的信息真实性，主要暴露在企业间的票据承兑和背书流转环节，其风险特征更加隐蔽。

（一）操作风险主要场景

1. 部分电子商业承兑汇票存在承兑人冒用“银行”字样情形。

2. 不法分子涉嫌伪造企业资料，冒用该公司名义开立银行账户，并通过虚假银行账户冒用该公司名义签发和承兑电子商业汇票。

3. 不法分子将保证背书伪造成贴现背书，诱骗其他企业签收保证并打款。

针对上述风险情况，票交所第一时间采取措施，此类风险票据已采取撤票、提前结清或锁定等措施，限制其继续流通；相继发布《关于加强电子商业汇票信息真实性审核的通知》（票交所发〔2019〕42号）和《关于防范冒名开立电子商业承兑汇票的风险提示》（票交所发〔2019〕115号），及时向各会员单位提示风险，召开防范票据风险座谈会，优化升级系统，增加校验功能；积极排查系统，对存在类似

风险的机构进行风险提示，加强防范。

（二）操作风险防控措施

2019年票据业务操作风险暴露出电票账户开户审核、电票业务权限管理等环节的盲点和疏漏。浦发银行加快推进数字化转型，采用数字管控和制度内控等多措并举的方式，提升操作风险防控水平。

1. 强化电票账户开户审核，严格执行客户准入核查。根据《电子商业汇票业务管理办法》（中国人民银行令〔2009〕第2号）和《企业银行结算账户管理办法》（中国人民银行令〔2019〕第1号）要求，各参与机构按照“了解你的客户”原则：一是提高开户审核的责任意识和风险意识，强化对企业身份的开户审核和对企业客户的尽职调查，确保开立电票账户的企业身份及开通电子商业汇票业务意愿的真实性；二是通过信息集成，利用系统自动审核票据行为人基本信息，刚性控制确保票据行为人名称、账号、统一社会信用代码（组织机构代码）等基本信息的真实、准确和完整。

2. 审慎开通电票业务权限，加强票据存续期管理。经票交所组织排查，被冒名开立的账户基本为新开立账户，公司名称或其股东名称与央企或大型国企相似，在开立账户的同时即开通电子商业汇票业务权限并在短时间内集中签发票据。针对此类风险，具体管控措施包括：一是完善企业客户电子商业汇票业务权限管理机制，针对新开户、异地客户、境外注册企业子公司等特殊客群的业务申请，系统自动提示重点关注，以便建立相应业务的黑白名单制度；二是结合账户的开户时间、日常结算量、企业经营情况、企业信用评价情况等监测结果，预设评估参数，系统生成客户账户评分卡，审慎开通企业客户的电票承兑、保证、背书、贴现等业务权限；三是对于已开通电票业务权限的企业客户，做好系统自动预警机制，实现对票据业务的全流程持续监控与管理，第一时间发现异常业务，提示业务人员开展线下的业务审核、风险监测等后续管理工作。

3. 数字集成持续监测，客户培训宣传发声。一是电票账户开立环节，结合传统的上门核实、与法定代表人面签等线下审核方式，创新应用人脸识别系统或运用电子营业执照等多种手段核实企业身份和业务意愿。二是发挥票据数据集成红利，优化内部系统，联动工商行政管理和市场监督管理的红盾系统，在账户开立和业务签收环节，加强票据行为人的账号户名一致性校验和控制，排查相似户名，并在业务存续期内定期回溯检查。三是主动提升票据业务数据治理水平，利用大数据信息在提升客户经营与交易策略的同时，进一步挖掘非法中介、可疑账户等信息，形成良好的票据数字生态治理体系，加大人工智能、开放银行等前沿金融科技在票据业务领域的应用。四是完善公司网银对公客户操作界面，对票据种类等关键信息以醒目方式向操作人员和企业客户充分展示，提示客户仔细辨别票据种类，核实票据及行为人信息；提醒客户如发现信息填写错误的票据应拒绝接收，并将相关情况及时告知开户机构。五是定期或不定期开展线下培训和客户宣传，如企业客户对票据信息存疑，可以委托其开户行通过大额支付系统向相关票据行为人开户行核实名称与账户信息的正确性。如发现信息失真的票据，加强相关会员机构间沟通联系，共同协商处置措施，防止票据继续流转。

供稿单位：上海浦东发展银行

执 笔 人：李心宇

新形势下中小商业银行
票据业务风险管控实践探究

近年来，我国票据市场规模迅速扩大，作为直接对接实体经济和金融市场的支付结算和融资工具，商业银行通过积极发展票据业务支持和服务实体经济，在一定程度上解决了小微企业融资难、融资贵的问题。然而，在我国经济结构持续调整和转型升级的新形势下，各类风险因素交织，票据风险和违规事件时有发生，引起了监管部门、从业机构甚至社会公众的广泛关注。如何更好地塑造票交所时代在票据市场的声誉，发挥风险管控的作用，成为商业银行特别是风险管控机制相对薄弱的中小商业银行具有现实意义的重要命题。

江苏常熟农村商业银行股份有限公司（以下简称常熟农商银行）在票据业务合规经营的基础上，坚守风险底线、完善风控体系、提升管理效率，结合票据业务经营风险呈现出的新变化和新趋势，通过建立业务部门风控团队、总行风控部门和审计部门三道防线，强化流程管理和内部监督管理，有效预防风险事件的发生，探索出一条适合自身特色的全业务、全流程的风险管控方法，取得了很好的成效。

一、票据业务风险的新趋势

（一）合规风险重点突出

根据银保监会公布的处罚案例，票据业务是监管处罚的重灾区之一，尤其是贸易背景审查问题，总结来看，一是管理类，如同业户、业务专营问题；二是承兑类，如贸易背景审查等；三是贴现类，如贴现资金流向不合规等；四是交易类，如清单交易、违规代持和调节信贷规模；五是核算类，如减少资本和拨备计提等。近年来，在强监管、重处罚、严问责的监管环境下，一些合规问题逐渐减少甚至消失，但同时也出现了新的变化：一方面，票据业务新的配套法规和措施滞后于快速发展的市场，比如《票据法》久未修订、信用评级体系缺失、信息披露制度不完善等，使部分业务缺乏合规依据；另一方面，参与主体的扩容使票据行业出现多主体监管的局面，比如最高人民法院2019年11月发布的《关于印发〈全国法院民商事审判工作会议纪要〉的通知》对民间贴现行为进行明确界定和规范。

（二）操作风险总体降低

票交所成立后，纸票占比越来越低，电票已经占据票据市场主导地位，贯穿于纸票生命周期和各业务环节的常见的操作风险已基本消除；同时，票交所系统对票据签发、承兑、质押、保证、贴现、交易、结算、托收等环节实现电子化操作和系统刚性控制，极大程度上消除了票据人工操作失误和关键环节控制缺失导致的操作风险。但是，在票据市场创新和业务规则优化调整背景下，票交所系统的迭代更新，将使各商业银行不断开发、更新行内业务系统，如果系统开发、变更存在缺陷或系统之间衔接出现问题，势必产生新的操作风险。

（三）信用风险表现复杂

票据业务信用风险主要是票据到期无理拒付、延迟付款，回购交易对手违约等情况，其中银票的付款人是银行，信用风险相对较低，商票的付款人是企业，信用风险相对较高。票交所最新提示付款和追索规则明确，无论是银票还是商票，到期日应答拒绝或扣款失败，持票人可于T+1日向贴现行发起线上追索，直接扣划贴现行备付金账户，因此信用风险总体可控且有所降低。尽管如此，新时期票据业务信用风险表现形式更加复杂，特别是2019年5月某城商行事件打破银行刚兑，导致票据市场出现明显避险情绪，促使不同信用主体的信用资质差异出现分化。此外，《票据交易主协议》明确持票人需放弃对转贴交易对手追索权，需要关注的依次为承兑人、贴现行、保证增信行等信用主体，与交易对手不再相关，这些都将使信用风险表现更加复杂。

（四）利率风险逐渐增大

票据兼具资金和信贷双重属性，票据市场和货币市场、理财市场和债券市场等联动性将进一步加强，影响相互叠加，市场交易效率提升，信息高度透明，利率波动的频率和幅度变得越来越大。毫无疑问，在票交所时代，各家机构的投研能力将成为核心竞争力，不断提升风险量化管理水平和研究能力，准确研判市场走势、经营市场风险将变得尤为重要。

（五）声誉风险越发重要

声誉是商业银行多年经营积累的宝贵财富，有助于提升自身票据业务品牌的正面形象，使机构获得监管理解、客户信任和支持，强化同业间的认可度，提升市场地位。在信用分层加剧的现状之下，强化声誉风险管理意识，完善声誉风险管理体系建设，提高声誉风险防范和处置能力，能为业务发展营造良好的舆论环境，特别是对于中小商业银行，可以有效增加流动性、减少信用利差，从而降低服务客户的融资成本，对长期可持续发展有着重要的影响。

二、票据风险管控的新举措

（一）理念重塑，纳入全面风险管理

风险管控理念是企业文化的重要组成部分，它的形成是商业银行日趋成熟的表现。常熟农商银行重视风控理念的培养，坚持审慎经营原则，将票据相关业务纳入全行全面风险管理体系，将全面风险管理理念根植于每位员工的灵魂中、思想上，对业务人员进行风控培训及考核，做到理念与行动一致，由上至下将风控措施完全落实到每项业务之中。在理念宣贯方面，兼顾市场发展和监管要求，针对问题频出的票据贴现贸易背景和贴现资金回流问题，通过支行宣讲、系统管控等多措并举，

从问题出发不断为一线业务人员注入风控理念；在业务经营方面，从票源风险入手，突出服务实体经济和“支农支小”的定位，通过票据系统对接行内信贷、同业等业务系统，从多个业务环节控制“套利票”“贸易票”等套取银行信用的违法违规行为，并在交易环节严格控制授信等业务合规经营；在业务发展方面，充分识别利率波动带来的市场风险，重新平衡业务发展和风险防控，加强研判和分析，合理匡算业务规模和时点限额，控制期限错配、品种错配比例，防控流动性风险和市场风险。

（二）制度先行，业务操作有章可循

健全的制度体系可为各项业务开展提供明确标准及操作依据，为实现流程控制、合规操作提供理论基础。2017年以来，常熟农商银行全面梳理制定票据业务相关管理制度15个，修订32次，做到制度先行于业务、规程操作性强及网格化管理。

首先，业务开展的前提是具备相应的制度，即先有制度再开展业务，这是防范合规风险、操作风险的第一步。例如，2019年8月票交所正式创设标准化票据，常熟农商银行一直积极推动相关制度的建设，以便适时合规参与到标准化票据的新业务中去。

其次，管理办法和操作规程相互配套，管理办法偏向于明确职责主体、跨部门协作的问题，操作规程针对业务人员，提高制度的可操作性，明确涉及的岗位和相应的职责，覆盖票据业务开展中各个操作环节、流程、步骤等。

最后，建立网格化管理制度。经过几年的发展，常熟农商银行的票据业务制度体系，横向涵盖了纸质及电子票据品种、贴现和转贴现等各项产品及模式，纵向囊括了业务操作流程、业务审批标准、授信管理规定、系统操作要求等多维管理层面，形成了一套科学全面的网格化制度管理体系，同时对已经发布的制度结合业务的变化和发展，及时修订、完善和废止，做到制度的全生命周期管理。

（三）管理精细，动态优化关键流程

随着票据业务的快速发展，新政策、新业务、新产品、新模式、新流程不断出

现，同时也带来新的风险。常熟农商银行及时主动与监管、风险法规等主管部门沟通，理解政策的意图和执行尺度，梳理和完善票据业务操作中的风险易发环节，将部门梳理、风险合规部门检查等结合起来，动态进行优化和调整，做到票据风险全流程精细化管控。

一是细化审批模块。票据系统增设业务审批权限管理模块，不仅能控制审批金额，也能对审批时效等其他管理类要素进行精细化管理与控制。

二是动态承兑行名单制管理。建立承兑行名单制动态管理制度，严格按照名单开展票据交易，及时根据承兑行的资信情况、负面舆情信息及本行授信变动情况调整承兑行限制准入名单，不定期动态调整和发布，并同步更新至票据管理系统中。

三是客户集中度管理。动态监测票据业务单一客户集中度指标，对监测指标接近监管限额的承兑行，风控人员及时反馈限额等指标给业务人员，并在业务过程中严格控制。

四是交易留痕管理。细化票据转贴现交易留痕管理，做好转贴现业务交易台账登记，记录每日市场状况及交易情况，对交易对手洽谈业务的聊天记录截屏并留档。

五是利率偏离度管理。基于票交所公布的收益率曲线在票据系统增加票据转贴现交易利率偏离度风险预警功能，对超过限额指标的交易进行风险预警，且后台风控人员及风险部相关经办都可收到票据系统内的预警提示，以便于事中事后监督。

（四）职责分离，科学设计岗位制约

常熟农商银行在多次调整基础上逐渐形成了严格按照“前、中、后”分离原则设置票据业务相关岗位，具体的岗位设置如表4-1所示。

从表4-1可以看出，直贴业务中，前台的分支机构做好承兑、贴现市场拓展，业务发起及关系维护，但合规性审核、利率审批等操作类作业均上收至中台的总行票据业务部；转贴现业务中，前台的转贴现营销岗进行业务拓展、发起及同业关系维护，复核和风控岗则属于中台；票据审验、记账、保管等岗位则由总行运管派驻人员担任。岗位职责相互分离，前台交易、中台风控、后台清算独立运行，中台和后台对前台交易实施有效监控，风控人员要求做到源于业务、高于业务，有效前置风

表4-1 常熟农商银行票据业务岗位设置

类别	岗位名称	归属管理部门	职责
前台	客户经理岗	各分支机构	承兑、贴现市场拓展，业务发起及关系维护
	转贴现营销岗	总行票据业务部	转贴现业务市场拓展、业务发起及同业关系维护
中台	承兑审核岗	总行公司银行部	审核客户经理提交的承兑票据保证金
	贴现审核岗	总行票据业务部、各分支机构	审核贴现票据及资料的合规性
	利率审批岗	总行票据业务部	制定及发布全行票据贴现业务指导利率和内部利率；审批客户经理提交的利率调整
	转贴现复核岗	总行票据业务部	票据头寸报备；复核及审批转贴现营销岗提交的转贴现业务
	风险控制岗	总行票据业务部	审查转贴现复核岗提交的转贴现业务合规性；对各类风险进行识别、计量和监测；提出有关风险提示和控制建议
后台	票据审验岗	总行运营管理部、各分支机构	审核贴入及转入纸质票据真伪
	票据保管岗	总行运营管理部、各分支机构	保管贴入及转贴现买入的纸质票据
	业务记账岗	总行运营管理部、各分支机构	票据贴现及转贴现放款、票据发出托收、结清等资金汇划业务
	档案保管岗	总行票据业务部、各分支机构	票据业务扫描资料、上传影像、资料保管等

险管理端口，实施风险内嵌式管理。

（五）风险提示，实时监控提前预警

常熟农商银行对已知风险进行梳理、排查，通过跨部门的通力协作，对业务系统风险控制环节进行再设计、对流程进行再优化，实现风险的智能化控制。

一是实时监控类，针对额度监控、业务流程变更等，比如票据业务对接同业系统实时监控和分类管控承兑授信额度，实时扣减承兑额度、实时阻断承兑限制准入名单中的票据；对于同一日同一交易对手累计交易超过一定金额的进行实时监控，并自动按照制度将审批流发送至相关有权人。

二是风险预警类，针对可能存在一定风险的，或者非常规的一些操作业务，比如通过系统优化实现贴现资金流向监控功能，本行柜面系统已实现对票据贴现后五日内的贴现资金直接存保证金的风险提示功能；信贷系统已实现对票据贴现后五日内的贴现资金直接归还贷款的风险提示功能。转贴现业务中，清算方式为非人民银行清算账户的客户，首次交易超过或非首次交易当日累计超过一定金额时进行风险预警提示。

三是自动拦截类，针对监管关注的热点问题和处罚案例等设计，还有超权限、超限额等不符合本行风险政策的行为，比如企业贴现资金回流前手的违规问题，系统已实现对票据贴现后五日内的贴现资金直接回流至贴现申请人前手的自动拦截功能。

三、中小银行票据风险管控的新方向

目前，票据市场在大发展中面临转型，中小商业银行要主动拥抱票据市场的变化，积极参与到票据市场的大变局中，全方位提升风险管控能力，探索在新形势下风险管控与业务发展的平衡。

（一）夯实基础，设计灵活抵御内外风险的管理架构

新形势下，中小商业银行应遵循全面风险管理理念，完善制度框架，优化业务流程，不断提升风险管理能力，打造科学完善的风险管理架构。一是宏观层面上，树立牢固风险管理意识。中小商业银行“两会一层”要高度重视票据业务风险，坚守风险防控底线，坚持审慎经营理念。二是中观层面上，完善全面风险管理制度。建立健全新形势下票据风险防控体系和制度，落实风险管理措施，建立从风险识别、提示、预警到风险监测、分析、评价、化解的全面风险管理框架和全方位、全流程全面风险管理制度。三是微观层面上，持续跟踪关键业务流程风险。将防范风险始终贯穿业务开展的全过程，在票据承兑、质押、贴现、转贴现、回购、再贴现等业务中，持续跟踪评估岗位分离、授信控制、审查审批、资金管理、会计结算等风险易发领域，达到经营风险和业务发展的平衡，防患于未然。

（二）内培外引，构建具有机构特点的业务风控体系

中小商业银行需加强同业间、跨行业的交流学习，学习先进的经营机制和优秀的产品模式，缩小与先进机构的差距，避免因自身资源匮乏、信息闭塞造成风险管理理念和工具落后。要结合自身资源条件，逐步建立可持续提升的风险管理架构、产品体系及风控措施，在管理理念、市场研判能力、系统管控水平、人才储备等方面持续发力，明确自身定位，制定符合自身特点的票据业务发展目标，不盲目追求发展速度和规模扩张，平衡好业务与风险，发展具有自身特色、匹配自身能力的风控体系。

（三）科技赋能，打造基于内外数据的高效监控系统

未来是大数据的时代，在完善风控架构和体系的基础上，中小商业银行也需要敢用善用大数据风险防控技术，构建基于大数据“定性+定量”的风险监测系统，提升风控的时效性、准确性。

一是汇聚内外数据，奠定智能风控数据基础。数据风控的基础是具备有效的基础数据，目前数据主要来源于票据业务系统和信贷、同业等多个直接或间接关联业务系统，票交所发布的市场交易数据、研究报告等，地方行政部门公开的公安、检察、法院、工商、民政等数据，甚至第三方合作机构风险监控数据库等，整合以上数据形成数据中心或者数据仓库，可为大数据风控的应用奠定必备基础。

二是梳理风控要点，系统参数刚控关键节点流程。中小商业银行结合自身风险偏好，通过票据部门与合规、风险管理、审计等部门协作，梳理票据业务开展的风险控制要点，将监管处罚、票交所规定、内部制度和日常风险管理等硬性要求在业务系统中实现刚控，将权限控制、额度占用等软性要求以参数化的形式固定到系统中去，以确保所有业务操作受系统制约，从源头上控制已知风险的再次发生。

三是构建数据模型，搭建高效智能监测感知系统。数据模型构建对于中小商业银行而言具备一定挑战性，可从三个层面构建数据分析模型：第一是从票据业务情景的角度，即从客户、机构、贴现、承兑、贷款等不同维度，运用多维数据交叉比对分析的方法构建分析模型，判断分析违规情况；第二是通过分析法规、案例等，将以往的风险识别经验具体化，构成实时监测预警的机制，构建时序、趋势等预测

性分析模型，预先判断、拦截违规风险事件；第三是结合热点风险领域，利用逻辑回归、决策树等现有的分析框架，快速搭建模型，有针对性地对热点风险领域进行预测分析，甚至感知判断出未知的舆情问题和风险事件。

供稿单位：江苏常熟农村商业银行
执 笔 人：杜江帆　朱程逸　冷　瑞

第五部分

CHAPTER 5

票据市场业务创新

“票付通”情况介绍

一、“票付通”简介

“票付通”业务是票交所基于供应链、B2B电商平台（以下简称B2B平台）业务场景向广大企业提供的线上票据支付产品，让小微和民营企业能够更加安全、高效、便捷地使用和盘活票据资产。“票付通”业务通过将票据支付嵌入企业订单管理，重塑业务流程，赋能票据业务互联网基因，为企业提供“见证支付”“线上支付”“信息透传”三大主流功能，有效解决中小微和民营企业持有大量高信用等级的票据难以流通的问题，填补了企业线上账期支付的空白，成为推动产业互联网发展的“催化剂”和“黏合剂”。

二、“票付通”运行模式

票交所与多方协同合作打造全新的线上票据支付生态环境，“票付通”业务参与者包括合作金融机构、开户金融机构、B2B平台。票交所与金融机构（包括合作金融机构和开户金融机构）、合作金融机构与B2B平台、B2B平台与客户之间分别签订“票付通”业务合作协议，其中B2B平台通过合作金融机构接入票交所，为平台客户提供“票付通”业务服务。

三、“票付通”运行情况

票交所于2019年1月26日和5月25日分两期投产了“票付通”核心业务功能。截至2019年12月31日，招商银行、中信银行、兴业银行、平安银行、江苏银行、宁波银行、中石化财务公司等7家试点机构携手23家平台分5个批次试点上线投产“票付通”业务，累计签约企业802户，发起7 462笔票据支付业务，金额68.66亿元，业务初显成效。

（一）为企业提供安全、便捷、高效的账期在线支付工具

“票付通”业务为企业账期支付提供了除现金以外新的在线支付渠道，给予客户最好的票据支付体验。“国网商城”的企业反映，“票付通”业务推出后，当地企业可以在线签发票据并使用票据完成电费缴纳，改变了过去只能线下支付票据缴纳电费的困境，既降低了操作风险，又提高了电费支付效率，还有效降低了企业经营成本。数据显示，“国网商城”已签约的233家宁夏企业中，其中两家供电公司通过“票付通”支付的票据金额分别占其全部票据支付总额的93.81%和97.10%，可见企业对“票付通”业务的接受度非常高。

（二）有效盘活存量票据，解决企业端“长尾”问题

“票付通”业务的设计定位就是通过背书支付盘活票据存量，适应企业经营活动线上发展趋势，不断提高票据对小微和民营企业的服务能力。试点期间，签约企业通过“票付通”完成存量票据背书金额67.58亿元，占业务总量的98.43%，加速了企业存量票据在平台的流通。其中，流动性相对较差的城市商业银行、农村商业银行以及财务公司等中小金融机构签发的票据支付金额为48.17亿元，占比达到70.16%，按3.5%的贴现利率推算，预计能为签约“票付通”的中小企业节省融资成本约1.69亿元，一定程度上缓解了企业融资难、融资贵问题。

（三）能够满足不同类型B2B平台票据支付的相关需求

“票付通”业务是“场景金融”的有益尝试，三大核心功能“见证支付”“线上支付”“信息服务”基本能够覆盖不同行业、不同类型B2B平台多元化的账期支付需求。以“国网商城”为代表的自营型平台，便捷的线上支付是其核心诉求，非常契合平台客户在线缴费和采购的应用场景；以“新疆化学品”为代表的撮合型平台，见证支付是其核心诉求，为第三方平台用户之间的“陌生人”交易提供高效、安全的账期支付工具；以“易塑家”为代表的综合型核心企业平台，“票付通”业务较好地满足了B2B平台信息透传服务的需求，助力平台全面获取贸易流、支付流和物流三流合一的业务链条数据，提升了核心企业对供应链业务的管理水平。

（四）助力民营平台发展，践行普惠金融

数据显示，接入“票付通”业务的23家试点平台中，有17家为民营平台，占比达到73.9%；行业涉及石油、化工、建筑、汽车、钢铁等领域，签约的中小和民营企业达到400余户，占比64%。以“银耐联”“易塑家”“天元天筑”为代表的10家民营B2B平台共计发起商票支付116张，金额6 229.85万元，分别占10家平台业务总量的10.20%和25.22%。其中，“天元天筑”使用商票支付的笔数和金额占比均达到100%，说明“票付通”业务较好地引导了小微和民营企业通过票据代替企业应收账款，票据服务实体经济的外延不断拓展。

（五）辐射面向全国，推动产业互联网发展

试点期间，票交所通过对试点平台的跟踪服务了解到，“票付通”业务不仅填补了企业线上账期支付工具的缺失，而且助力B2B平台和供应链平台线上化发展，为企业打造“互联网+”的新业态。从试点平台所在地来看，23家试点平台分布在10个省、1个自治区和2个直辖市，其中京津冀、长三角区域、粤港澳大湾区平台数量分别为7家、8家和2家，占比达到74%。从平台签约企业所在地来看，参与“票付通”业务的802家签约企业覆盖了全国19个省、3个自治区和4个直辖市。“票付通”业务基本实现了覆盖主要经济区域的目标，较好地促进了长三角、京津冀等经济发达地区B2B平台和线上供应链平台的产业化发展。

（六）助推金融机构拓展票据签发需求，深挖票据的“源头活水”

近两年来，很多银行推出票据“秒签”“秒贴”等创新产品，但服务对象仅限于本行客户，而且行内的各类票据业务功能也未能得到有效整合。“票付通”业务推出后，试点机构将“票付通”业务与本行的票据产品有效融合，创新发展出基于应用场景的线上“秒签”业务，并将本行传统的贴现、质押、票据池等票据业务嫁接到“票付通”业务中，实现了票据全流程的线上功能，不仅较好地提升了客户体验，更重要的是深挖了商业汇票的签发需求，激活了票据一级市场的“源头活水”。

下一阶段，票交所将联合更多的金融机构和B2B平台，继续做好“票付通”产品宣介推广，保障和优化系统支撑，力争让该产品更好、更快地惠及中小微、民营企业。

供稿单位：上海票据交易所

执 笔 人：张艳宁　俞　乾

“贴现通”情况介绍

为了打破贴现市场信息壁垒，畅通银企互通渠道，打通贴现服务“最后一公里”，切实服务民营和小微企业，票交所在人民银行的指导下，于2019年5月27日推出了“贴现通”业务。“贴现通”业务的核心是票据经纪业务，由内控机制完善、票据业务经营状况良好的商业银行担任票据经纪机构，为持票企业提供贴现信息咨询、询价和撮合等票据经纪服务。票据经纪机构试点范围为中国工商银行、招商银行、浦发银行、浙商银行、江苏银行。2019年6月13日，人民银行行长易纲在第十一届陆家嘴论坛演讲中指出，大力支持上海加快国际金融中心建设，支持票交所在长三角地区试点推广“贴现通”业务。

自“贴现通”业务投产上线以来，票交所和五家票据经纪试点银行有序推进各项工作，业务运行平稳，业务量稳步增长，发展态势良好，逐渐显现出对贴现市场的积极作用。截至2019年底，五家票据经纪试点银行共计为2 720家贴现申请企业提供票据经纪服务，接受委托票据6 653张，票面金额合计98.19亿元，其中5 130张票据通过“贴现通”业务系统达成贴现意向，票面金额合计74.92亿元。

一、业务背景

党的十九大以来，党中央、国务院多次强调金融要把为实体经济服务作为出发点和落脚点，聚焦解决民营和小微企业融资难题，着力增强微观主体活力。2019年2月14日，中共中央办公厅、国务院办公厅印发《关于加强金融服务民营企业的若干意见》，要求加大对民营企业票据融资支持力度，简化贴现业务流程，提高贴现融资效率。

相较于股票、债券和贷款等融资方式，票据贴现具有门槛低、方便快捷和成本低的优势，是支持民营和小微企业融资的重要手段。然而，票据在跨地区便捷转让支付的过程中，受银企信息不对称、授信覆盖不足、票据金额小、信用等级低等多重因素影响，贴现难、贴现贵问题依然广泛存在。且随着商品贸易的不断快速发展，贴现市场有关弊端有进一步加剧的态势，滋生了民间票据中介，潜藏着风险隐患。贴现市场迫切需要加强顶层设计，建立一个全国统一、权威高效的贴现服务平台，更好地满足实体经济融资需求。基于此背景，票交所在人民银行的指导下研究推出“贴现通”业务。

二、业务功能

“贴现通”业务，是指票据经纪机构受贴现申请人委托，在中国票据交易系统进行贴现信息登记、询价发布、交易撮合后，由贴现申请人与贴现机构办理完成票据贴现的服务机制安排。

“贴现通”业务提供两项主要功能：一是贴现业务的信息撮合。通过全国性贴现服务平台，为贴现申请人和贴现机构提供贴现意向的发布、搜寻、匹配服务，拓宽贴现业务选择面，破解贴现市场信息不对称问题。二是贴现业务的线上开展。探索贴现申请资料、贴现合同、贴现凭证的电子化、信息化，打造标准化、线上化的贴现业务流程，降低贴现业务比价成本，实现贴现业务降本增效。

三、业务特点

“贴现通”业务筑起了贴现市场的“高速公路”，实现了待贴现票据和待投放资金的精准匹配，能够更好地盘活沉淀票据资产，有效破解融资难题，降低企业融资成本，净化贴现市场环境，深化金融供给侧结构性改革，“精准滴灌”民营企业、小微企业。

一是创造性地引入商业银行担当票据经纪机构。“贴现通”业务首次引入商业银行担当票据经纪机构，在持票企业和贴现机构之间发挥信息登记、询价发布以及交易撮合等桥梁和纽带作用，规范票据经纪行为，净化贴现市场环境。

二是建立票据经纪业务防火墙机制。为防范票据经纪业务与自营业务隔离不到位造成委托人利益损害，“贴现通”业务对票据经纪业务建立了防火墙机制，确保经纪业务与自营业务在人员、账户、资金上严格分离。

三是提升贴现业务标准化程度。在充分市场调研的基础上，“贴现通”业务统一了六大类贴现申请资料，整合主流贴现机构要求，为贴现市场的统一发展打下基础。

四是促进贴现业务线上化、电子化。“贴现通”业务贴现申请资料通过票据经纪机构实现电子化登记，后续均以电子形式线上流转，可重复用于询价。以系统生成标准化电子成交单、结算交割单取代传统的纸质贴现合同、贴现凭证，显著提高贴现业务效率。

五是提供丰富高效的交易方式。为契合贴现业务需要，“贴现通”业务设立了意向询价、挂牌询价、对话报价等多样化的交易方式，提供企业行业类别、规模大小、地域省份以及绿色、科技、民营等专属标签，促进贴现供需双方匹配和价格发现。

六是实现贴现机构全覆盖。“贴现通”业务系统自动根据金融机构贴现业务资质进行批量赋权，无须进行单独申请，一次性覆盖全国范围内的贴现机构。

七是建立贴现信息多重保障机制。“贴现通”业务系统通过与电子商业汇票系统直连互通，直接获取电子商业汇票系统记载的票据信息，确保询价票据真实、有效。持票企业资质和贴现申请资料由票据经纪机构审核把关，保障参与行为合法、合规、有效。

四、业务效益

（一）经济效益

“贴现通”业务从扩大贴现机构和持票企业的双向选择范围、畅通贴现市场信息、打破价格壁垒等方面降低了实体经济融资成本，盘活了沉淀票据资产，破解了融资难题；丰富系统接入方式、建立批量获客渠道，降低金融机构运行成本，提高资本收益率，提升金融供给效率，进而惠及民营和小微企业，在全社会产生经济效益。

1. 扩大贴现机构选择面，盘活沉淀票据资产。长期以来，民营和小微企业在产业链中的弱势地位，决定了其持有的票据具有不齐整、金额小、信用等级低等特点，贴现难、贴现贵问题突出。通过“贴现通”业务，持票企业对贴现机构的选择面由合作银行一次性拓展至全市场机构，能够有效解决“三小一短”票据贴现难问题，盘活民营和小微企业沉淀票据资产。截至2019年底，参与“贴现通”业务的贴现申请企业中，2 465家为民营或小微企业，占比达90.63%；委托票据主要为小额票据，平均票面金额为148万元，充分体现了设计初衷。

2. 打破价格信息壁垒，降低企业融资成本。由于传统贴现市场信息不透明，持票企业寻找合宜贴现机构、有利贴现价格的渠道不畅，手续繁杂、成本高。“贴现通”业务为企业提供了全线上、零成本比价渠道，加速持票企业贴现需求和金融机构贴现供给之间的信息传递速度，帮助企业发现有利贴现价格，切实降低融资成本。截至2019年底，通过“贴现通”业务办理贴现票据5 130张，金额74.92亿元，平均贴现利率3.07%，较同期全市场平均贴现利率低23个基点，为贴现申请企业总计节约财务成本逾1 000万元。

3. 丰富系统接入方式，降低金融机构参与成本。一是“贴现通”业务系统依托票交所会员体系建设，自动识别会员单位贴现业务资质并赋予“贴现通”业务相关操作权限，会员单位使用“贴现通”业务系统无须再提交申请资料，节省了申请审批成本。上线首日，“贴现通”业务系统自动完成了对2 613家会员单位的初始化赋权。二是“贴现通”业务系统充分运用了会员单位接入票交所既有系统的网络专线，无需会员单位额外采购。“贴现通”业务系统同时提供客户端和直连接口两种参与方式，有开发实力的金融机构通过直连接口开发可实现“贴现通”业务系统与内部系统的一体化，降低人工操作成本，开发实力较弱的中小金融机构则可以直接在客户端使用“贴现通”业务系统功能，节省系统开发成本。

4. 实现金融机构批量获客，提高资本收益率。票据贴现业务具有较低的信用风险，是金融机构实现高质量发展的重要业务之一。过去，金融机构只能依靠有限的分支机构网点和客户经理拓展贴现业务，人力物力投入高，收益不确定性大。“贴现通”业务集聚了具有贴现意向的持票企业群体，能够协助金融机构实现批量获客、批量筛选、批量审批，尤其是促进本行承兑票据回贴，节省资本耗用，提高资本收益。

（二）社会效益

“贴现通”业务在统一全国贴现市场、完善贴现市场基础设施、净化贴现市场环境、深化金融供给侧结构性改革、推动贴现流程简化、增强票据融资支持实体经济力度等方面具备良好的社会效益。

1. 建立全国统一贴现服务平台，完善贴现市场基础设施。票交所作为经国务院同意、人民银行批准指定的票据市场基础设施，连接的法人机构超过2 800家，分支机构网点超过10万家，覆盖了全国具备贴现业务资格的金融机构。以此为基础，票交所将“贴现通”业务系统建设成为全国统一的贴现服务平台，构建了环节完整、流程顺畅、灵活高效的功能体系，解决了传统贴现市场割裂、信息不透明、业务效率低及风险隐患高等问题，延伸了服务范围，完善了贴现市场基础设施建设。

2. 规范票据经纪行为，净化贴现市场环境。“贴现通”业务中的票据经纪机构由内控机制完善、票据业务经营状况良好的商业银行担当，通过人民银行备案同意。在规章制度、数据监测以及一系列系统刚控措施的约束下，票据经纪机构的行为更加规范、专业。持票企业可不再与良莠不齐的民间票据中介合作，有效避免发生票据“背飞”等造成资金损失的案件，贴现市场环境进一步净化。

3. 深化金融供给侧结构性改革，“精准滴灌”民营企业、小微企业。在传统贴现市场上，金融资源供给与企业贴现需求之间由于地域、规模、额度、价格等原因产生摩擦性错配，造成了持票企业贴现难和金融机构信贷投放难并存的矛盾局面。通过“贴现通”业务，金融机构可定向搜索指定行业、指定规模、指定性质的持票企业，精准增加金融供给，深化金融供给侧结构性改革，有利于进一步疏通货币政策传导机制，有针对性地促进民营和小微企业发展。

4. 推动贴现业务流程简化，增强票据融资支持力度。“贴现通”业务通过建立标准化、线上化的贴现业务流程，推动金融机构充分简化贴现业务办理程序，支持跨行免开户贴现，建立小额、低信用等级票据快速贴现通道，推动跨行“秒贴”业务发展，提升贴现服务效率，增强企业贴现融资获得感，提高票据融资对实体经济的支持力度。

总体来看，“贴现通”业务是票交所贯彻落实党中央、国务院、人民银行关于加强民营和小微企业金融服务、缓解融资难融资贵问题决策部署的一份重要答卷，也是票交所进一步向企业端延伸服务的积极探索和尝试。“贴现通”业务的上线，有利于促进全国贴现市场的统一，解决市场信息透明度低、办理成本高，市场割裂、供需匹配效率低等一系列问题，有助于深化金融供给侧结构性改革，提升金融资源配置效率，提高资金投放精准程度，切实缓解民营和小微企业票据融资难题。

供稿单位：上海票据交易所

执 笔 人：颜永嘉　丛龙娇　李　玮

票交所时代的
票据业务经营模式转型创新

票交所成立后，票据市场取得巨大发展，随着市场形势的变化，商业银行票据业务经营模式也需要进行相应的变更。农业银行积极适应新的市场形势，着力推动票据业务经营模式转型创新，实现票据交易业务集中经营，通过新的总分行联动方式推进票据业务发展。

一、经营模式转型的时代背景

（一）集约化经营条件成熟，总行集中交易优势凸显

自2016年票交所建立以来，票据市场各项建设不断加快，二级市场交易由场外转向场内，并实现了纸电票据交易融合，业务规则得到统一，市场信息更为透明，票据交易更加高效。票据经营环境的变化使商业银行通过总行集中开展票据交易的必要性和可行性上升：一是在信息趋向透明、交易线上化的背景下，通过分支机构物理网点分布拓展同业客户、开展票据交易的必要性有所下降，总行可利用市场信息全面等优势，统筹全行客户营销拓展和票据交易策略制定；二是单个分支机构的市场话语权和影响力非常有限，而总行集中具有规模优势，议价能力相对较强，票据交易的电子化、批量化、标准化进一步强化了总行交易的优势，通过总行集中运

作可发挥规模效应，有助于直接提升票据交易业务的收益水平；三是交易所时代，票据市场与其他金融子市场联动更加密切，票据交易的金融市场业务属性增强，总行可充分利用投研实力研判经济形势和市场走势，通过开展主动、双向交易获得更高收益。近年来，不少商业银行均在探索或推进票据交易业务的集中经营，票据二级市场的专业化集约化趋势加快。

（二）风险形态持续演化，集中交易防控风险必要性上升

票据市场的风险形态受宏观经济、金融市场、票据市场自身发展变化影响，正在持续演化：一是信用风险方面，我国经济增速趋势性下行和产业结构调整背景下，部分企业、财务公司乃至银行承兑的票据违约风险增加，同时票据市场新的参与主体不断加入使信用风险防控范围进一步扩大，对于信用风险识别和管理能力的要求大幅提升。二是市场风险方面，随着各金融子市场联动的增强，票据与其他货币市场工具利率走势相互影响，波动性有所加大，同时在新会计准则下市场风险更加显性化，参与者需要具有更强的市场风险把握能力。三是操作风险方面，票据电子化过程也伴随着操作风险逐步向信息系统迁移，建设功能相对完善、运行相对稳定的交易系统成为关键。考虑到人才、信息、管理水平等因素，相比分支机构，总行在防控前述新风险上具有明显优势，总行集中交易并管理风险的必要性上升。

（三）二级市场竞争更趋激烈，综合价值创造受到重视

近年来，随着越来越多的非银金融机构、非法人产品逐步加入票据市场，二级市场竞争更趋激烈，加之利率市场化持续推进，票据业务的净息差整体下降，盈利空间缩窄。此外，交易所时代市场信息日趋透明也使原先基于信息不对称开展交易获利的机会大幅减少。为有效应对竞争压力，打通票据承兑、贴现、转贴现、回购、再贴现等业务链条，加快各环节的联动创新，培育票据业务的多元化盈利点，强调票据综合价值创造成为商业银行票据业务创新的重要方向。

二、农业银行票据业务经营模式转型情况

（一）转贴现业务集中经营

农业银行是在票据市场上较早推行转贴现业务集约化经营的商业银行之一，多年前即已将同业转贴现业务经营权限集中到总行票据营业部和八家重点分行，其他分行仅能开展系统内转贴现业务。票交所成立之后，农业银行开始研究推动进一步集中上收转贴现业务经营权限，针对票据场内电子化交易、资金化运作的发展趋势，最终实施了彻底的集中经营改革，将同业转贴现业务完全集中至总行，所有分行均仅能开展系统内转贴现业务。

转贴现业务集中经营改革的具体内容包括：一是由总行票据营业部对外集中经营同业转贴现业务，分行不直接与同业开展交易，可按照服务区域性同业客户的原则，配合开展前端同业客户营销，并向总行推荐业务，由总行完成交易操作。二是总行票据营业部设立专门团队对接分行，在系统内做市，满足各分行转贴现交易需求，各分行操作平台与票据营业部开展交易。三是总行负责制定发布全行统一的同业和系统内转贴现业务报价，规范全行转贴现业务的准入标准，监督和检查分行转贴现业务开展情况，并承担全行票据交易系统管理和票据交易业务培训等工作。

集中经营改革后，农业银行转贴现业务发展势头良好：一方面，总分行联动水平提高，业务综合回报上升。一是通过加强总分行信息沟通，总行专营机构根据全行资产配置和分行需要集中开展同业票据交易，交易效率大为提高。二是总行专营机构通过在系统内开展做市，对各分行不同方向的交易需求进行内部整合消化，减少了分行直接与同业交易可能产生的隐性损失。三是持续引导分行发挥贴近当地同业客户的优势，在名单内开展转贴现、买入返售代理营销，强化了与优质区域性同业客户的票据交易乃至其他同业的业务合作。四是有效畅通了全行票据资产流转渠道，提高了贴现、转贴现、回购、再贴现业务的联动水平，票据业务的综合回报稳步提高。另一方面，风控体系得以优化，风险管理能力提升。一是业务准入更加科学规范，总行根据市场风险状况、客户信用等级变化等因素，制定转贴现业务同业客户准入名单和票据准入标准，严把信用风险关。二是业务策略更加合理，全行执行统一的经营策略，统一对外报价、统一交易方向，避免分散经营带来的冲突，有

效对冲和管理市场风险。三是业务操作更加规范统一，同业转贴现业务集中至总行票据营业部统一办理，票据营业部实施严格的部门和岗位制约，业务操作规程和各项管理措施完备，操作风险大幅降低。

（二）分行代理营销

早在票交所成立之前，农业银行贯彻落实同业业务专营要求，已实现了票据回购业务的集中经营，由总行票据营业部集中经营操作，分行可进行代理营销。票交所成立后，农业银行进一步实现了转贴现业务集中经营，也继续鼓励分行开展转贴现代理营销。总行制定票据转贴现和回购业务交易对手准入名单，分行根据名单开展代理营销，重点是当地区域性同业客户，同时也可以根据业务合作发展需要，将名单外的优质同业客户向总行推荐纳入交易对手准入名单。对于分行代理营销的业务，由总行集中完成操作，其中转贴现业务平进平出，买入返售业务收益通过管理会计下划分行，从而保证分行开展代理营销的积极性。

【案例分析】西南某分行是农业银行各分行中票据代理营销开展得较为成功的一家分行。在集中经营前，该分行在票据二级市场上交易一直较为活跃，实行集中经营后，依旧高度重视并支持票据业务发展。首先，该分行仍然保留票据业务团队，维持了业务人员的相对稳定，保障了专业性。其次，该分行注重与总行的联系合作，通过与总行日常多渠道全方位沟通，实时掌握业务管理、策略动态以及准入、业务报价等方面要求，并且在人员和业务方面进行深度交流合作，充分理解总行业务发展理念。最后，该分行加强与本地同业客户沟通联系，及时了解掌握客户需求，深化综合营销，提升服务能力，着力申请将符合条件的本地银行纳入准入名单，拓展客户范围并力求与其建立长期、全面的合作，稳固业务发展基础。在开展具体业务营销的过程中，注重结合客户个性化情况和市场走势把握关键时点的合作机会，做好同业客户与总行之间的桥梁，积极扩大代理营销交易量。

分行代理营销业务的深入开展，不仅扩大了农业银行票据转贴现和回购业务的交易量，丰富了客户范围，而且增加了分行的创收途径，充分激发了集中经营背景下分行参与票据市场的积极性和主动性。“分行代理营销+总行集中经营”的模式，结合了总行对票据市场总体趋势把握的专业优势，以及分行营销区域性同业客户的地域优势，既增加了全行票据交易业务的盈利，又加强了分行与多层次同业客户的常态化合作。

（三）一、二级市场业务联动

农业银行在票据二级市场业务集中经营的基础上，积极推动一、二级市场业务联动，总行与部分业务管理体系完善、风险防控能力较强的分行合作开展贴现—转贴现业务联动。总行确定业务联动客户和票据的准入标准，开展业务联动时，合作分行在授权范围内，结合市场情况和转贴现利率确定贴现利率，办理贴现后联动转贴现给总行。总行在票据市场分析和风险提示方面给予分行支持，分行深度挖掘企业客户票据融资需求，通过贴现—转贴现业务的高效联动，既为总行集中二级市场业务运作提供稳定的票源，也为分行提高服务实体经济能力提供有效的支撑。

【案例分析】华东某分行是农业银行各分行中最早与总行开展一、二级市场业务联动的分行之一。该分行历来重视票据业务发展，贴现业务量和余额在系统内居前，在与总行开展一、二级市场业务联动过程中，一是在沟通协调方面，加强总行、分行、贴现支行之间的对接，促进流程优化，提高贴现—转贴现业务的办理效率。二是在客户选择方面，按照经营正常、无违约记录授信客户，优先选择制造业、小微、涉农或民营企业客户等原则，通过实地调查，选择了一批经营稳定、票据配适程度高、历史合作良好的优质企业客户。三是在业务营销方面，加强与企业客户的沟通联系并积极报价，始终保持业务敏感性，把握客户资金需求变化，捕捉业务时机，及时对接促成业务。四是在风险管理方面，严格按照人民银行、银保监会的各项监管规定及本行票据业务各项规章制度开展业务联动，严格执行风险管理流程，确保贴现票源的质量和贸易背景真实性。

加强票据一、二级市场业务联动为农业银行票据业务发展注入新的活力，增强了农业银行在票据贴现市场上的竞争力，是农业银行积极响应加强金融服务实体经济、降低社会融资成本、缓解民营和中小微企业融资难融资贵问题的政策号召，服务制造业、小微、涉农或民营等重点领域的体现。

（四）票交所场内再贴现

为有效疏通货币政策传导机制，改善民营和小微企业融资环境，人民银行在2018—2019年多次增加再贴现额度，发挥其定向调控、“精准滴灌”的功能，支持金融机构扩大对小微、民营企业和“三农”的信贷投放。在此背景下，农业银行于2018年底完成了行内票据交易系统再贴现直连功能的上线，一方面鼓励各分行稳步开展直连模式下的票交所场内再贴现业务，另一方面对总分行业务联动的含义予以延伸，打通贴现—转贴现—再贴现的业务渠道，拓宽分行再贴现开展途径。

【案例分析】华南某分行是农业银行各分行中开展再贴现业务较多的分行。该分行充分利用地区票源丰富、业务创新活跃的特点，积极配合当地人民银行推出“三通”（科票通、微票通、绿票通）再贴现业务，通过验收获得开办资格，是当地首批承办绿票通的5家金融机构之一。该分行相关业务部门加强共同协调，全面推动，梳理线上贴现流程，指导操作，各支行对相关企业进行针对性营销，上下联动，稳健开展直连模式下的票交所场内再贴现业务。

【案例分析】华东某分行是农业银行各分行中首家与总行合作开展总、分、支多级联动再贴现业务的分行。该分行定期与总行票据营业部就再贴现业务进行沟通协调，将其辖属支行为小微企业办理的贴现，迅速归集至分行后由分行转贴现给总行票据营业部，并由总行票据营业部集中向人民银行办理再贴现，实现了支行贴现—分行转贴现—总行再贴现的高效联动。

票交所场内再贴现的开展，一方面为重点领域的民营和小微企业提供了低成本的融资渠道，将优惠政策切实传导至企业，另一方面丰富了分行票据业务的产品功能，提高企业客户和监管部门的认同度。而总、分、支多级联动模式的探索和推广，进一步拓宽了再贴现业务渠道，有助于农业银行更好地落实通过再贴现业务支持实体经济的政策。

三、未来发展设想

今后，农业银行将继续深化票据业务经营模式的转型创新，重点通过提升总分行业务联动和数字化技术应用水平，推动业务持续发展。

（一）提升总分行业务联动水平

一是优化一、二级市场业务联动机制，抓住长三角区域一体化战略机遇，扩大长三角地区票据一、二级市场业务联动广度和深度，提高贴现客户黏度，强化票据综合价值创造。二是加强系统内转贴现业务联动，优化总分行业务对接和操作流程，提高系统内做市效率。三是持续引导推动分行开展转贴现、回购业务的代理营销，鼓励分行充分挖掘优质区域性同业客户的业务需求。四是完善总分行市场信息共享机制，持续开展票据交易业务的宣讲指导和人才培训。五是积极响应人民银行再贴现政策，加强再贴现的业务辅导、渠道推广工作，推动分行积极开展再贴现业务，加强对民营和小微企业的票据融资支持，提升服务实体经济水平。

（二）推动票据交易的数字化转型

一是研究数据模型在票据交易对手画像、市场利率走势预测、交易策略制定等方面的应用，提高系统的智能化水平，为业务经营决策提供有效支撑。二是进一步将业务处理过程中部分需要人工审查、控制的内容嵌入系统流程，实现系统刚性管控，提高系统的自动化水平，有效扩大业务处理能力。三是探索数字化技术在风险管理领域的运用，连通票据交易系统与其他行内外相关系统，综合利用各类内外部信息辅助开展信用、市场、操作三大风险识别和管理，提供及时有效的预警。四是从长期看推动票据交易业务的流程再造和制度重构，建立适应数字化时代的业务处理和管理方式。

供稿单位：中国农业银行
执 笔 人：曾一村 凌 典 谈 韵

以商票供应链融资
浇灌民营经济之花

票交所自成立以来，不断对票据市场机制、制度、系统等顶层设计和基础设施进行建设完善，推动了商业汇票（以下简称票据）全流程电子化发展。建立在商业信用基础上的商业承兑汇票（以下简称商票）作为企业应收应付账款票据化、化解企业间“三角债”的利器，未来随着商业信用信息披露机制的完善、商票兑付违约惩戒机制的完善、国务院开展央企“清欠”行动的推进、人民银行对应收账款票据化的政策推动，以及票交所票据供应链融资平台的搭建，其重要功能作用将会越来越凸显，在良好的政策和市场环境下将迎来新的发展机遇。服务于整个产业链的商票供应链融资必将成为票据市场的下一个风口。

一、基于企业信用的商票市场发展现状

票交所官网披露数据显示，2019年，全国累计签发商票3.02万亿元，同比增长18.61%，年末未到期余额1.84万亿元，比年初增长21.56%。商票签发量和余额占全部票据（银票和商票）签发量和余额的比重分别为14.82%和14.45%。2019年，全国累计商票贴现量9 400亿元，同比增长14.90%，年末贴现余额6 393亿元，比年初增长3.78%，商票贴现量和余额占全部票据贴现量和余额的比重分别为7.55%和7.81%。

商票是建立在企业良好的商业信用基础上的远期结算和融资工具，其推广应用对我国实体经济和金融业发展意义重大：一是丰富企业支付手段，协调企业产供销关系。二是将企业应收账款“挂账”信用转化为票据信用，根据《票据法》保障和维护供应商（持票人）的合法权益。三是促进银行信用和企业信用有机结合，解决企业间的“三角债”问题，缓解中小企业融资难、融资贵矛盾。四是商业信用票据化发展有利于建立和完善良好的信用机制，提高社会信用程度。从国际市场成熟经验以及我国票据市场发展趋势来看，随着市场经济的发展和商业信用环境的不断完善，企业通过商票进行支付、结算和融资，以及银行通过商票创新发展来拓宽盈利渠道的需求将快速增加，商票的功能作用和市场地位必会逐步提升，市场广度和深度都将得到进一步拓展。

二、商票供应链融资业务的四大特点

供应链融资是指商业银行以产业链核心企业信用为依托，以真实的贸易背景为前提，配合第三方监管等手段，控制供应链相关环节的资金流、（货）物流和信息流，为上下游企业提供授信、结算、融资等金融产品及服务的一揽子金融解决方案。

从资金流的维度划分，常见的供应链融资模式包括应（收）付账款融资、预收货款融资、分期付款融资三种模式。商票供应链融资属于应付账款融资的一个细分领域，通常有以下四方面的特点。

（一）核心企业的高信用可迁徙至上游供应商

从实践看，商票通常是由实力较强的核心企业签发，用于购货环节支付给上游供应商，并能继续在整个供应链上运用支付，供应链上的买卖双方具有长期稳定的合作关系。

商票供应链融资中，核心企业通常是出票人（承兑人、付款人），主要集中在基建、能源、医疗、交通等行业的央企、国企及其他大中型企业。在供应链关系中，核心企业签发商票后，通过背书方式向上游供应商以商票进行支付结算，同时也将核心企业的优质信用通过背书逐级传递给了上游中小供应商，若持有商票的供应商需要资金，可以向银行申请贴现（供应商自身信用）或者保贴（核心企业信用）。对于中小供应商而言，凭借核心企业较高的信用获得的贴现资金比依靠自身信用获得的银行贷款利率要低得多，节约出来的财务成本，便是核心企业高信用的价值体现。

（二）商票供应链融资是一项多方共赢的解决方案

商票供应链融资对核心企业（买方）、各级供应商（卖方）、银行（资金方）都有诸多优势作用。

对核心企业而言，一是商票能以杠杆撬动核心企业融资。实践中，核心企业签发的商票有相当一部分是由供应商持有至到期，这部分商票由于未向银行贴现融资，产业链上的各企业均没有支付利息，核心企业实现了零成本融资。二是可以降低财务费用。在签发环节，商票与银票相比，无须缴纳承兑手续费；在融资环节，与贷款相比，可以获得收款人给予最长1年的延期支付信用，相当于核心企业获得一笔无抵押免息贷款。三是商票签发灵活，操作手续简便，由出票人签发并承兑，无需银行介入。四是企业主动签发商票并按时足额兑付，有助于提高企业信用评级，树立企业诚实守信的形象，也能够增强合作方的信心。

对供应商而言，一是使买卖双方的口头承诺、挂账信用和合同约定等结算方式转为票据信用，有《票据法》作保障，能避免应收账款不能回笼的风险，明确的账期也有助于供应商对未来现金流的预测和管理。二是商票结算将供应商的“应收账款”转为“应收票据”，压降“应收账款”余额，提高资金回笼成功率和速度，可以减少“坏账准备金计提”金额，美化报表。三是持票供应商可以继续背书转让用于支付上游货款，比应收账款的流通性更强。四是持票供应商如果需要资金，可以将商票向银行申请贴现融资，贴现手续比贷款简单，耗时更短，如能占用核心企业授信进行保贴融资，利率通常低于贷款或其他应收账款融资。

对商业银行而言，开展供应链商票贴现或保贴业务，一是能够拓宽盈利渠道，商票贴现利率通常比银票贴现或流动性贷款利率高，可获得比银票贴现和流动性贷款更可观的综合收益，卖断已贴现商票可一次性获取非利息收入。二是能够依托产业链核心企业的优质信用，实现对中小微企业的信贷投放，大力支持民营和中小微企业的融资需求的同时，并未扩大敞口风险，符合国家鼓励发展普惠金融的政策导向。三是商票实现电子化以后，系统中有海量的企业背书信息，通过大数据技术对企业背书信息的挖掘提取，能够获得产业链所有企业的关系，帮助拓展票据基础客群，拓宽商业银行服务实体经济广度和深度。

（三）真实交易背景是商票供应链融资安全的前提

还款自偿性是供应链融资最显著的特点，而自偿的根本依据就是购销贸易背后真实的交易关系。商票供应链融资中，商业银行以供应链上买卖双方的真实交易关系为基础，信任的是买方（核心企业）的优质信用和还款能力，一旦签票环节的交易背景不真实，比如出现空壳公司签发商票，不法分子盗用其他企业资料开户并签发商票，或企业虚构交易背景签票恶意套取银行资金，关联企业虚构交易背景超兑付能力签发商票融资等情况，银行盲目给予借款人融资支持，将面临巨大的信用风险和欺诈风险。

（四）线上化、垂直化、细分化是商票供应链融资的趋势

一方面，线上化趋势在供应链融资中日益明显，尤其是电子化程度较高的商票供应链融资。传统的“1+N”供应链融资是由商业银行主导的，银行基于供应链核心企业“1”的信用，为其上下游企业“N”提供融资服务，主要采用线下模式。但随着互联网技术和金融科技的发展，这种线下模式正逐渐转为线上模式，即利用网络和技术优势，搭建平台，优化系统，打通数据，汇集信息，对接供应链上下游的各参与方，整合供应链中的（货）物流、资金流、信息流，实现多方参与、线上操作、共享共赢的现代普惠金融模式。

另一方面，垂直化和细分化是供应链融资未来发展的必然趋势。每个产业的供应链模式、盈利模式和资金需求的强弱、周期都不同，这将促使商票供应链融资向更垂直、细分的方向发展，比如各家商业银行创新推出的医药行业、交通行业、基建行业、地产行业的商票供应链融资模式，以及针对不同大型企业提供的个性化商票融资方案，便是基于不同的行业认知和企业需求开展的垂直创新和细分经营。可

见，未来只有不断深耕各自经营的一条或几条产业链，在充分了解行业属性和特征的基础上，结合自身专业能力，才能为各垂直细分供应链上的企业提供个性化融资服务。

三、商票供应链融资面临的五大发展机遇

（一）电票的安全便捷性优势激发了企业的用票热情

在纸质票据主导时期，票据的使用往往需要在各级供应商中多次背书流转，而受制于纸票没有电子系统支撑、保管难、鉴别难等缺陷，存在较大的操作风险和欺诈风险，比如容易丢失、破损、被盗、被克隆、被变造、被伪造。使用纸票支付货款需要交付实物票据，供应商对纸票的接收和保管也较为不便，耗时耗力，无形中增加了企业的流转成本和人工成本。这些都极大地限制了票据在供应链融资中的功能发挥和业务发展。

2009年10月28日我国电子商业汇票系统（以下简称ECDS）正式上线，票据市场开始迈向电票时代。2016年票交所的成立及其推动实现纸电票系统和规则的融合统一，标志着票据市场进入全面电子化发展的新时期。随着电子票据的普及，通过电票系统提供票据接收、登记、转发、给付、资金清算服务，极大地降低了企业用票的各类操作风险和人工成本，进而使得票据在供应链金融中的接受度和使用率正在大幅提升。

（二）供应链票据业务平台的搭建为票据发展提供了技术支持

2019年12月19日至20日在上海召开的第十六届中国国际金融论坛上，票交所董事长宋汉光表示，要“建立供应链票据业务平台，从源头上实现应收账款票据化”。据悉该项目一期功能已经完成开发，不久即将上线，届时可以为市场上各供应链金融平台提供供应链票据签发、承兑、背书转让等票据化服务，同时在供应链票据业务平台上，票交所将实现票据可拆分的功能，届时企业可以便捷地实现“付多少，开多少”“贴多少，拆多少”的愿望。票据的应用场景将得到极大拓宽，企业用票意愿和需求将大幅增加，在良好的平台和系统支持下，用票的便捷性也会有

明显的改善。

（三）商票兑付规则的调整优化解除了持票人的后顾之忧

2016年人民银行发布的《票据交易管理办法》规定，未贴现的商票到期后，承兑人在提示付款当日同意付款的，承兑人开户行应当根据承兑人账户余额情况予以处理。商票承兑人已于到期前进行付款确认的，承兑人开户行应当根据承兑人委托于提示付款日扣划承兑人账户资金，并将相应款项划付至持票人资金账户。已贴现的商票到期后，票交所系统自动发起提示付款，由承兑人（或其代理开户行）应答，应答拒绝或应答同意但扣款失败的，系统于T+1日自动从贴现行（直贴银行）在人民银行的备付金账户扣款。这一制度的优化设计，很大程度上消除了商票持票人尤其是二级交易市场的持票人（转贴现行）的后顾之忧，打破了商票多年来因兑付风险较大导致发展缓慢的被动局面，为商票的应用推广创造了前所未有的机遇。

（四）供应链创新发展为商票供应链融资提供了市场空间

伴随着供给侧结构性改革的深入，供应链创新作为结构性改革的重要抓手之一，一直以来都是多方关注的焦点。2017年10月13日，国务院办公厅印发了《关于积极推进供应链创新与应用的指导意见》，意在推动我国供应链加速发展，对供应链创新应用相关工作进行全面部署，并明确指出要积极稳妥发展供应链金融。2018年4月10日，商务部等八部委联合下发了《关于开展供应链创新与应用试点的通知》，从总体要求、试点城市、试点企业、实施程序和工作要求等多个方面对供应链金融服务实体经济作出明确的发展规划。金融监管领域也对供应链创新发展给予很大的支持和容忍度。2018年5月，银保监会印发《关于规范银行业金融机构跨省票据业务的通知》，提出票据承兑、贴现原则上应由当地银行分支机构办理，但符合国务院办公厅《关于积极推进供应链创新与应用的指导意见》开展的供应链相关业务不受影响。一系列政策的出台，为我国供应链创新提供了很大支持，在推动我国供应链金融发展的同时，也为商票在供应链金融中的创新应用与推广提供了更广阔的市场空间。

（五）国务院开展“清欠”行动为商票带来了发展契机

党中央、国务院对民营和中小企业融资难、融资贵问题一贯高度重视。2018年11月9日，国务院常务会议决定开展专项行动，清理政府部门和国有大企业拖欠民营企业账款，缓解民营和中小微企业融资难题。2019年7月30日，中央政治局召开会议，提出要“采取具体措施支持民营企业发展，建立长效机制解决拖欠账款问题”。2019年8月26日，中国国新控股有限责任公司联手中核集团、航天科技、中国石化等51家央企在北京发起设立商票互认联盟，成立了“企票通”平台，共同构建央企间信用合作平台，打破电子商票流通“瓶颈”，提供“线上+线下”的票据业务支持，推动开展“两金”压控、产业链清欠及民企清欠工作，切实解决“清欠”问题。此外，人民银行也表示将通过再贴现等政策工具积极支持票据业务发展，引导信贷资金投放和“精准滴灌”，解决民营、中小微企业融资难、融资贵问题。上述行动部署和政策措施，为市场各方推动企业间应收应付账款票据化、推进商票业务快速发展创造了良好的环境。

四、防控商票供应链融资业务风险的四点建议

（一）完善顶层制度设计

目前适用于票据的政策制度还是20世纪90年代编制的《票据法》《支付结算办法》《票据管理实施办法》《商业汇票承兑、贴现与再贴现管理暂行办法》等，尽管后续票交所出台了交易管理办法、业务准则及操作指引对票据市场制度体系进行了有效补充和完善，但现有票据制度体系仍存在一些制约市场发展的因素。一是建议尽快修订《票据法》等法律法规和政策制度，明确电子票据、新产品模式相关参与主体的法律关系及权利义务，引导多类主体积极参与票据支付结算、融资、交易及票据相关中间服务，以适应票据电子化和商票供应链融资的发展趋势。二是建议制定票据失信行为管理办法，建立相关信息披露机制，从制度上加强对票据失信主体的惩戒和守信主体的激励，如加大对延迟付款或拒绝付款行为的处罚力度，加大商票承兑人的签发量及兑付信用信息的公开披露力度，提高商票承兑人的违约成本，促使其自觉履行债务、重视商业信用，从而降低商票兑付违约风险。

（二）建立票据信用评级体系

商票信用评级是指对票据承兑人的行业性质、企业素质、经营管理水平、财务状况、偿债能力和企业信誉等方面进行综合评价、分类分级，并进行信息披露，以引导市场其他主体通过风险定价，覆盖或补偿信用风险承担的一种市场化机制。建议票交所、商业银行、供应链金融平台、供应链管理公司等市场主体加强与工商、税务、征信、司法等主管部门的数据互通，并加大与第三方票据市场数据公司及拥有多类数据库的社会信用评级机构的合作，整合票据大数据和行业、企业大数据库，采用科学的多维度分析模型建立起商票信用评级模型和机制，对票据债务人的信用价值作出综合评价，用于指导商票资产的组织和市场定价以及商票供应链融资业务的风险管理。

（三）构建票据大数据风险监测指标体系

商票的实质风险主要是假票欺诈风险和兑付违约风险。电票时代，票据全流程生命周期的数据都沉淀在票交所系统中，而这些真实数据是监测和防控风险最重要的信息资源。首先，通过大数据分析，更容易发现企业的异常票据行为，识别和侦破不法交易和犯罪行为，通过及时的信息披露和公告，能够有效杜绝假票在市场上继续流转。其次，通过大数据分析，可以发现票据参与主体比如承兑人的开户情况和历史票据行为特征，揭示未来面临兑付违约的概率，以便金融机构在授信前对承兑人的信用作出准确判断并合理定价。最后，通过大数据分析，金融机构可以对比分析承兑人同类企业签发的票据是否贴近行业平均水平、支付需求是否合理、期限是否在常规交易期限内，进而为同类企业核定合理的签票额度，也便于评估和防范商票信用风险。综上所述，建议票交所构建大数据风险监测系统，加强业务预警和监控能力建设，实时监测商票从开票到兑付全生命周期，跟踪监测商票异常交易情况，定期对失信企业及伪造票据进行公开披露，引导企业规范票据行为，从而保障商票市场和商票供应链业务平稳健康发展。

（四）商业银行加强商票业务的风险管理

商业银行是防控商票融资业务风险的核心和责任主体，要从事前、事中、事后建立起长效防控机制，切实采取有效措施堵住相关风险。在贷前调查阶段，商业银行应充分了解预授信核心企业的生产经营情况，比如审查其主营业务是否突出、是否存在其他高风险投资等问题，通过征信系统了解预授信企业及其实际控制人的历史征信情况，了解核心企业与供应链上下游企业的合作情况，评估其对供应链物流、资金流、信息流的管理水平，为其核定适宜的商票融资风险敞口，确保承兑人有充足的偿付能力。同时，鉴于当前“假主体签发真商票”的风险隐患，商业银行要重点加强对公账户开立环节的欺诈风险防控，通过上门核实、账户白名单等管理手段，确保开户是承兑人的真实意愿。与供应链企业签署合作协议时，还应明确资金用途合法合规、业务操作流程、协议相关方的权利和义务等。在贷中用信阶段，商业银行应充分利用科技手段，发挥网点网络优势，完整实现物流、资金流、信息流的线上线下协同，监控资金流向；加强商票贴现或保贴业务的贸易背景真实性审查以及融资需求真实性、合理性审查，防范企业伪造贸易背景套取银行资金。在贷后检查阶段，商业银行在关注商票融资款用途的同时，还应重点关注承兑人的资信及经营变化情况，确保其偿付能力充足。

总的来看，商票作为供应链融资中的拳头产品，是冉冉升起的新星，是站在风口上的业务。各商业银行也都认识到商票在供应链融资中的重要作用和发展机遇，开始加快推进商票供应链融资产品的创新和推广，目前已涌现出多种商票供应链融资产品和服务。但我们大力推广商票供应链融资业务的同时也要看到，商票供应链融资业务风险不容忽视，建议相关部门从顶层制度完善、信用评级体系建立、大数据监测体系搭建、商业银行风险管理能力提升等方面建立长效机制，全面防范，重点突破，尤其要着力加强欺诈风险和信用风险的防范，保障商票供应链融资业务健康快速发展，从而更好地服务民营和中小微企业、服务实体经济发展。

供稿单位：招商银行
执 笔 人：汪武超　施柔薇

城商行票据业务数字化发展

2019年，国内经济运行总体平稳，结构调整扎实推进。然而随着全球经济增长放缓，外部不确定性因素增加，内、外部因素变化带来的风险挑战明显增多，经济下行压力加大。面对经济金融领域的诸多困难和挑战，如何更好地缓解民营和中小微企业融资难、融资贵问题成为提升支持实体经济的重点工作。

城市商业银行（以下简称城商行）从其业务定位和服务领域来看，都具有服务区域小微企业的优势。根据中小微企业的票据融资偏好，城商行票据融资业务的数字化进程在不断加快，其响应小微企业票据融资需求的功能也在不断完善。

一、城商行发展特征

（一）深耕区域小微企业

自诞生以来，城商行就以“服务地方经济、服务中小企业、服务城乡居民”为市场定位，在支持小微企业方面，小而美的城商行利用其决策链短、深耕地域经济的优势，成为小微金融的主力军。银保监会数据显示，2017年末，城商行小微企业贷款占各项贷款的比重高达44.78%；2018年末，城商行小微企业贷款业务的市场占比为24.83%，该比例较四年前上升近5个百分点，并且每年呈稳步上升趋势。小微企业票据业务自然成为众多城商行深耕的领域。

（二）区域产业链的纵深发展

当前，城商行作为地方性金融机构，加快了本区域内业务拓展的步伐。城商行通过核心企业合作加强产业链服务，既能有效控制业务风险，又能满足实体经济实际融资需求。通过对接当地各类专业市场实际需求，不少城商行已打造了特色的供应链金融新场景，并在此基础上开拓出各类新的业务增长点。

二、城商行票据业务数字化创新路径

（一）以供应链票据融资为切入点

票据因同时具备支付结算功能和融资功能，是发展供应链金融的最佳载体。因此，城商行可通过不断加深与供应链核心企业的合作，深入挖掘其产业链票据结算与融资业务，通过各类线上票据产品助力产业服务合作。例如，通过打造各类线上票据产品，实现了以票据为载体的供应链融资服务，以数字化建设带动服务效率的提升，不断摸索服务供应链中实体企业的方式和途径。

（二）坚持服务中小微企业的业务定位

小微企业金融服务历来是城商行的传统优势领域。以上海银行票据业务为例，从2019年办理票据贴现业务的客户群体视图来看，小型、微型规模企业的占比高达89%。但值得注意的是，中小企业在产业链中往往处于弱势地位，存在定价能力弱，票据金额小、期限短，承兑行信用层级不高的特征。因此，城商行在票据融资线上化过程中应重点针对小微企业短期、频繁、急用的融资需求特点设计产品，通过数字化发展降低融资成本、提升服务效率。

三、上海银行数字化票据的探索与实践

随着票交所时代的来临以及电票业务的普及，票据生命周期的各个环节已全部

实现了电子化，为票据业务未来发展奠定了数字化基础。因此，2019年上海银行大力拓展交易银行业务，在供应链融资领域加大了票据系统开发和产品创新力度，在有效控制风险的同时，着力提升服务效率，探索出一条结合供应链项目持续打造数字化票据产品的道路。通过打造全线上承兑与贴现产品，迅速提升了票据业务办理效率，满足了企业需求。

（一）线上贴现业务

1. 产品功能。线上贴现业务是基于票据电子化趋势开发的线上票据贴现产品，通过打通现有贴现业务所涉的各操作系统，将目前贴现流程中的人工操作环节全部迁移至线上，实现系统自动化办理。同时，大量运用金融科技进行风险识别，减少人工操作环节。

通常小微企业持有的票据面额小、张数多，承兑行信用等级差别大，如采取线下贴现的方式，商业银行则不得不考虑人力成本及操作成本，导致小微企业票据融资渠道不畅，成本偏高。而上海银行的线上贴现产品具有“自动报价、不挑票、放款快”的特点，只要满足承兑行有充足授信的条件，客户均可自助发起贴现业务申请。该产品以其低门槛、高效率的特性解决了小微企业的票据融资难点。

2. 产品应用成果。产品上线后的首月，通过“上线贴”产品办理的贴现金额在当月全行贴现发生额中占比已跃至42%，且占比不断上升。从实际操作来看，企业客户从自主发起利率试算到资金到账，平均用时仅3分钟，全线上操作的便捷化业务模式深受中小微企业好评。

（二）供应链项下线上承兑

创新发展供应链金融，不仅是响应普惠金融政策方向、服务实体经济的重要抓手，更是银行延伸拓展优质客户、加快自身转型发展的重要契机。随着大数据、区块链等新技术的深度应用，供应链金融不再局限于传统依赖核心企业、线下操作的模式，逐步呈现线上化、多样化、智能化等趋势。因此，2019年上海银行加快了供应链项下票据承兑业务的数字化推进步伐。

1. 产品功能。上海银行持续围绕供应链金融业务推出了“全流程在线、供应链模式”的票据线上承兑产品。通过核心企业对贸易背景的确认核实，实现了经销商票据签发的全线上操作，帮助提升票据融资的运作效率，加速企业资金运转，从而减少企业融资操作成本。

2. 产品应用成果。上海银行以在线票据承兑业务作为切入点，已与多家企业集团实现线上对接，打通核心企业、经销商的供应链条。目前已逐步形成以集团核心企业为授信主体、以下游批量中小客户为用信主体的票据供应链金融服务模式。线上承兑产品不仅拓宽了银行在供应链场景项下为企业提供综合金融服务方案的思路，而且帮助银行有效突破传统业务局限，探索供应链全线上化数字创新的有效途径。

四、城商行票据业务数字化创新的问题与难点

在当前经济环境下，城商行需要在安全性、收益性以及服务实体的政策要求下精准对接小微企业的票据业务需求。在政策管制与自身风控诉求的双重压力下，票据数字化推进过程中依然存在不少问题与阻碍。

（一）供应链项下的异地贴现

对于城商行来说，网点覆盖的局限性给票据业务的线上化带来不小的挑战。例如，在供应链金融服务模式下，核心企业所辐射的上游中小供应商客户分布在全国各个区域，并有大量票据融资需求。若供应链项下票据融资采用线上方式则能有效提高产业链上游企业的融资效率。然而由于跨区域设立分支机构的政策限制，城商行在供应链项下异地银票贴现线上业务的推进过程中困难重重。具体来看，异地贴现的障碍主要有以下三个方面：

1. 异地账户开立。线上业务主要目的是简化操作流程，提升实体企业的融资效率，但贴现账户的开立却成为影响供应链项下票据融资线上化的主要障碍。由于城商行网点辐射面窄，供应链上游企业无法在当地开立账户、申请贴现，企业不得不前往城商行所在地办理开户，因此严重影响了融资效率。从技术上来说，在此情况下远程开立电子虚拟账户是一种有效的解决方案。然而，根据人民银行相关规定，

在信贷业务中的放款账户不得使用虚拟账户，因此即便电子虚拟账户技术已成熟，却难以应用于票据融资环节。

2. 资金流向监控。无法使用电子虚拟账户的第二重障碍是资金流向监管要求。金融监管机构屡次在监管文件及例行检查工作中要求银行加强贴现资金流向的监控管理工作，例如《关于票据业务风险提示的紧急通知》（银监通〔2006〕10号）中提到银行需“密切监控票据贴现资金流向，确保银行信贷资金的安全”。由于电子虚拟账户资金流向追踪方案尚不完善，因此贴现银行不得不要求融资企业在本行开立实体结算账户，通过追踪实体账户中贴现资金划付记录，监控流向合规性。

3. 异地授信管理。在《贷款通则》中，票据业务被定义为信贷业务，因此贴现申请企业需要取得授信方可开展业务。若企业为异地客户，则需按照异地企业授信流程办理。银保监会为规范金融机构票据业务，也在《关于规范银行业金融机构跨省票据业务的通知》（银保监办发〔2018〕21号）中明确要求银行业金融机构应审慎开展跨省票据承兑、贴现业务，建立异地授信内部管理制度。一般在现场检查中监管机构也会要求贴现银行提交一系列授信管理材料，如尽职调查报告、授信审批材料等。因此，银行必须通过企业资料收集、实地走访等形式多维度采集客户资质情况及用信数据，方可按要求做好授信管理基础工作。但由于城商行网点少，在开展供应链票据融资时，若遇供应链核心企业上游企业分布极为分散，则完成异地授信的审查成本极高，从而影响票据融资的全线上化推进。

（二）关于贸易背景审核

要实现票据业务线上化的高效融资流程，其前提是将不必要的线下审核流程予以简化。尽管根据人民银行下发的《关于规范和促进电子商业汇票业务发展的通知》明确，“企业申请电票贴现的，无需向金融机构提供合同、发票等资料”。但监管机构仍然要求“严格贸易背景真实性审查。银行应加强对相关交易合同、增值税发票或普通发票的真实性审查”[《关于加强票据业务监管 促进票据市场健康发展的通知》（银发〔2016〕126号）]。城商行多由当地监管部门对口指导，各地关于贸易背景审查的政策指导口径存在一定差异，导致当地城商行难以有效地推进票据业务的数字化进程。在政策制约下，城商行的线上业务不得不牺牲业务效率，通过各类线下资料的收集来满足监管要求。

五、城商行票据业务数字化发展政策建议

（一）创新政策配套

在数字化推进过程中，只有减少城商行在线上化实践过程中的顾虑，才能借助数字化发展切实解决中小微企业的融资难点。建议监管机构政策可根据数字化进程的需要不断完善，从控制实质风险的角度规范业务操作。

1. 明确贸易背景审查非贴现业务的必要条件。在实际业务操作过程中，小微企业往往由于财务管理制度没有大型企业严格，背景资料提交操作成本较高。贸易合同发票的提交及审核在一定程度上影响了小微企业通过银行办理票据融资的积极性。线上贴现业务的“初心”是简化流程，便利小微企业融资。只有明确取消此类线下贸易背景资料审查，各地城商行才能真正推进其线上业务。

2. 放宽供应链项下贴现企业授信审查形式。根据供应链业务的特点，产业链上下游企业均可通过供应链数据来验证其经营资质以及其票据获取来源。因此，建议针对供应链金融项下的贴现申请企业可适当放宽授信审查要求，考虑以供应链系统数据为主、其他资料辅助的授信审批形式，从而加快线上业务审批效率。

3. 允许在票据业务融资中使用电子虚拟账户。电子账户是银行为发展直销银行业务孕育而生的创新性产物，是银行为使用电子银行业务的客户建立的用于网上业务的账号，是客户进行转账结算和查询的基础。它可以详细记录资金的运动轨迹，充当资金流载体。该账户主要定位于纯粹的线上操作，不仅包括线上使用，而且涵盖线上开户及相关的身份识别活动。

城商行在发展供应链项下业务过程中，如果能有效依托网上银行账户体系，在监管机构允许的前提下，为特定应用场景中的票据贴现融资客户开立电子账户（虚拟账户），则能够真正实现票据融资业务全线上化操作，足不出户办理贴现融资。

（二）分步试行供应链票据融资创新模式

目前供应链项下的票据业务是各家银行的重点发展领域，因此监管机构不妨

允许部分城商行试点供应链票据数字化创新业务。例如，允许银行为在特定支付场景中的供应商，通过开立电子账户的形式进行贴现资金发放；允许银行借助核心企业或平台数据共享的形式收集数据，并通过内部搭建的风控模型分析，对供应链项下的票据融资企业开展创新的信用资质判定等。按照“试点先行、分步推进”的思路，依托数字化技术，达到创新与风险的最佳平衡。

（三）利用大数据实施数字化创新

在票据业务数字化进程中，城商行可以尝试利用大数据开展融资企业创新式信用资质判定工作。同时，大数据的分享应用也可以有效帮助完善社会商业信用体系，形成客观的票据信用评级系统。例如，城商行可充分借助票交所整合的信用数据，获得大数据支撑，从而进行风险筛查，消除融资人和债务人之间的信息不对称。线上数据的比对和筛查能极大地提升票据业务的线上响应效率。

供稿单位：上海银行

执 笔 人：李欣佳

线上清算助力财务公司票据业务开启新篇章

为有效防范电票业务清算风险，满足财务公司电票业务清算需求，2019年6月17日，票交所发布《上海票据交易所关于启动和推广财务公司ECDS电票业务线上清算功能相关工作安排的通知》（票交所发〔2019〕53号），启动财务公司ECDS电票业务线上清算功能推广工作，为符合条件的财务公司开通ECDS线上清算业务权限。2019年10月12日，票交所组织一汽财务有限公司（以下简称一汽财司）等6家财务公司首批实施ECDS线上清算功能接入投产工作。2019年12月21日，创维集团财务有限公司等9家财务公司完成第二批ECDS线上清算功能接入实施。

ECDS线上清算功能对于提升财务公司票据的行业认可度、提高票据清算效率、提升集团成员单位的资金使用效率、降低业务开展的人力成本等多个方面都带来了巨大的变化。无论是对票据行业市场健康发展，还是对各财务公司自身企业变革创新，财务公司线上清算功能的开放，都是一件顺应业务发展趋势、值得快速推广的好事。可以预见，未来一定会有更多的财务公司积极加入ECDS线上清算业务资质申请的行列当中。

一、目标，打造一汽财司特色票据品牌

作为兼顾支付属性和融资属性的重要金融工具，票据一直是一汽集团在采购、

生产、销售等各个供应链业务环节中重要的结算融资手段。为了更好地服务集团，一汽财司也始终将“树立一汽财司票据品牌，提升一汽财司票据市场认可度”作为业务开展过程中不断追求的方向和目标。

“依托集团，服务集团”，通过票据产品服务支持一汽集团主业发展。一方面，发挥一汽财司金融牌照服务职能，为一汽集团各单位提供票据托管、承兑、贴现、质押、托收等全功能票据产品，并根据一汽集团业务特色，设计了成员单位一键开票、在线承兑、在线贴现、票据计划管理、经销商票据承兑、经销商买方付息贴现等个性化服务功能，以满足成员单位票据管理需求，支持一汽集团近4 000亿元票据流转。另一方面，发挥财务公司集团财务管理支撑职能，持续关注票据市场的发展情况，配合集团进行相关票据风险事件的集中处置，及时针对电子商业汇票的业务风险，向一汽集团及各成员单位发出内部管理建议，充当集团各成员单位票据业务的金融服务顾问。

构建票据风险管理体系，不断强化一汽财司自身能力建设。围绕票据业务构建风险管理体系及信息系统基础设施，持续修炼内功。特别是针对新时期电子商业汇票出现的新型业务风险，一汽财司不断优化内部流程，把握业务本质，从客户准入管理、票据贸易真实性管理、系统联防联控等多个方面，有针对性地识别和规避票据业务风险。第一，严格执行客户准入管理，把控客户合作入口，充分识别合作单位的集团企业身份，严控客户服务范围，规避虚假业务风险。第二，严格执行票据贸易真实性核查管理，遵循业务本源，集团金融业务严格审核成员单位交易贸易背景材料，买方信贷业务通过车辆库存盘点，及时跟踪承兑人销售回款，保证票据按时兑付，规避信用风险。第三，通过系统流程控制防范人为操作风险，严格将承兑业务受理及票据签收嵌入授信业务办理审批流程，做到无授信不承兑；建立电子商业票据承兑人关键词控制机制，通过白名单管理控制商票开通准入，控制电子商业票据业务办理风险。第四，持续加强票据久期和围绕兑付的流动性管理，自主研发了集产品、业务、流程、风控、统计于一体的综合票据业务系统，通过科技手段，提高公司票据业务信用风险管理、业务操作风险管理、账户流动性风险管理水平。

打造行业票据联盟，解决供应商持票融资难、融资贵的问题，提升一汽财司票据流通性和品牌市场认可度。为了提高票据的流通性和市场认可度，一汽财司建立了一套立体化的合作体系，率先与东风、兵装财务公司组成T3票据联盟，开展行业票据互认合作，而后与宝钢、鞍钢、徐工财务公司建立产业链战略合作，开展基于产业链背景下的票据互认合作。与16家商业银行建立了票据授信业务以及票据流通互认的合作，电票互认，保证一汽财司票据流通性。同时，为了解决供应商融资难、融资贵的问题，与各合作金融机构建立了一汽财司票据全国保贴业务合作，设计“直贴+转贴”模式丰富集团供应链金融业务场景，降低小微企业财务费用支出，在帮助供应商持续解决问题的过程中，不断提高一汽财司票据在同业和企业间的品牌认可度。

在相应战略指引和落地举措推动下，一汽财司票据的市场认可度逐步提升，一汽财司票据品牌打造取得了可喜的成绩，但随着财务公司票据业务量快速增长，票据服务客群需求迅速增加，整个票据业务展业过程中，一汽财司无法进行线上清算的弊端逐渐显现出来。

二、缘起，电子票据线上清算诸多优势

考虑到实际参与主体的业务差异情况，2009年人民银行ECDS上线时，对于接入机构提供了两种清算模式：线上清算（DVP）和线下清算（FOP）。线上清算在票据流转过程中，实现了票据和资金的实时交割。而线下清算只能保证票据的线上交割，清算资金交割需线下完成。当前，大部分财务公司只能以线下清算的方式参与到电子票据业务的开展过程中，相比线下清算，票据线上清算可以为财务公司票据带来以下几方面的明显变化。

（一）提升财务公司票据的市场认可度，实现财务公司银票与银行银票的资金清算无差别

一方面，财务公司票据虽然属于银行承兑汇票，但由于票款资金无法实时到账，市场上会有企业和银行以“资金无法实时到账，回款效率低”为由，拒收财务公司票据。线上清算后，财务公司票据与银行票据在清算效率层面将无差别。另一

方面，票交所对于线上清算资金账户及头寸管理有严格的清算制度要求，加入线上清算，意味着财务公司在票交所的账户管理框架下办理业务，在票交所资金账户流动性管理方面与各商业银行已无差别，从侧面提高了对财务公司行业流动性管理水平的认可度。

（二）加快企业到期电票托收回款速度，提高企业资金周转效率

在线下清算过程中，承兑行无法实现自动付款，而对于人工线下付款，各银行均有较为复杂的内部审批流程，致使票据承兑签收后票据回款不能当天到账。一汽财司平均每月未在票据签收当日回收票款的票据占总托收票据量的5%左右，金额达到30亿元，形成了巨大的在途资金占用。线上清算，将使票款资金实时到账，提高企业整体资金运转效率。

（三）降低违约风险，保障持票人权益，减少法律诉讼成本

当前，ECDS一旦发生承兑人签收票据后线下拒不打款的情况，由于票据状态为“已结清”，持票人不仅无法直接发起票据追索，还需要在诉讼中承担举证责任。

（四）减少财务公司及企业催票人员工作量

由于线下清算为ECDS非主流清算方式，承兑行水平的参差不齐导致票据催收难度较大且成本较高。为保证财务公司服务水平，一汽财司主动承担了为成员单位到期票据线下催收的工作，投入2~3人专职负责票据催收沟通，单日峰值催收票据量1 000笔以上，形成了巨大的人力成本。线上清算后，可以通过技术手段释放相应的劳动力。

（五）避免付款差错引起的企业操作风险

一方面，承兑行线下付款，易出现银行业务人员线下打错票款、入错账户的情况，需要企业反复进行沟通、查询查复、对账退款。另一方面，处理线下清算时，各银行没有统一的操作规范，付款与票号无法一一对应，增加了企业的工作量及操作风险。

（六）减少财务公司对商业银行的资金清算时效依赖

财务公司不能直接参与人民银行清算，日常需要通过商业银行进行收付款。在线下清算模式下，票据回款需要通过商业银行办理，回款效率极大地依赖代理银行的服务时效。票据线上清算后，财务公司通过票交所通道清算，提高了整个行业的标准化程度及清算效率。

三、谋变，票交所政策直击清算痛点

在上述业务背景下，为有效防范电票业务风险，提高票据业务结算效率，解决业务痛点问题，满足财务公司电票业务清算需求，2019年6月17日，票交所正式启动和推广财务公司ECDS电票业务线上清算功能，通过票交所账户完成了对于财务公司ECDS线上清算业务的落地，至此，财务公司在票据业务的清算方式上有了新的选择。

解读票交所发〔2019〕53号文，票交所对于财务公司线上清算功能，在适用机构范围、清算业务规则、申报流程、推进工作安排等几个方面，均提出了明确的要求。从适用机构范围上看，票交所明确提出“近两年未发生票据结算违约及票据风险事件”要求，尤其重视票据主体的清算结算履约情况，并在资质审核过程中严格把关，近两年存在票据拒付、票据延期支付以及票交所资金账户清算失败的情况，都是影响票据线上清算资质申请的重要因素。因此，良好的票据履约信用是财务公司申请接入的前提条件。从清算业务规则上看，与2014年首批7家财务公司使用人民银行大额支付系统进行线上清算不同，此次申请的财务公司开展线上清算业务，统一使用开立在票交所的资金账户作为其指定的清算路径完成票据业务资金清算。虽然清算路径有所区别，但对于清算对象及清算效率没有任何影响，这也是票交所在财务公司线上清算规则上的创新设计。从申报流程和推进工作要求上看，票交所关注点集中在三个方面：一是主体信用情况，二是系统建设和科技能力，三是风控及流动性管理水平。首先，在获得了ECDS线上清算便利的同时，财务公司必须刚性执行票交所相关要求，从资质的申请准入到违约清退，票交所都建立了完备的信用体系检查机制，对影响票据市场结算秩序的财务公司，票交所将及时进行风险提示并视情节轻重暂停或关闭其线上清算功能，这就要求财务公司必须高度重视自身的信用体系建设，保证票据市场的清算结算秩序。其次，架构合理、功能完备、流程覆盖度和自动化程度高的内部票据系统是线上清算功能投产的前提条件，票交所要求各申请机构必须要完成内部系统的开发和改造工作，并通过票交所验收。最后，票交所要求各财务公司高度重视票据业务流动性管理工作，提前做好到期业务的资金头寸安排，并配套进行风险点梳理，从制度体系、流程操作、系统建设、人力培训等多个维度，配套落实对应风险控制措施。

四、顺势，一汽财司获批线上清算资质

2019年6月，一汽财司正式向票交所递交了《关于一汽财务有限公司开通票交所资金账户线上清算权限的申请》，根据票交所的安排和要求，迅速启动线上清算业务专项筹备工作，围绕财务公司制度、流程、系统、运营等诸多方面，逐项识别业务关键点以应对线上清算开办之后带来的各种业务变化，并最终形成相关落地举措，在保证资质顺利获批的基础上，为业务实质开展做好准备。

（一）制度体系先行，构建风控文化

在制度体系建设方面，线上清算业务的开展涉及公司票据业务、结算业务、清算业务、账户管理、信息科技等各个条线，只有完备的制度体系支撑保障，才能保证资质获批后业务有序开展。因此，在业务筹备期间，一汽财司对原有公司内《电子商业汇票业务管理办法》《电子商业汇票出票及承兑业务操作规程》《银行承兑汇票质押开票业务操作规程》《商业汇票贴现业务操作规程》《买方付息贴现业务操作规程》《资金计划管理办法》《资金账户头寸管理实施细则》《信息安全管理办法》等一系列与票据及结算业务相关的管理制度进行重新审视梳理，将线上清算业务变化纳入公司统一流动性管理、银行账户管理、授信业务管理、信息科技管理体系的管理框架之内。在流动性管理方面，规范了票据资金计划预测、上报、备款、解付等各个操作流程；在银行账户管理方面，将票交所资金账户纳入整体银行账户管理体系，按日核对头寸，按月账户对账；在信息科技

管理方面，围绕线上清算进一步明确了相关运维、灾备、应急预案等管理要求和标准。一系列制度规程的出台规范了公司日常票据业务操作的各项流程，保证了业务运行有章可循、有法可依。

（二）科技服务支撑，系统有效保障

在系统建设层面，一汽财司设计了一套业务全流程一体化处理、自主可控的票据管理系统，并通过独立的票据报文处理网关有效兼顾了业务灵活性和系统稳定性。

首先，业务操作全流程线上化，实现业务办理、支付清算、账务处理、数据核对一体化处理是业务高效办理的基础保障。线上清算功能的放开，不是简单的票据产品创新，还涉及票据业务处理、支付流程控制、财司账务记账、客户托收回款确认等各个业务环节，从系统层面上，涉及网银、票据、核心、支付等各个系统。一

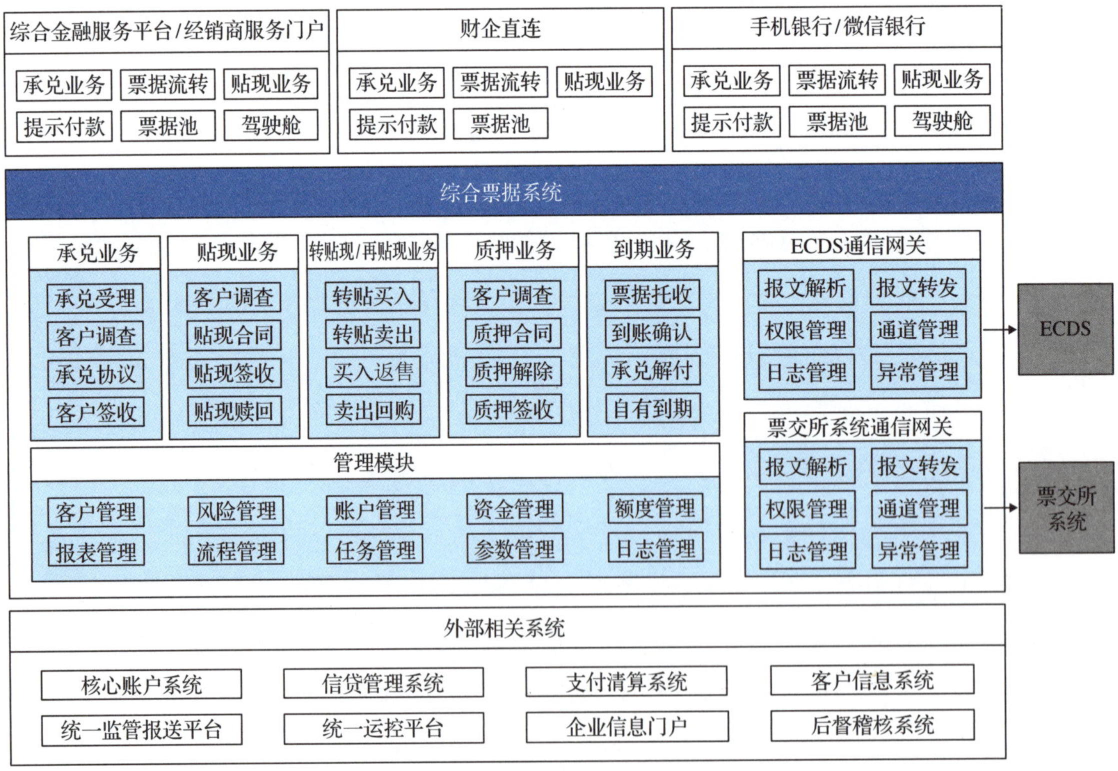

图5-1　一汽财司综合票据系统架构

汽财司在线上清算流程和业务设计过程中，预先考虑各业务环节及相关的内在逻辑关系，实现了跨系统全流程的自动化处理。

其次，打造一个自主可控、灵活高效、与内部管理要求高度一致的票据管理系统是财务公司票据业务做大做强的重要支撑。一汽财司票据系统实现了纸电票业务统一管理，票据全业务在线操作，票据授信及风险线上控制，多个业务环节均完成了自动化处理，保证了现有业务能够高效处理，自主可控的系统实施方式确保了系统可以有效支撑公司未来的业务发展和变革。

最后，独立的票据报文处理网关是保证票据系统灵活与稳定的亮点设计。与大部分票据系统产品不同，一汽财司设计了独立的报文处理网关，用于与外部机构的报文通信解析，独立的票据网关，实现了内外部系统解耦，保证能够快速应对内部业务处理流程的变化，同时，也能够针对票交所管理在系统层面做到快速响应和实施落地。

（三）人控结合机控，提升运营服务

在流程及运营管理方面，在重点识别涉及线上清算各项业务及流程中的关键风险点之后，围绕票据清算渠道规则的设定、资金账户的每日头寸调拨、解付签收的刚性头寸控制、异常交易的实时提醒预警、日清日结的资金账户对账等方面，制定明确的控制举措和操作规范，覆盖了业务的事前、事中和事后等各个环节。

第一，根据规则由系统自动选择票据托收清算方式，避免人工操作风险。考虑到票据线上清算规则的变化，操作人员对于线上清算与线下清算的理解不同，各银行对于线上线下处理的支撑情况不同，人工选择清算方式易出现操作风险。系统设计了线上清算规则模块，通过黑白名单设置、清算开关控制等功能，自动识别选择清算方式。

第二，票交所资金账户的头寸计算规则是线上清算业务管理的核心，一汽财司制定了交易资金T-1备付的基本原则，提前进行头寸收支预测分析，保证资金账户正常支付能力、保持合理备付头寸、防止账户透支。系统自动统计预测承兑应解金额（含商票）、贴现对外放款金额、同业买入金额、同业卖出回购到期金额、客户到期托收、自有到期托收、同业卖出、同业买入到期等各项业务头寸，同时考虑了节

假日、清算路径和清算状态等各个维度，辅助柜员进行头寸备付。

第三，增加对于解付票据签收时的账户头寸刚性控制，确保解付资金足额。在进行解付签收时，系统自动检查票交所头寸账户余额，头寸不足及时预警调拨头寸。同时设置票交所账户提醒阈值，低于阈值提示柜员及时完成备款。

第四，建立对于异常交易的提醒及预警保障机制。线上清算带来了自动化水平的大幅提升，伴随自动化而来的则是对自动化异常指令的及时账务跟踪和实时跟踪处理。针对这种情况，一汽财司设计了承兑解付备款、ECDS解付待签收、交易清算失败、核心记账异常等34项预警及提醒事项，根据事项级别，通过企业门户、短信、微信等方式，第一时间通知处理人员。

第五，按照一汽财司账户日清日结的结算管理要求，每日对票交所资金账户余额及发生额进行对账，出现余额不一致，当日不能日切，保证了营业日终了的最后一道控制防线。线上清算业务的主体逻辑并不复杂，相关管理要求也很清晰，在运营层面只有时刻保持对业务的敬畏之心，关注业务风险点的识别、操作细节的理解和把握、日常工作习惯的培养，同时配套技术手段，方能保证业务持续运行无差错。

五、效果及展望，财务公司电子票据未来可期

2019年10月14日，票交所正式开通了一汽财司的线上清算资质。同日，一汽财司也向相关成员单位开放了线上清算功能，公司及成员单位直接体验到了线上清算的便利。该功能的推出迅速得到相关用户的认可，线上清算票据交易量持续攀升，功能上线开通第10天，线上清算票据交易量突破10亿元。2019年末，累计线上清算票据交易量达到180亿元，预计2020年末，线上清算票据交易量将达到千亿元。为了达成线上清算功能“交易快速上量，形成规模效应，打造品牌口碑”的预期目标，一汽财司围绕“营销宣传、运营服务”两条工作主线，进行了重点的工作安排布局。在营销推动方面，通过长图、海报、折页等多种宣传方式和公众号、门户网站、朋友圈等多种宣传渠道，把握亮点营销事件，加大业务宣传力度，有效解决了资质获批初期客户及同业由于信息不对称仍采取原有业务处理方式的问题，实现了

业务由线下至线上的快速切换。在运营保障方面，自系统上线以来，一汽财司设计了线上清算业务每日运行情况报告，通过对每日交易量、交易对手、交易比例、交易成功率等多维度分析，达到跟踪业务运行情况、识别业务运行问题、判断业务运行趋势、完成业务有序切换的目标，保证票据业务的清算时效及客户服务满意度。

随着财务公司票据线上清算的推进及票交所各项创新工作的展开，财务公司票据业务发展将获得极大利好。展望未来，财务公司票据大有可为。作为全国票据市场的一股新晋力量，财务公司也将在整个票据业务发展过程中，更多地参与到票交所相关产品设计和行业基础设施的建设当中，为提升财务公司票据的行业影响力、支持票据市场健康发展贡献力量。

供稿单位：一汽财务有限公司

执 笔 人：吕晓辉　孙　伟　黄金伟　张　策

标准化票据：
票据业务的标准化之路

一、票据的标准化之争

非标准化债权资产（以下简称非标资产）的定义最早出现在银监会2013年3月发布的《中国银监会关于规范商业银行理财业务投资运作有关问题的通知》（银监发〔2013〕8号），“非标准化债权资产是指未在银行间市场及证券交易所市场交易的债权性资产，包括但不限于信贷资产、信托资产、委托债权、承兑汇票、信用证、应收账款、各类受（收）益权、带回购条款的股权性融资等”。该通知出台的背景是商业银行理财资金直接或通过非银行金融机构、资产交易平台等间接投资于非标资产，一些银行在业务开展中存在规避贷款管理、未及时隔离投资风险等问题。该通知列明了承兑汇票属于非标资产。在非票交所时代，线下交易大量存在，且没有统一规范的交易所市场，这一界定有其合理之处。但从票据的资产属性上看，其在企业层面承担了重要的融资功能，在商业银行层面承担了资产配置、流动性管理等功能，在中央银行层面承担了货币政策工具的职能，然而非标资产的属性极大地限制了票据市场参与主体的范围。从2019年数据来看，2019年票据市场签发承兑20.38万亿元，贴现12.46万亿元，债券市场发行规模45.3万亿元，票据市场的规模与其发挥的实际职能存在着一定的失衡，失衡的重要原因之一就是票据的非标资产属性。

随着票交所的成立，票据交易实现了电子化、线上化和场内化，关于票据本身是否是标准化债权类资产的讨论重新被提上了日程。2018年4月，人民银行、银保监会、证监会和外汇局联合发布了《关于规范金融机构资产管理业务的指导意见》（银发〔2018〕106号，以下简称《资管新规》），第十一条首次提出了资管计划投资标准化债权类资产的五个条件：（1）等分化，可交易；（2）信息披露充分；（3）集中登记，独立托管；（4）公允定价，流动性机制完善；（5）在银行间市场、证券交易所市场等经国务院同意设立的交易市场交易。将上述五个条件与票据一一对照，除了“等分化”之外，其他几个条件基本上已达到了标准化债权类资产的标准。

尽管严格按照上述定义，票据尚未纳入标准化债权类资产，但是票据资产，尤其是银票确是所有非标资产中流动性最好、信息披露最透明、交易机制和公允定价最明确、市场配置需求最大的资产类型。在《资管新规》的强约束下，票据资产的标准化成为一个亟待解决的问题。事实上，关于票据的资产管理业务，市场早有尝试，除了目前已被《资管新规》严格限制的线下票据资管模式外，更被监管机构和市场认可的票据资产证券化业务成为票据业务向标准化方向发展的重要突破。

二、票据业务标准化的序幕：票据资产证券化

票据资产证券化是指代理服务机构（一般指商业银行）接受持票人委托，由代理服务机构代理持票人（一般指企业）将其合法持有的、未到期商业汇票票据收益权或者以票据为结算手段的应收债权作为基础资产转让给资产支持专项计划，并以相应票据设定质押担保，以基础资产所产生的现金流为偿付支持，在此基础上发行资产支持证券的结构化融资安排。

《票据法》规定：“票据的签发、取得和转让，应当遵循诚实信用的原则，具有真实的交易关系和债权债务关系。”因此，在票据资产证券化过程中，票据本身不具备合法的直接转让条件，不能直接作为基础资产，需要进行一定的结构性安排。根据交易结构的不同，票据资产证券化业务可分为票据收益权模式和应收账款

债权模式。

华泰资管—江苏银行融元1号专项资产支持计划于2016年3月29日成功发行，是全市场首单票据资产证券化产品，开创了票据资产证券化业务的先河，融元1号就是以法定票据派生的票据收益权为基础资产的证券化模式。随后博时资本—平安银行橙鑫橙e1号资产支持专项计划发行，是首单以票据为结算手段的以应收账款债权为基础资产的证券化产品。

（一）票据资产证券化业务模式

1. 票据收益权模式。2016年发行的华泰资管—江苏银行融元1号专项资产支持计划是全市场首单票据资产证券化产品，也是票据收益权模式的开创者和典型案例，下面以融元1号为例介绍这一模式。

该模式紧密结合票据资产本身产生的权益，在设置入池资产时，以法定票据权利所派生的票据收益权为基础资产开展证券化。券商设立资产支持专项计划，受让持票企业所持有的票据收益权资产；专项计划以票据收益权资产的票面金额为基础现金流发行资产支持证券，向合格投资者募集资金。江苏银行作为专项计划的代

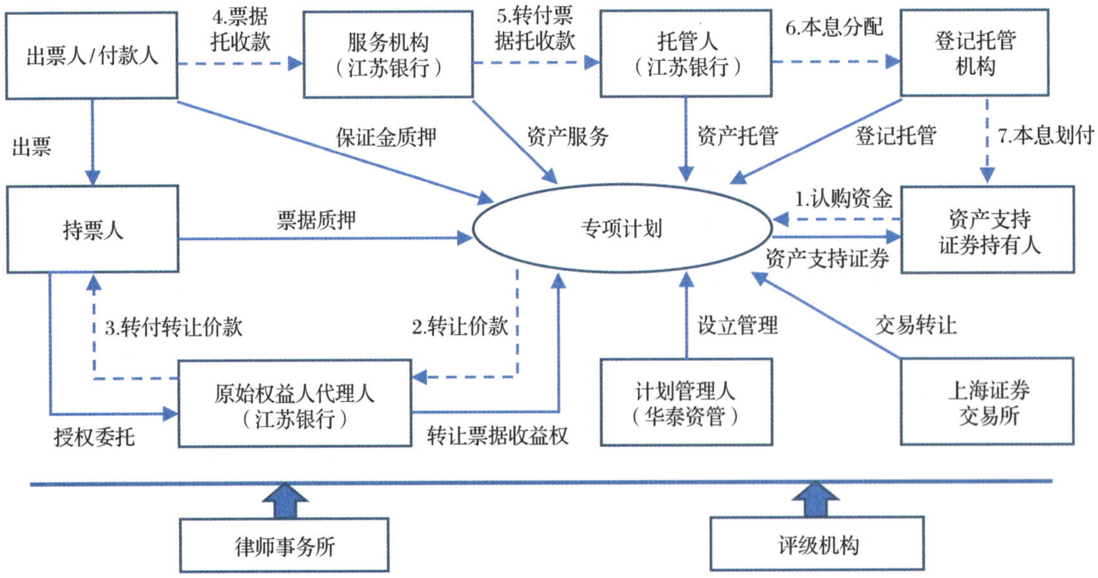

图5-2　江苏银行融元系列票据资产证券化结构

理人和资产服务机构负责整体交易安排、产品方案设计和各方协调工作，作为代理人接受各原始权益人（持票企业）的委托，代理各原始权益人签署《资产买卖协议》、向专项计划转让基础资产、接受并向各原始权益人转付转让价款。江苏银行作为服务机构为专项计划提供与基础资产有关的票据审验、代理质押、保管和托收等服务。其交易结构如图5-2所示。

2. 应收账款债权模式。在上海证券交易所获批发行的票据资产支持证券主要为票据收益权模式，而深圳证券交易所则推出了以票据为结算方式的应收账款债权模式，该模式的典型代表是博时资本—平安银行橙鑫橙e1号资产支持专项计划。应收账款债权模式与票据收益权模式在整体的交易结构上基本相似，其最本质的区别就在于基础资产的表现形式。以票据收益权为基础资产的，该票据收益权是指与票据相关的因持票人提示付款、票据贴现或其他处置、票据担保等所产生的任何未来现金流收益。应收账款债权模式下的基础资产是根据基础交易合同安排，因票据结算所衍生的应收债权。此外还有在银行间市场发行的票据ABN，也是以票据为结算方式的将应收账款债权作为底层资产的证券化安排。

（二）票据资产证券化的业务实践

票据资产证券化业务起始于2016年的华泰证券—江苏银行融元1号专项资产支持计划，并在2017年和2018年得到迅速发展，但发行量在2019年出现了较快下降的趋势。2016年至2019年的四年间，全市场总共发起了43笔票据资产证券化业务，发行总金额441.52亿元：2016年发行15笔，发行总金额75.29亿元；2017年发行15笔，发行总金额89.63亿元；2018年发行12笔，发行总金额272.66亿元；2019年发行1笔，发行总金额3.94亿元。

表5-1　2016—2019年发行的票据资产证券化产品

序号	产品全称	发行量（亿元）	交易场所	发行年份
1	华泰资管—江苏银行融元1号资产支持专项计划	6.44	上海证券交易所	2016
2	华泰资管—江苏银行融银1号资产支持专项计划	4.96	上海证券交易所	2016

续表

序号	产品全称	发行量（亿元）	交易场所	发行年份
3	华泰资管—江苏银行融元2号资产支持专项计划	8.12	上海证券交易所	2016
4	华泰资管—江苏银行融元3号资产支持专项计划	8.77	上海证券交易所	2016
5	博时资本—平安银行橙鑫橙e1号资产支持专项计划	5.33	深圳证券交易所	2016
6	华信证券—民生银行瑞通4号资产支持专项计划	1.71	上海证券交易所	2016
7	华泰资管—招商银行聚元1号资产支持专项计划	10.38	上海证券交易所	2016
8	华信证券—民生银行瑞通3号资产支持专项计划	3.55	上海证券交易所	2016
9	华信证券—民生银行瑞通2号资产支持专项计划	3.39	上海证券交易所	2016
10	华信证券—民生银行瑞通1号资产支持专项计划	2.72	上海证券交易所	2016
11	华泰资管—中信银行睿信1号资产支持专项计划	5.25	上海证券交易所	2016
12	兴瀚资管—兴鑫1号资产支持专项计划	3.80	上海证券交易所	2016
13	中信证券—民生银行票据收益权1号资产支持专项计划	4.70	机构间私募产品报价与服务系统	2016
14	德邦证券平安银行安盈1号资产支持专项计划	3.92	上海证券交易所	2016
15	徽德同赢一号资产支持专项计划	2.25	上海证券交易所	2016
16	德邦证券浙商银行池融2号资产支持专项计划	3.36	深圳证券交易所	2017
17	建信（北京）投资基金管理有限责任公司2017年第一期资产支持票据	2.00	银行间债券市场	2017
18	德邦证券浙商银行池融1号资产支持专项计划	2.46	深圳证券交易所	2017
19	中信证券—民生银行票据收益权5号资产支持专项计划	4.69	机构间私募产品报价与服务系统	2017
20	中信证券—民生银行票据收益权2号资产支持专项计划	5.20	机构间私募产品报价与服务系统	2017
21	交银施罗德—苏州银行票据收益权资产支持专项计划	1.90	上海证券交易所	2017
22	华泰资管—招商银行聚元3号资产支持专项计划	9.69	上海证券交易所	2017
23	华福—浙商银行融鑫系列2号资产支持专项计划	1.78	上海证券交易所	2017

续表

序号	产品全称	发行量（亿元）	交易场所	发行年份
24	华泰资管—春申1号资产支持专项计划	30.00	上海证券交易所	2017
25	华泰资管—招商银行聚元2号资产支持专项计划	10.01	上海证券交易所	2017
26	华福—浙商银行融鑫系列1号资产支持专项计划	2.87	上海证券交易所	2017
27	山西证券—浙商银行池融1号资产支持专项计划	3.97	机构间私募产品报价与服务系统	2017
28	博时资本—浦发银行尚通1号资产支持专项计划	0.73	深圳证券交易所	2017
29	华信证券—民生银行瑞通6号资产支持专项计划	2.36	上海证券交易所	2017
30	华信证券—民生银行瑞通5号资产支持专项计划	8.61	上海证券交易所	2017
31	北京兴投鼎沣资产管理有限公司2018年度第一期资产支持票据	36.50	银行间债券市场	2018
32	财融2018年度第一期资产支持票据	79.00	银行间债券市场	2018
33	德邦证券浙商银行池融3号资产支持专项计划	6.19	深圳证券交易所	2018
34	德邦鑫盈1号资产支持专项计划	4.74	上海证券交易所	2018
35	华泰资管—江苏银行融元4号资产支持专项计划	7.60	上海证券交易所	2018
36	华福—浙商银行融鑫系列5号资产支持专项计划	2.20	上海证券交易所	2018
37	华福—浙商银行融鑫系列4号资产支持专项计划	2.05	上海证券交易所	2018
38	华泰资管—春申3号资产支持专项计划	65.37	上海证券交易所	2018
39	华福—浙商银行融鑫系列3号资产支持专项计划	4.53	上海证券交易所	2018
40	华泰资管—春申2号资产支持专项计划	50.00	上海证券交易所	2018
41	中信银行智信1号资产支持专项计划	3.77	上海证券交易所	2018
42	华泰资管—中信银行睿信2号资产支持专项计划	10.71	上海证券交易所	2018
43	京东普惠金融第一期票据收益权资产支持专项计划	3.94	上海证券交易所	2019
合计		441.52		

数据来源：CNABS。

（三）票据资产证券化的利弊分析

1. 票据资产证券化的优势。作为重要的支付结算工具和融资工具，票据市场在支持实体经济发展，尤其是在解决中小企业融资难、融资贵问题上发挥着不可替代的作用。但是因为现行《票据法》等票据业务相关法律法规赋予票据的特殊属性，以及我国票据市场长期形成的发展格局，票据业务一直以来过于依赖商业银行的信用、规模、资本和资金资源，在一定程度上限制了票据市场发展。但随着金融改革和金融开放的深化，金融脱媒逐渐成为金融市场的趋势，票据市场跳脱出依赖银行开展贴现融资和质押融资这类传统融资方式，通过与其他金融市场的互通联动，引入多样化的融资新模式是未来的发展方向。

票据资产证券化业务正是票据融资新模式的创新尝试。资产证券化，使企业实现了直接融资，拓宽了企业票据融资渠道，有利于构建票据业务多元化融资结构；打通了票据市场和债券市场，引入了更多市场主体和资金参与，实现了票据资产的风险与收益的跨市场再分配；实现了票据产品的标准化，在当前《资管新规》等严监管下，有利于投资者丰富投资品种、优化资产结构。

2. 票据资产证券化存在的问题。票据资产证券化是票据业务向标准化方向发展的有益尝试，但是在实务层面仍然存在一些问题。受《票据法》等有关法律法规的约束，无论是票据收益权模式还是应收账款债权模式，底层资产都不是票据本身，而是基础交易合同项下的票据所衍生出的收益权和应收账款债权。就收益权模式而言，票据与其他资产证券化过程中的基础资产所对应的收益权载体不同，基于票据的无因性，票据一旦经过背书转让予善意第三人，以该票据收益权作为基础资产的专项计划将承担基础资产灭失风险，所以在票据资产证券化过程中，就需要引入类似于资产服务机构等更多的中间参与者，引入超额利差、质押担保、保证、保贴等增信措施，设计更为复杂的交易结构以规避风险。复杂的交易结构必然会带来交易成本高企、发行流程冗长等问题，然而票据尤其是银票和较高信用等级的商票本身就是高流动性的资产，其通过常规的贴现和质押就可以高效完成融资。所以在实务中，票据资产证券化的实际发行量较小，2016年至2019年的四年间全市场总发行规模只有441.52亿元，即便是在发行量最大的2018年，其272.66亿元的发行量也仅占当年整个资产证券化市场2.01万亿元发行规模的1.35%。

三、票据业务标准化的起航：标准化票据

（一）标准化票据业务的创设背景

2019年2月，习近平总书记在中共中央政治局第十三次集体学习时强调“深化金融供给侧结构性改革”，“增强金融服务实体经济能力”。票据市场作为服务实体经济，尤其是中小企业发展的重要金融市场，深入推进票据业务的供给侧结构性改革势在必行。虽然证券化为票据业务标准化开辟了一条道路，但是从该业务的发行规模来看，却一直没有真正得到市场的广泛响应。

标准化票据是人民银行和票交所主导的由上而下的票据业务供给侧改革。根据票交所在2019年第1期至第4期标准化票据有关公告中的阐述，标准化票据指由存托机构归集承兑人等核心信用要素相似、期限相近的票据，组建基础资产池，进行现金流重组后，以入池票据的兑付现金流为偿付支持而创设的面向银行间市场的等分化、可交易的受益凭证，创设背景和目的是加大对中小金融机构流动性支持，支持中小企业融资。

（二）标准化票据业务的运作机制

根据人民银行发布的《标准化票据管理办法（征求意见稿）》以及2019年第1期至第4期的产品结构，对于标准化票据的运作机制可以归纳出以下几个关键词：等分化、受益凭证、存托、经纪、银行间债券市场。

一是等分化。根据《资管新规》中界定标准化债权类资产的五个条件，除了“等分化”这个条件外，票据基本具备了标准化债权类资产的其他所有特征，但正是由于票据签发承兑规则以及流通流转中不可拆分的特殊属性，票据本身很难满足“等分化”的条件。而标准化票据与资产证券化的方式类似，通过归集票据组成基础资产池，以基础资产池的现金流为支持创设受益凭证，受益凭证有标准化、等分化的面值，投资人通过认购受益凭证对构成基础资产的票据享有权利。通过标准化票据的交易机制转换，票据资产间接实现了“等分化”。

二是受益凭证。我国现行的金融法律法规中并未出现过“受益凭证”的概念，但在证监会2013年颁布的《证券公司债务融资工具管理暂行规定》中提出了“收益

凭证”的概念。根据该规定，收益凭证指证券公司依照本办法发行，约定本金和收益的偿付与特定标的相关联的有价证券。受益凭证和收益凭证仅一字之差，但是受益的概念来自信托。《信托法》规定信托受益人享有信托受益权，没有明确的受益权的定义，也没有受益凭证的概念，但是普遍认为信托受益权指采用信托受益凭证记载的信托受益人所拥有的权利。信托受益凭证是信托机构在接受投资者资金后出具的代表信托项下财产权和其他权利的书面凭证。综合券商收益凭证和信托受益凭证的概念，标准化票据作为一种受益凭证，指的是存托机构接受投资者资金后出具的，约定本金和收益偿付，与基础票据资产相关联的，代表标准化票据及其基础资产权利的有价证券。

三是存托。存托的概念借鉴于股票存托凭证。股票存托凭证指在一国证券市场流通的代表外国公司有价证券的可转让凭证，由存托人签发，以境外证券为基础在境内发行，代表境外基础证券权益。存托凭证是基于一般信托制度演变而来的，从本质上说，它是一种由存托机构取得基础证券的所有权后发行的证券化的受益凭证，是一种交易机制的转换，解决了两个市场间因为法律、监管、交易制度等不同而导致的资产不能跨市场交易的问题。标准化票据使用了存托的概念，体现了《信托法》中的委托受托关系，是由存托机构（受托人）接受持票人（委托人）的委托，创设标准化票据并以产品的名义集中受让和存托持票人合法持有的票据作为基础资产，在取得票据权利后面向合格投资者（受益人）发行的证券化的受益凭证，是票据市场和银行间债券市场之间的交易机制转换。

四是经纪。货币经纪作为金融工具媒介，在金融市场起到非常重要的作用，是成熟金融市场的重要特征。我国货币市场中资金、外汇、债券等子市场都有非常成熟的货币经纪，但是票据市场却长期没有规范的票据经纪，导致民间票据中介层出不穷，给票据市场的稳定带来极大的负面影响。为此，人民银行设立了票据经纪制度，批准了工商银行、招商银行、浦发银行、浙商银行和江苏银行作为票据经纪业务的首批试点机构。由于票据存在信用要素分散、期限分散、金额分散、持票人分散等特性，为了高效归集基础资产，提高发行时效，标准化票据在发行过程中引入了票据经纪机构，通过经纪机构渠道面向市场公开募集基础资产，也是标准化票据交易结构中的创新之一。

五是银行间债券市场。标准化票据的承销适用《全国银行间债券市场金融债券发行管理办法》，登记托管适用《银行间债券市场债券登记托管结算管理办法》，交易流通适用《全国银行间债券市场债券交易管理办法》，且可开展现券买卖、回购、远期等交易。标准化票据适用银行间债券市场的所有规则，是标准化的债券。

（三）标准化票据的业务实践

2019年总共发行了四期标准化票据，发行总规模13.8亿元，前三期创设目的为加大对中小金融机构流动性支持，基础资产为已贴现的锦州银行承兑银票，第四期创设目的为支持中小企业融资，基础资产为未贴现的江苏银行承兑银票。四期产品除了在票据是否贴现上作了尝试，也在信用要素的分层上作了探索。第一期承兑人为锦州银行，贴现人为清徐农商行；第二期承兑人为锦州银行，贴现人为乌海银行和清徐农商行，贴现人整体信用等级有所变化；第三期承兑人为锦州银行，贴现人为工商银行和民生银行，贴现人为信用等级更高的国股行；第四期承兑人为江苏银行，未贴现。四期产品因承兑人或贴现人不同，核心信用要素也不同，各期产品的信用等级直接参照底层票据的信用等级，这也在四期产品的市场定价上得以反映（见表5-2）。

表5-2　2019年1~4期标准化票据试点情况

项目	19标准化票据001	19标准化票据002	19标准化票据003	19标准化票据004
代码	151900001	151900002	151900003	151900004
基础资产	锦州银行承兑银票	锦州银行承兑银票	锦州银行承兑银票	江苏银行承兑银票
发行规模	5亿元	4.67亿元	3.278亿元	1亿元
融资利率	4.55%~5.35%	4.55%~5.15%	3.80%~4.00%	3.00%~3.40%
认购利率	4.90%	4.60%	3.60%	3.02%
期限	92天	57天	82天	349天

续表

项目	19标准化票据001	19标准化票据002	19标准化票据003	19标准化票据004
持票人	锦州银行	乌海银行、南通农商行	工商银行、民生银行	企业
贴现人	清徐农商行	乌海银行、清徐农商行	工商银行、民生银行	未贴现
经纪机构	—	招商银行、江苏银行	招商银行、江苏银行	江苏银行
承销机构	国泰君安	国泰君安、华泰证券	江苏银行	华泰证券

2019年1~4期标准化票据是标准化票据业务在初创期的试点和探索，得到了市场的广泛认可和响应。江苏银行作为首批票据经纪业务试点机构之一，高度重视票据经纪业务，尤其是标准化票据业务的创新发展，业内首家在总行层面设立了票据经纪业务部。江苏银行配合人民银行和票交所全程参与了四期产品的创设和试点工作，是目前唯一的同时具有标准化票据经纪、承销和投资经验的金融机构。

（四）标准化票据与票据资产证券化差异比较

1. 交易结构不同。标准化票据的交易结构与票据资产证券化有相似之处，但它却与一般意义上的资产证券化有着本质的区别。票据资产证券化的核心是SPV，用于受让票据收益权或者应收账款债权实现破产隔离，体现的是委托代理关系，而标准化票据没有设置SPV，而是通过存托机构设立存托账户直接接受票据背书转让的方式实现基础资产权利的完全转移，体现的是委托受托关系。所以，标准化票据并不是资产证券化，而是票据市场和银行间债券市场交易机制的转换。

2. 基础资产不同。票据资产证券化的基础资产是票据收益权或以票据作为结算工具的应收账款债权。在票据收益权模式下，票据收益权本身并非严格意义上的法定权利，而是基于合同构建的一种约定权利，原始权益人向专项计划转移票据收益权后，仍然是法律意义上的持票人，即便在交易结构中加入票据质押、保证金质押等增信措施，也没有改变原始权益人依然是合法持票人的法律定位。在应收账款模式下，基础资产是应收账款债权，票据仅是依附于应收账款债权的结算工具，票据或票据权利本身并不是基础资产的组成部分，其法律地位更加弱化。票据资产证券化在基础资产的法律定位方面有一定瑕疵，而标准化票据的基础资产是票据本身，存托机构设立存托账户直接接受票据背书转让，经背书的票据实现了票据权利的完全转移，法律关系更加清晰。

3. 业务效率不同。首先是发行效率不同。票据资产证券化因为结构复杂、参与者较多、主管机关批复程序较长等原因，实际的发行效率比较低，发行周期最快也要半个月以上，且发行费用较高。标准化票据结构简洁，仅是票据市场和债券市场交易机制的转换，信用评级也可以直接参照票据市场或债券市场既有评级，实际发行效率高，发行周期平均3天，融资成本更低。其次是交易流通效率不同。票据资产证券化产品的二级市场流通性较差，开展回购等衍生交易也较为困难；而标准化票据是标准化的债券，在二级市场可以开展现券买卖、回购、远期等交易，交易流通效率更高。

四、票债联动，推动票据业务跨入标准化时代

2019年10月12日，人民银行对外发布了《标准化债权类资产认定规则（征求意见稿）》（以下简称《认定规则》），进一步明确了标准化债权类资产与非标准化债权类资产的界限、认定标准及监管安排。《认定规则》除了以正面清单的方式列明债券、资产支持证券等固定收益证券为标准化资产外，还为其他类资产拟认定为标准化资产明确了条件。在《认定规则》下，票据本身仍然无法达标，但是标准化票据完全符合“等分化，可交易”“信息披露充分”“集中登记，独立托管”“公允定价，流动性机制完善”“在银行间、证券交易所等经国务院同意设立的交易市场交易”这五个认定条件。

标准化票据是在票据无法被认定为标准化资产的情况下，以存托的方式完成票据市场和债券市场的联动，实现票据资产标准化的交易机制转换，推动了票据业务正式跨入标准化时代。

根据票交所统计，2019年全市场累计签发承兑票据20.38万亿元，年末承兑余额12.73万亿元。其中银行承兑汇票累计签发承兑17.36万亿元，年末余额10.89万亿元；商业承兑汇票累计签发承兑3.02万亿元，年末余额1.84万亿元。票据签发承兑

量在社会融资规模中占比为5.07%，比上年提高0.2个百分点。一方面，票据市场规模巨大，而传统的票据市场过度依赖商业银行的信用、规模、资本和资金，企业票据融资尤其是商票融资需求得不到满足；另一方面，庞大的非银机构和非法人产品群体和资金对票据资产表现出强烈的需求，却因为制度的障碍无法参与票据资产的配置。标准化票据通过交易机制的创新实现了票据业务标准化，实现了票据市场和债券市场的互联互通，推动了金融资源跨市场优化配置，未来标准化票据发展空间巨大。

供稿单位：江苏银行
执 笔 人：陆 跃 王晓明

证券公司参与标准化票据创新实践

为加大对中小金融机构流动性支持，服务中小企业融资和供应链金融发展，2019年8月20日，市场首单标准化票据成功创设。标准化票据是指由存托机构归集承兑人等核心信用要素相似、期限相近的商业汇票组建基础资产池，进行现金流重组后，以入池票据的兑付现金流为偿付支持而创设的面向银行间市场的等分化、可交易的受益凭证。

标准化票据的创设有利于解决作为票据持有人的中小金融机构流动性紧张（针对已贴现票据）以及中小企业融资难（针对未贴现票据）的问题，有力地支持了实体经济尤其是中小企业的发展，同时也是票据资产迈向标准化的重要突破。

证券公司作为标准化票据的财务顾问和承销机构，深度参与前期开发和创设，以及产品的销售和投资者推介，探索了连接票据市场与债券市场的新机制。

一、标准化票据创设试点情况

（一）试点概况

截至2019年底，标准化票据共完成四期试点。根据票交所网站公告信息，四期试点项目主要情况如表5–3所示。

表5–3 标准化票据试点产品情况

	第一期标准化票据	第二期标准化票据	第三期标准化票据	第四期标准化票据
创设日期	2019/8/20	2019/8/29	2019/8/29	2019/9/11
创设规模	5亿元	4.67亿元	3.1278亿元	1亿元
期限	92天	57天	82天	349天
认购利率	4.90%	4.60%	3.60%	3.02%
基础资产类型	已贴现银行承兑汇票	已贴现银行承兑汇票	已贴现银行承兑汇票	未贴现银行承兑汇票
基础资产承兑人	锦州银行股份有限公司	锦州银行股份有限公司	锦州银行股份有限公司	江苏银行股份有限公司
基础资产贴现行	山西清徐农村商业银行股份有限公司	乌海银行股份有限公司、山西清徐农村商业银行股份有限公司	中国工商银行股份有限公司、中国民生银行股份有限公司	—
委托机构	锦州银行股份有限公司	乌海银行股份有限公司、江苏南通农村商业银行股份有限公司	中国工商银行股份有限公司、中国民生银行股份有限公司	泰州市新泰建设发展有限公司
存托机构	上海票据交易所	上海票据交易所	上海票据交易所	上海票据交易所
经纪机构	—	招商银行股份有限公司、江苏银行股份有限公司	招商银行股份有限公司、江苏银行股份有限公司	江苏银行股份有限公司
财务顾问	国泰君安证券股份有限公司	—	—	—
主承销商	—	国泰君安证券股份有限公司、华泰证券股份有限公司	江苏银行股份有限公司	华泰证券股份有限公司
簿记管理人	国泰君安证券股份有限公司	国泰君安证券股份有限公司	江苏银行股份有限公司	华泰证券股份有限公司
法律顾问	锦天城律师事务所	金杜律师事务所	金杜律师事务所	金杜律师事务所
登记托管机构	上海清算所	上海清算所	上海清算所	上海清算所
交易流通场所	票据市场	银行间债券市场	银行间债券市场	银行间债券市场

资料来源：上海票据交易所。

（二）产品特点

目前试点标准化票据基本符合《资管新规》对标准化债权类资产认定的五个条件（等分化、可交易；信息充分披露；集中登记、独立托管；公允定价、流动性机制完善；在银行间市场、证券交易所市场等经国务院同意设立的交易市场交易）。上述四期试点项目具备以下特征。

1. 等分化、可交易。标准化票据是以入池票据的兑付现金流为偿付支持而创设的面向银行间市场的等分化、可交易的受益凭证。四期试点项目均以簿记建档方式面向合格投资者创设，投资者持有等分化的受益凭证，并可在票据市场或银行间债券市场交易流通。

2. 信息披露机制初步形成。四期试点项目均在上海票据交易所和上海清算所官方网站进行统一的信息披露，在项目的不同时点对应披露相关公告（包括创设公告、申购公告、创设结果公告、申购结果公告以及兑付公告），相关公告对各参与主体、主要条款（包括创设金额、票面金额、认购利率、产品期限、承销方式等）、基础资产清单、主要交易文本以及兑付情况等进行了披露。随着标准化票据相关配套制度的出台，信息披露机制有望进一步完善。

3. 集中登记、独立托管。四期试点项目均通过上海清算所登记托管，并由上海清算所提供清算兑付服务，投资者需具有在上海清算所开立的托管账户方可参与标准化票据的投资，符合在人民银行和金融监督管理部门认可的债券市场登记托管机构集中登记、独立托管的认定条件。

4. 定价和流动性机制初步形成。四期试点项目的定价主要参考了同期承兑行的同业存单价格，与债券市场形成定价联动；中债金融估值中心有限公司作为第三方估值机构已对试点标准化票据进行估值，可作为投资人二级交易参考；且试点标准化票据已实现部分投资者在二级市场的成功交易。随着标准化票据相关配套制度的出台和市场的逐步发展，定价和流动性机制有望进一步完善。

5. 在银行间市场、证券交易所市场等经国务院同意设立的交易市场交易。首期标准化票据在票据市场交易流通，后三期标准化票据试点在银行间债券市场交易流通，票据资产与债券市场的联动扩大了传统票据市场的投资人范围。

二、证券公司参与标准化票据创新实践

在已创设的四期标准化票据中，证券公司深度参与创新实践。其中，国泰君安

证券股份有限公司（以下简称国泰君安证券）作为唯一券商服务机构参与了首期标准化票据的开发和创设，担任财务顾问和簿记管理人，同时作为牵头主承销商和簿记管理人深度参与了第二期标准化票据的各项前期工作。在人民银行和票交所的框架指导下，国泰君安证券对标准化票据创新业务的交易结构设计、相关文件起草、创设流程安排、基础资产选择、产品定价考量、投资者推介销售以及簿记和缴款等各个环节进行了积极的探索和实践。

（一）交易结构设计

标准化票据是将票据资产与证券公司投行业务结合的重要创新成果。在参考资产证券化等投行产品设计的基础上，通过将票据资产转让给存托机构，并由存托机构作为名义发行人在银行间市场创设等分化、可交易的受益凭证，赋予了票据资产标准化债券的属性。

试点产品交易结构如图5–3所示。

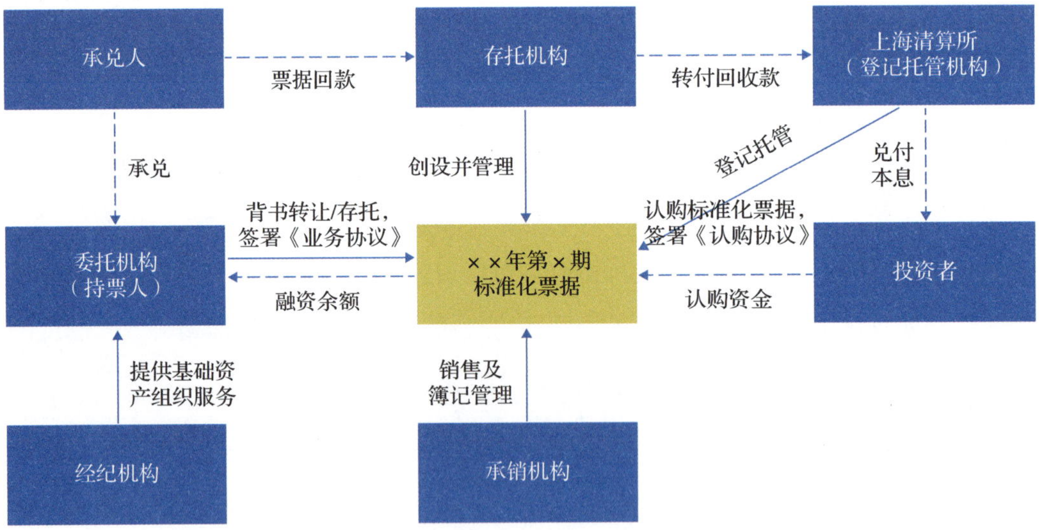

图5–3　标准化票据试点交易结构

（二）相关文件起草

根据交易结构安排，证券公司协助律师起草和修订相关交易文件。

1. 持票人和存托机构通过签署相关业务协议，实现基础资产的背书转让。

2. 存托机构作为名义发行人，在银行间市场创设标准化票据，并与投资人签署标准化票据认购协议。

3. 经纪机构提供基础资产的组织服务，寻找符合要求的基础资产，签署经纪协议。

4. 承销机构提供标准化票据的销售和簿记管理工作，开展投资者询价和簿记缴款工作，签署承销协议。

5. 试点产品中由票交所作为存托机构对标准化票据进行创设和管理，并根据相关规则对票据资产进行到期收款。

6. 上海清算所作为登记托管机构和代理兑付机构提供相关配套服务，与存托机构签署登记托管及代理兑付协议。

（三）创设流程安排

基于票据资产的高流动性特点，标准化票据创设流程对时效性有较高的要求。标准化票据创设流程如下。

如图5-4所示，试点项目创设流程从确定基础资产到簿记缴款仅需4个工作日，大大提高了票据资产流转的效率。标准化票据可作为传统票据市场贴现、转贴现的重要补充，同时相较于资产证券化等其他标准化债券业务效率优势明显。

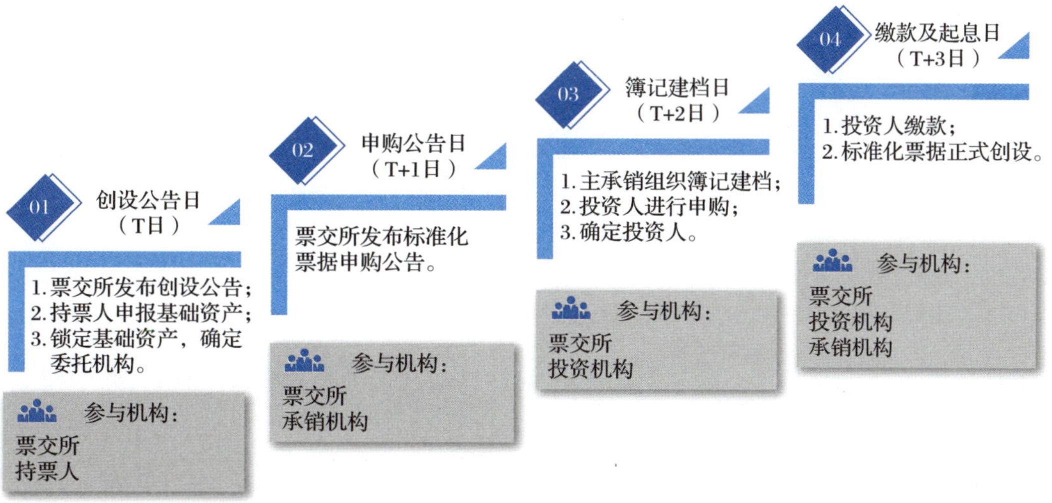

图5-4　标准化票据试点创设流程

（四）基础资产选择

关于基础资产的选择，一般结合票据信用主体资质、期限、持票人需求以及销售定价等因素综合考虑。一是选择有核心信用相似（主要为同一承兑人或担保人模式）、期限相近的基础资产，同时建议承兑人或担保人（如有）具备外部信用评级，便于定价和销售；二是从票据类型来看，既包括从支持中小金融机构流动性的角度出发，以金融机构持有的已贴现票据为基础资产，也包括以中小企业持有的未贴现票据为基础资产，支持中小企业融资。结合实践情况，标准化票据主要可适用于三类情形：一是针对未贴现商票，标准化票据通过打通票据市场和债券市场扩大投资者范围，相较于传统票据融资和债券融资方式，标准化票据不必然增加融资成本，且具备效率优势；二是为具有一定流动性紧张的银票提供新的流通渠道；三是在票据市场价格波动导致票据价格高于资金价格的时点，可通过创设标准化票据对接债券市场募集资金。

此外，在期限的选择上需综合考虑定价、风险和持票人需求等多个因素。一是便于定价，如前两期标准化票据试点均参考了锦州银行同期3个月同业存单价格；二是从风险角度考虑，风险与期限相匹配；三是期限过短对持票人来说意义不大，一般3个月或以上期限比较合适。

（五）产品定价考量

关于产品的定价，一般根据每期产品的基础资产承兑人/担保人、贴现行等信用主体资质和信用级别以及期限等情况进行综合考量。

前两期试点标准化票据参考了承兑行锦州银行同业存单利率水平。投资者认购利率与同期锦州银行3个月同业存单参考收益率水平基本一致。但同业存单在没有增信的情况下仅反映的是承兑行（锦州银行）自身的信用状况，而承兑已贴现票据除了反映承兑人信用资质，还同时叠加了其他商业银行作为贴现人共同的信用资质，二者信用资质不尽相同。由于前两期试点基础资产贴现行均为中小行，非国股大行，应该说参照承兑行同业存单定价能基本体现基础资产的风险。如未来基础资产扩大到商票，可参考同期承兑人等相关信用主体的短期债券价格，与信用债市场形成更好的定价联动，证券公司将更好地发挥在债券市场定价方面的专业优势。

（六）投资者推介销售

证券公司作为承销机构在簿记建档前充分向潜在投资机构进行询价，确保认购利率公开化、市场化。

传统票据市场参与人主要以银行类金融机构为主、非银机构和资管产品为辅。首期标准化票据投资者限于票据市场参与者，并在票交所市场交易流通。从第二期标准化票据开始，扩大到银行间市场发行和交易，从而投资者扩大到银行间市场的合格投资者。从投资人类型看，四期试点产品投资人除银行理财和自营资金外，还包括券商资管和自营、公募基金自营等多类资管和非银机构。随着后续标准化票据相关制度的出台，标准化票据的性质有望进一步明确，预期投资群体将进一步扩容。

作为市场创新品种，标准化票据自试点以来受到市场投资人的广泛关注，证券公司充分发挥自身的专业优势回复投资人关于产品等相关问题，包括标准化票据的含义、基础资产的还款风险、产品的定价和后续交易安排等。如基础资产池中的票据出现违约，投资人可根据行为实质向承兑行求偿；或投资人选出代表代其发起追索；也可根据协议约定，同意存托机构代为发起追索。追索应遵循票交所现行到期处理规则。

（七）簿记和缴款

四期试点项目均采用簿记建档的发行方式，证券公司作为簿记管理人组织标准化票据簿记和缴款相关工作。簿记建档期间主要工作和流程包括：

1. 簿记管理人组建簿记管理人团队、提供簿记场所及簿记系统、负责维护簿记现场秩序。

2. 投资者按照申购公告的具体要求正确填写《申购意向函》，并在规定的申购期间内传真或发送扫描件至簿记管理人指定电子邮箱。

3. 簿记管理人根据在申购期间内收到的《申购意向函》统计申购金额和申购利率，并采取荷兰式的定价方法，申购时间截止后，由簿记管理人确定中标利率。

4. 票交所根据簿记管理人的簿记建档结果公告创设结果。

5. 簿记建档结束后，票交所与投资人签署《标准化票据认购协议》，投资人根据认购协议将需缴纳的认购款金额在缴款期限内划转至指定账户，产品成功创设。

三、证券公司参与标准化票据的意义

（一）扩大了证券公司业务范围，促进证券公司深化支持实体经济发展

由于当前票据市场参与主体多为银行类金融机构，证券公司参与票据业务的途径相对有限，此前主要包括票据资管、自营买入以及票据ABS/ABN等少量业务，规模较小。标准化票据出现后，可能成为证券公司新的投行业务品种，并有望规模化开展。

一方面，从市场潜力来看，当前票据市场体量庞大，为标准化票据市场的发展提供了基础。根据票交所网站公布的数据，2019年，全市场累计签发承兑票据20.38万亿元，累计贴现12.46万亿元，票据贴现规模已超过同期公司信用类债券累计发行量（根据Wind数据统计为10.33万亿元）；2019年末票据承兑余额12.73万亿元，可预期标准化票据市场潜力达10万亿元以上。另一方面，从市场需求来看，票据因其期限短、金额灵活、流动性高等特点，是解决中小企业融资难题和服务实体经济的重要途径，而标准化票据可在银行间债券市场交易流通，促进了更多元化主体参与到票据市场，从而拓宽了中小企业的票据融资渠道。在融资成本和融资效率得以保障的前提下，标准化票据将成为传统票据贴现和供应链融资等企业融资方式的有益补充，市场空间较大。

（二）增加了证券公司投资品种，推动证券公司自营和资管更广泛参与票据市场

《资管新规》的出台，对证券公司开展票据资管业务带来两难。一方面，《资管新规》规定“金融机构不得将资产管理产品资金直接投资于商业银行的信贷资产”，而根据《贷款通则》第九条第六款规定，票据贴现属于贷款范畴，因此票据资管直接投资票据存在合规性障碍；另一方面，对票据资产是否符合《资管新规》中对标准化资产的认定要求尤其是对于“等分化”的要求一直存在较大争议，票据资产的非标特性限制了资管机构在票据市场的参与程度。而标准化票据等分化、可交易的证券属性是票据标准化迈出的重要一步，票据标准化实现后，上述障碍将不

复存在，有助于推动票据资管业务的大力开展，从而提高证券公司的资产管理规模和盈利能力。

此外，标准化票据也为证券公司自有资金提供了新的配置品种。作为一类固定收益产品，尤其对于以银票和高信用主体商票为基础资产的标准化票据，信用风险较低，且期限较短，随着后续相关配套制度对定价和流动性机制的逐步完善，标准化票据对于证券公司将具有较好的配置价值。

四、证券公司参与标准化票据展望

（一）通过基础资产的多样化，扩大标准化票据实践，更好地服务实体经济

庞大的票据市场为标准化票据提供了多样化的基础资产来源，随着后续相关配套制度的出台，相信标准化票据将成为一类重要创新业务得到大力开展和推广，从而更好地推动票据资产服务实体经济。国泰君安证券作为参与标准化票据试点的市场机构先行者，将充分利用自身专业优势，与监管部门和市场机构广泛交流，为解决中小企业融资难、融资贵问题以及支持实体经济发挥更加重要的作用。

（二）借助在债券市场的经验，推动票据资产在票据市场和债券市场的多市场流通

标准化票据可在银行间债券市场交易流通，打通了票据市场和债券市场的连接通道，促进了多元化主体参与到票据市场。证券公司将凭借在债券市场丰富的销售、定价、交易和做市等方面的经验，广泛与票据市场参与者交流，推动两个市场更高效和有序地联动，从而进一步提高票据交易的效率和增强票据资产服务实体经济的能力。

供稿单位：国泰君安证券股份有限公司
执 笔 人：李　振　丁　琎

附录一
2019年票据市场大事记

1月23日，上海票据交易所“票付通”产品投产上线。全年累计签约企业客户802家，实现票据在线支付68.66亿元。

1月25日，上海票据交易所发布《上海票据交易所关于调整中国票据交易系统交易时段的通知》（票交所发〔2019〕13号），延长中国票据交易系统内外部交易时段。

2月21日，上海票据交易所公布2018年度上海票据交易所优秀会员单位、优秀银行类交易商、优秀非银行类交易商、优秀承兑机构、优秀贴现机构、优秀信息统计工作机构、优秀科技工作机构等7类机构奖项，共计评选出81家机构。

3~4月，上海票据交易所赴全国18个省份开展票据市场“大宣讲大调研”活动，共举办15场宣讲大会、37场座谈会，实地走访30余家实体企业，回收226份调研问卷。

3月16日，上海票据交易所对中国票据交易系统进行2019年第一季度版本升级，新增再贴现补充信息修改、登记托管子系统或有追偿查询和未结清票据查询等业务功能，优化单笔交易限额维护功能。

3月19日，上海票据交易所公布2018年度优秀票据交易主管和优秀票据交易员两类个人奖项，共计58人。

4月24日，“上海票据交易所系统建设项目组”荣获“上海市工人先锋号”荣誉称号。

5月13日至15日，由上海票据交易所主办、中票信息技术（上海）有限公司承办的首期中国票据交易系统交易员培训班在杭州举行，来自全国68家金融机构的110位学员参训。

5月15日，上海票据交易所发布《中国票据交易系统直连接口规范（2.2版）》和《中国票据交易系统直连接口规范（3.0版）》，完善和优化中国票据交易系统直连接口功能。

5月22日，上海票据交易所发布《关于加强电子商业汇票信息真实性审核的通知》，针对2019年1月以来发生的商票承兑人名称中含“银行”字样的风险事件，提醒会员单位加强商票信息真实性审核，防范电子商业汇票业务风险。

5月25日，上海票据交易所“票付通”产品跳转支付、安全认证等重要功能投产上线。

5月25日，上海票据交易所对中国票据交易系统进行2019年第二季度版本升级，新增“贴现通”业务子系统，增加再贴现电票影像查询和托管银行票据查询功能，并对核心交易、纸票登记、登记托管、清算结算、计费缴费和机构管理子系统进行优化。

5月27日，上海票据交易所“贴现通”业务成功投产上线，标志着商业银行担当票据经纪机构的机制正式推出，全国统一的贴现服务平台正式建立。全年，“贴现通”业务服务企业2 720家，合计委托票据6 653张、金额98.19亿元，其中的5 130张票据达成贴现意向，票面金额合计74.92亿元。

5月28日，上海票据交易所发布《上海票据交易所系统接入指引（2019年版）》，进一步规范了票交所系统接入工作。

5月30日至31日，由上海票据交易所主办、中票信息技术（上海）有限公司承办的首期中国票据交易系统登记托管及清算结算业务培训班在上海举行，来自全国34家金融机构的56位学员参训。

6月10日，中国票据研究中心发布《探索与争鸣——中国票据研究中心首届征文获奖论文集》。

6月13日，中国人民银行行长易纲在第十一届陆家嘴论坛上表示，将“支持上海票据交易所在长三角地区推广应收账款票据化，试点推广‘贴现通’业务”作为上海国际金融中心建设重点推进事项。

6月14日，中国人民银行发布《关于向中小银行提供流动性支持的通知》，增加再贴现额度2 000亿元，加强对中小银行流动性支持。

7月，上海票据交易所赴北京、上海、江苏、山东四个省（直辖市）开展“不忘初心、牢记使命”主题教育调研活动，走访各金融机构并延伸到基层网点和有代表性的用票企业，共召开座谈会20余次，参会金融机构和企业250余家，参会人数600余人。

7月16日，上海票据交易所与中国人民银行营业管理部联合举办北京地区票据业务宣讲培训会议，北京地区91家金融机构和企业代表200余人参加培训。

7月24日，上海票据交易所在沪举办金融机构票据业务宣讲培训会议，75家金融机构和企业的160余位代表参会。

7月26日，上海票据交易所于厦门举办2019年第一期（总第八期）票据交易沙龙活动，主题为“票据市场风险防范与授信管理的新特点及应对措施”。

7月31日，上海票据交易所匿名票据交易撮合数据传输方法及相关系统等10项科技专利通过国家专利局初审。

8月10日，上海票据交易所对中国票据交易系统进行2019年第三季度版本升级，新增再贴现出票人补充信息登记、机构管理员维护内部账户等功能，并对“贴现通”、托管账务、纸票登记、电票查询、计费缴费、清算结算子系统相关功能进行优化。

8月10日，上海票据交易所“企业信息系统”成功投产上线，将各企业的票据融资、贸易背书、兑付信用等数据与工商总局第三方数据结合起来，以票据为切入点实现对于企业数据的挖掘利用以及对企业信息准确性的校验。

8月15日，为加大对中小金融机构流动性支持，经中国人民银行同意，上海票据交易所发布《关于申报创设2019年第1期标准化票据的公告》，并于8月20日成功创设2019年第1期标准化票据。2019年全年，上海票据交易所共完成4期标准化票据产品的创设，其中3期已到期并按时足额完成兑付。

8月15日，上海票据交易所发布《中国票据市场发展报告（2018）》。

8月26日，上海票据交易所举办第六期“活水讲坛”，邀请中国人民银行参事王宇就“深化中国金融改革、防控金融风险隐患”进行演讲。

第三季度，中国人民银行编制的《中国货币政策执行报告》开始采用上海票据交易所报送的数据。

9月17日至20日，上海票据交易所在青海省和宁夏回族自治区开展票据业务专项培训，并调研部分金融机构及企业。

10月，上海票据交易所顺利完成新中国成立七十周年生产运行特别保障工作，保障了新中国成立七十周年期间票交所生产系统的安全平稳运行。

10月，上海票据交易所完成了电子商业汇票系统CA证书链到期更换工作，组织410家电子商业汇票系统接入点和会员机构同步完成会员机构端证书链文件、数字证书的更换工作。

10月12日，中国人民银行发布《标准化债权类资产认定规则（征求意见稿）》。

10月12日，上海票据交易所组织首批6家财务公司实施电子商业汇票系统线上清算功能上线投产。

10月12日，上海票据交易所发布《上海票据交易所信息系统安全生产“三道防线”实施办法》。

10月22日，上海票据交易所与中国人民银行南宁中心支行联合举办金融机构票据业务宣讲培训电视电话会议。

10月24日，上海票据交易所“再贴现业务系统项目”获“2018年度银行科技发展奖”二等奖，“数字票据交易平台项目”获“2018年度银行科技发展奖”二等奖，“票据业务直连系统项目”获“2018年度银行科技发展奖”三等奖。

10月25日，上海票据交易所发布《上海票据交易所信息技术发展规划纲要（2020—2022年）》。

10月30日，上海票据交易所加入北京金融科技产业联盟。

10月31日，上海票据交易所基于大数据的智能化票据交易风险监测预警平台被批准列入上海市金融科技试点项目。

11月6日，中国人民银行拉萨中心支行成功办理西藏自治区首批再贴现业务，西藏再贴现业务实现零的突破。

11月7日，上海票据交易所“纸电票据交易融合项目”获“2018年度上海金融创新成果奖”三等奖。

11月14日，最高人民法院发布《全国法院民商事审判工作会议纪要》，对关于合谋伪造贴现申请材料的后果、民间贴现行为的效力、票据清单交易和封包交易案件的处理原则等问题作出了明确规定。

11月16日，电子商业汇票系统提示付款逾期未应答自动拒付功能投产。

11月23日，上海票据交易所对中国票据交易系统进行2019年第四季度版本升级，新增托管电子印章、清算电子印章和机构承接功能，并对再贴现、“贴现通”、托管账务、登记托管、计费缴费和清算结算子系统相关功能进行优化。

11月23日，上海票据交易所组织1 497家会员、87 842个系统参与者上线投产中国票据交易系统2.2版和3.0版直连接口功能。全市场通过直连方式处理的交易业务量占比超过85%。

12月6日，中国票据研究中心于上海举办“票据市场支持经济高质量发展高峰论坛”，中国人民银行系统、地方政府部门、票据市场相关金融机构、供应链金融平台企业以及高校的200余位代表参会。

12月6日，上海票据交易所发布信用类型为“城商承兑、国股贴现”的城商收益率曲线，进一步扩大了曲线信用主体覆盖面，为中小银行承兑票据的定价提供了参考。

12月6日，中国票据研究中心发布首期《中国票据市场研究》。

12月12日，上海票据交易所、中国人民银行哈尔滨中心支行联合举办黑龙江金融机构及企业票据业务宣讲培训电视电话会议。

12月18日，上海票据交易所于上海举办2019年第二期（总第九期）票据交易沙龙活动，主题为“2019年票据市场运行情况及未来发展展望”。

12月19日至20日，上海票据交易所在上海举办首期票据市场风险防范与管理专题培训班。

12月26日，上海票据交易所发布《上海票据交易所关于防范冒名开立电子商业承兑汇票的风险提示》。

2019年，中国票据交易系统接入会员264家、系统参与者3 081家，电子商业汇票系统接入法人机构100家、系统参与者4 023家。上海票据交易所全年举办各类培训班20期，共培训机构1 226家，学员2 127人。

附录二
票据市场统计资料

附表一　票据业务统计数据汇总

报告期限	累计签发商业汇票金额（万亿元）	同比增速（%）	期末商业汇票未到期金额（万亿元）	同比增速（%）	金融机构累计贴现（万亿元）	同比增速（%）	贴现余额（万亿元）	同比增速（%）	再贴现余额（亿元）
2000年第四季度	0.75	47.00	—	—	0.65	158.00	—	—	—
2001年第一季度	0.14	105.00	—	—	0.16	246.00	—	—	—
2001年第二季度	0.42	90.10	—	—	0.46	199.80	0.21	—	1 089.00
2001年第三季度	0.86	—	—	—	1.05	—	—	—	—
2001年第四季度	1.28	—	0.51	—	1.56	—	0.28	—	655.00
2002年第一季度	—	—	—	—	—	—	—	—	—
2002年第二季度	—	—	—	—	—	—	—	—	—
2002年第三季度	—	—	—	—	—	—	—	—	—
2002年第四季度	1.61	35.00	—	—	2.31	61.00	—	—	—
2003年第一季度	0.50	74.50	0.82	63.80	0.84	123.70	0.67	89.70	—
2003年第二季度	1.25	79.30	1.07	89.50	1.95	120.00	0.82	100.00	—

续表

报告期限	累计签发商业汇票金额(万亿元)	同比增速(%)	期末商业汇票未到期金额(万亿元)	同比增速(%)	金融机构累计贴现(万亿元)	同比增速(%)	贴现余额(万亿元)	同比增速(%)	再贴现余额(亿元)
2003年第三季度	1.48	78.70	1.09	87.20	2.34	110.00	0.83	96.70	—
2003年第四季度	2.77	72.20	1.28	73.50	4.44	91.00	0.89	69.70	—
2004年第一季度	0.74	47.80	1.30	57.20	1.02	20.20	0.97	50.10	—
2004年第二季度	1.60	29.00	1.36	27.10	2.20	14.90	1.08	17.60	—
2004年第三季度	2.45	23.00	1.42	16.00	3.25	67.00	0.95	—	52.00
2004年第四季度	3.40	22.00	1.50	17.00	4.50	4.00	1.00	26.00	33.00
2005年第一季度	0.95	21.00	1.55	20.00	1.35	29.00	1.12	18.00	23.00
2005年第二季度	2.08	30.00	1.69	25.00	2.98	36.00	1.20	15.00	12.55
2005年第三季度	3.21	31.00	2.07	46.00	4.74	41.00	1.32	38.00	6.50
2005年第四季度	4.45	30.10	1.96	32.00	6.75	43.30	1.38	35.00	2.39
2006年第一季度	1.38	35.00	2.34	51.00	2.28	68.00	1.93	72.00	1.35
2006年第二季度	2.71	30.25	2.34	38.56	4.44	48.75	1.73	44.65	5.59
2006年第三季度	4.01	24.88	2.22	6.86	6.46	36.31	1.76	13.50	21.37
2006年第四季度	5.43	22.00	2.21	12.80	8.49	25.80	1.72	6.70	18.20
2007年第一季度	1.40	3.40	2.30	-0.17	2.60	13.90	1.80	-6.60	9.40
2007年第二季度	2.90	8.60	2.50	7.40	5.20	16.60	1.80	-11.10	49.10
2007年第三季度	4.50	11.10	2.60	16.50	8.00	23.70	1.60	-10.40	56.10
2007年第四季度	5.87	8.13	2.44	10.36	10.11	19.07	1.28	-25.61	57.43
2008年第一季度	1.50	5.30	2.50	7.30	2.90	11.60	1.20	-33.40	36.30
2008年第二季度	3.40	14.20	2.90	15.30	5.80	12.30	1.30	-26.30	51.10
2008年第三季度	5.10	14.90	3.10	19.00	9.50	18.50	1.40	-8.50	44.00
2008年第四季度	7.10	20.70	3.20	30.90	13.50	33.60	1.90	50.40	—
2009年第一季度	3.00	80.90	4.50	80.10	6.20	107.70	3.10	130.30	6.70
2009年第二季度	5.40	72.00	5.00	74.00	12.80	134.00	3.60	182.00	8.90

续表

报告期限	累计签发商业汇票金额(万亿元)	同比增速(%)	期末商业汇票未到期金额(万亿元)	同比增速(%)	金融机构累计贴现(万亿元)	同比增速(%)	贴现余额(万亿元)	同比增速(%)	再贴现余额(亿元)
2009年第三季度	7.80	53.00	4.30	41.00	18.10	90.00	2.80	95.00	87.70
2009年第四季度	10.30	45.00	4.10	29.40	23.20	71.40	2.40	23.70	181.20
2010年第一季度	2.80	–6.90	4.40	–1.50	6.20	–0.30	1.80	–48.30	263.00
2010年第二季度	5.50	1.60	4.70	–6.30	12.10	–4.60	1.70	–52.30	473.10
2010年第三季度	8.60	10.30	5.00	16.30	18.10	0.00	1.60	–43.90	561.00
2010年第四季度	12.20	18.50	5.60	35.90	26.00	12.40	1.50	–37.90	791.00
2011年第一季度	3.60	31.70	5.90	33.60	6.90	12.80	1.20	–29.70	766.00
2011年第二季度	7.60	38.30	6.70	42.80	13.20	9.00	1.40	–21.60	817.00
2011年第三季度	11.20	26.30	6.50	23.90	18.20	–5.20	1.50	–5.30	—
2011年第四季度	15.10	23.80	6.70	18.70	25.00	–3.80	1.50	2.10	—
2012年第一季度	4.00	10.40	7.20	21.60	5.70	—	1.80	—	—
2012年第二季度	8.80	15.20	8.10	20.30	14.10	6.70	2.30	67.50	—
2012年第三季度	13.10	17.80	8.40	28.70	22.50	23.70	2.30	56.70	—
2012年第四季度	17.90	18.80	8.30	25.40	31.60	26.40	2.00	35.10	760.00
2013年第一季度	5.40	35.10	9.20	27.90	9.50	67.30	2.20	21.60	—
2013年第二季度	10.70	21.80	9.20	12.80	22.40	58.80	2.30	2.30	—
2013年第三季度	15.20	15.60	8.90	6.30	34.60	54.10	2.10	–12.10	—
2013年第四季度	20.30	13.30	9.00	8.30	45.70	44.30	2.00	–4.10	—
2014年第一季度	5.70	4.50	9.50	2.60	10.80	13.70	1.90	–12.50	—
2014年第二季度	11.00	2.50	10.20	11.40	25.60	14.70	2.20	–5.40	—
2014年第三季度	16.20	6.90	9.70	8.80	42.50	22.80	2.70	31.10	1 257.00
2014年第四季度	22.10	8.90	9.90	9.30	60.70	33.00	2.90	48.90	1 372.00
2015年第一季度	5.40	–4.80	10.20	7.20	19.20	77.60	3.10	63.30	1 322.00
2015年第二季度	11.30	3.20	10.80	5.80	47.90	87.00	3.80	71.70	1 300.00

续表

报告期限	累计签发商业汇票金额(万亿元)	同比增速(%)	期末商业汇票未到期金额(万亿元)	同比增速(%)	金融机构累计贴现(万亿元)	同比增速(%)	贴现余额(万亿元)	同比增速(%)	再贴现余额(亿元)
2015年第三季度	16.60	2.30	10.60	9.30	75.20	77.00	4.30	59.70	1 281.00
2015年第四季度	22.40	1.30	10.40	5.40	102.10	68.20	4.60	56.90	1 305.00
2016年第一季度	4.90	−8.40	10.50	3.60	27.30	41.90	4.90	60.60	1 230.00
2016年第二季度	9.40	−16.70	9.80	−9.20	51.90	8.20	5.30	40.70	1 202.00
2016年第三季度	13.60	−18.10	9.50	−10.70	70.20	−6.70	5.70	32.50	1 138.00
2016年第四季度	18.10	−19.30	9.00	−13.30	84.50	−17.20	5.50	19.60	1 165.00
2017年第一季度	5.60	12.60	8.80	−16.10	12.10	−55.50	4.40	−11.20	1 224.00
2017年第二季度	9.50	0.60	8.30	−15.60	22.40	−56.90	3.90	−27.00	1 402.00
2017年第三季度	13.20	−3.10	8.10	−14.74	31.20	−55.60	3.70	−34.40	1 504.00
2017年第四季度	17.00	−6.10	8.20	−9.50	40.30	−52.40	3.90	−28.90	1 829.00
2018年第一季度	4.00	−27.40	8.50	−3.90	7.10	−41.50	3.80	−12.70	1 894.00
2018年第二季度	7.70	−18.80	8.50	3.10	13.90	−38.10	4.30	10.00	1 901.00
2018年第三季度	11.80	−10.30	8.70	7.10	21.80	−30.20	5.10	36.10	2 162.00
2018年第四季度	—	—	9.40	14.90	—	—	5.80	48.70	3 290.00
2019年第一季度	4.80	18.60	10.60	25.10	10.00	41.00	6.60	71.30	3 858.00
2019年第二季度	9.20	19.80	11.80	37.70	19.40	40.40	7.00	62.90	4 067.00
2019年第三季度	15.00	14.40	12.40	24.30	27.00	35.20	7.50	47.20	4 427.00
2019年第四季度	20.40	11.60	12.70	15.30	34.30	25.50	7.60	31.80	4 714.00

资料来源：历年各季度《中国货币政策执行报告》。

附表二 票据利率与贷款利率

报告期限	贷款加权平均利率（%）	票据融资加权平均利率（%）
2009年第一季度	4.76	1.88
2009年第二季度	4.98	1.95
2009年第三季度	5.05	2.48
2009年第四季度	5.25	2.74
2010年第一季度	5.51	3.55
2010年第二季度	5.57	3.77
2010年第三季度	5.59	3.86
2010年第四季度	6.19	5.49
2011年第一季度	6.91	6.26
2011年第二季度	7.29	6.98
2011年第三季度	8.06	9.55
2011年第四季度	8.01	9.06
2012年第一季度	7.61	6.20
2012年第二季度	7.06	5.07
2012年第三季度	6.97	6.23
2012年第四季度	6.78	5.64
2013年第一季度	6.65	4.62
2013年第二季度	6.91	5.88
2013年第三季度	7.05	6.61
2013年第四季度	7.20	7.54
2014年第一季度	7.18	6.28
2014年第二季度	6.96	5.51
2014年第三季度	6.97	5.22
2014年第四季度	6.77	5.67

续表

报告期限	贷款加权平均利率（%）	票据融资加权平均利率（%）
2015年第一季度	6.56	5.40
2015年第二季度	6.04	4.01
2015年第三季度	5.70	4.29
2015年第四季度	5.27	3.33
2016年第一季度	5.30	3.62
2016年第二季度	5.26	3.43
2016年第三季度	5.22	3.05
2016年第四季度	5.27	3.90
2017年第一季度	5.53	4.77
2017年第二季度	5.67	5.39
2017年第三季度	5.76	4.98
2017年第四季度	5.74	5.23
2018年第一季度	5.96	5.58
2018年第二季度	5.97	5.11
2018年第三季度	5.94	4.22
2018年第四季度	5.63	3.84
2019年第一季度	5.69	3.64
2019年第二季度	5.66	3.64
2019年第三季度	5.62	3.33
2019年第四季度	5.44	3.26

资料来源：历年各季度《中国货币政策执行报告》。

附表三　2019年商业汇票业务数据（发生额）

单位：笔、亿元

	承兑				贴现				转贴现				质押式回购		买断式回购	
	银票		商票		银票		商票		银票		商票		银票		银票	
	笔数	金额	笔数	金额	笔数	金额	笔数	金额	笔数	金额	笔数	金额	笔数	金额	笔数	金额
2019年1月	2 673 269	21 672.32	294 259	3 857.26	674 505	15 427.72	28 554	1 438.41	38 091	44 905.81	2 485	5 064.59	2 179	8 854.72	61	81.54
2019年2月	868 503	9 023.62	86 173	1 342.90	380 901	6 694.06	12 831	560.29	21 121	27 346.97	936	1 658.27	1 397	5 858.17	37	52.45
2019年3月	1 530 764	15 866.22	107 007	2 107.33	531 050	10 667.61	17 875	845.92	29 030	36 860.85	1 582	2 930.29	2 480	10 432.41	12	35.14
2019年4月	1 645 556	13 231.08	135 136	2 004.23	526 929	8 545.86	16 732	636.94	27 288	31 239.36	1 649	2 690.41	2 431	11 485.01	11	24.56
2019年5月	1 618 869	12 770.15	152 658	2 177.65	524 392	8 172.98	17 260	712.71	25 448	29 089.50	1 376	2 018.27	2 552	13 169.79	15	49.25
2019年6月	1 575 357	13 505.03	157 585	2 626.63	522 274	8 733.04	19 124	805.18	24 938	25 902.00	1 561	2 214.66	2 313	10 068.63	27	93.42
2019年7月	1 851 339	13 587.49	170 358	2 287.41	578 617	8 844.36	19 028	587.64	30 166	36 439.84	1 757	3 190.67	2 515	11 832.55	10	20.38
2019年8月	1 722 005	14 225.29	182 747	2 426.12	563 628	9 444.62	19 507	655.35	25 491	26 346.10	1 243	1 785.11	2 224	9 230.05	21	80.32
2019年9月	1 923 268	15 008.14	186 764	2 339.40	618 207	9 844.71	22 532	764.03	28 351	24 381.58	1 514	1 994.00	2 263	9 678.43	31	192.01
2019年10月	1 630 217	11 510.20	164 399	1 882.91	519 269	7 024.92	17 361	513.46	23 807	20 443.66	1 028	1 314.89	2 093	9 559.04	15	18.01
2019年11月	1 865 377	14 442.63	206 554	2 371.80	623 179	9 491.81	21 504	739.36	29 004	25 194.85	1 179	1 737.47	2 281	11 173.14	20	53.73
2019年12月	2 118 173	18 711.13	312 665	4 816.64	693 341	12 296.90	27 668	1 140.87	36 132	30 522.67	1 622	2 948.32	2 013	9 080.10	30	88.77

附表四　2018年商业汇票业务数据（余额）

单位：笔、亿元

	承兑未到期余额				贴现未到期余额			
	银票		商票		银票		商票	
	笔数	金额	笔数	金额	笔数	金额	笔数	金额
2019年1月	10 891 918	104 287.29	1 020 691	16 694.19	2 400 615	68 448.48	115 405	6 165.40
2019年2月	10 285 275	102 954.26	993 129	16 469.95	2 371 023	69 418.31	113 091	6 237.19
2019年3月	10 140 527	105 121.62	977 275	16 291.26	2 408 166	71 891.47	113 107	6 257.67
2019年4月	10 308 780	106 864.89	988 431	16 429.40	2 489 143	73 547.02	114 944	6 272.45
2019年5月	10 301 124	107 232.79	1 010 560	16 605.74	2 532 789	74 233.09	115 667	6 303.39
2019年6月	10 189 607	106 460.06	1 014 682	16 622.88	2 541 389	74 144.62	116 521	6 405.15
2019年7月	9 486 873	103 489.70	968 800	16 016.92	2 411 480	72 370.39	112 982	6 170.50
2019年8月	10 259 459	105 977.38	1 031 290	16 739.14	2 639 559	73 636.05	117 723	6 291.91
2019年9月	10 661 350	107 436.09	1 084 600	16 936.82	2 761 211	74 901.02	124 149	6 394.67
2019年10月	10 662 422	106 495.55	1 108 238	16 895.51	2 765 257	74 263.18	124 613	6 310.33
2019年11月	10 882 301	106 925.95	1 155 543	16 878.57	2 861 422	74 564.69	127 111	6 276.69
2019年12月	11 342 628	108 914.51	1 279 653	18 377.08	2 999 762	75 423.09	131 848	6 393.04

EPILOGUE | 后记

2019年，中国票据市场保持了良好发展势头，票据承兑、背书、贴现、交易等各项业务量稳定增长，票据支持实体经济发展、解决民营和中小微企业融资难、融资贵问题的功能得到进一步强化，在货币政策传导上发挥了积极作用，票据市场基础设施建设更趋优化，市场风险得到有效防控，市场规范创新迈出坚实步伐。但与此同时，票据套利问题、“伪假”电票风险、承兑信用风险等也引发了各界对票据市场的广泛关注和对票据功能定位的热烈讨论。市场人士期待对这一年来票据市场的发展进行及时回顾和总结，以进一步为票据市场发展总结经验、探索规律，促进票据市场的功能作用不断完善和提升。

2019年是票交所牵头组织编写《中国票据市场发展报告》的第三个年度。在市场参与者的大力支持和配合下，票交所连续牵头编写了2017年和2018年度的市场发展报告，获得了较好的社会反响，该报告成为票据市场理论和实务的重要参考文献。

在总结过去两年编写经验的基础上，本次市场发展报告延续了专题式写作模式，由票交所和部分具有代表性的市场参与者分别负责相关专题撰写，从总体到个体、从数据到实践多角度反映2019年票据市场的发展形态，多层次展现票据市场改革的亮点和成效。参与写作的市场参与者涵盖国有商业银行、股份制商业银行、农村金融机构、财务公司和证券公司，机构覆盖面较广，对市场情况的阐述具有代表性。报告分为七个部分，即总体情况介绍、基础设施建设、服务实体经济、市场风险防控、票据业务创新、大事记、统计数据等，其中由票交所撰写的有关章节中的数据如无特别说明均来源于票交所。

票交所宋汉光董事长作为主编，组织策划了本书的总体思路和整体架构，并为本书作序；孔燕副总裁作为副主编，对本书的章节安排、起草和统稿工作进行了具体指导。中国工商银行、中国农业银行、交通银行、中信银行、招商银行、上海浦东发展银行、中国民生银行、兴业银行、浙商银行、上海银行、江苏银行、徽商银行、江苏常熟农村商业银行、一汽财务有限公司、国泰君安证券股份有限公司等机构的票据业务负责人参与了本书的策划、讨论，提出了宝贵的写作建议。全书由票交所战略规划部统稿。中国金融出版社黄海清主任等为本书的编辑和出版做了大量细致的工作，付出了诸多努力。

由于本书编写工作时间紧迫，难免存在疏漏和不足之处，恳请业界和读者批评指正。

上海票据交易所

2020年3月